Gefeierte Gamestars

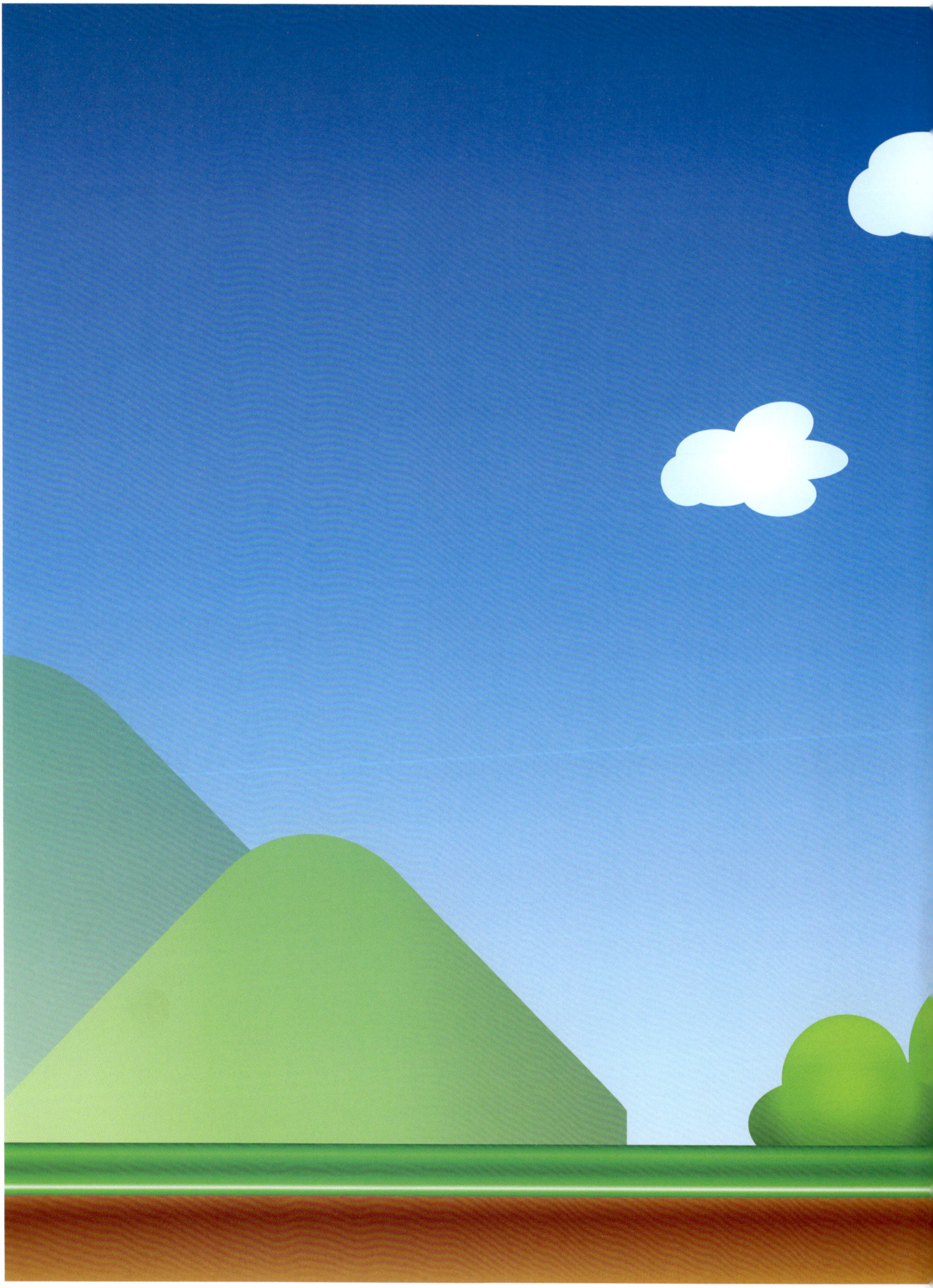

Dana Erdtmann

GEFEIERTE GAME STARS HÄKELN

Beliebte Videospiel-Helden als Amigurumi

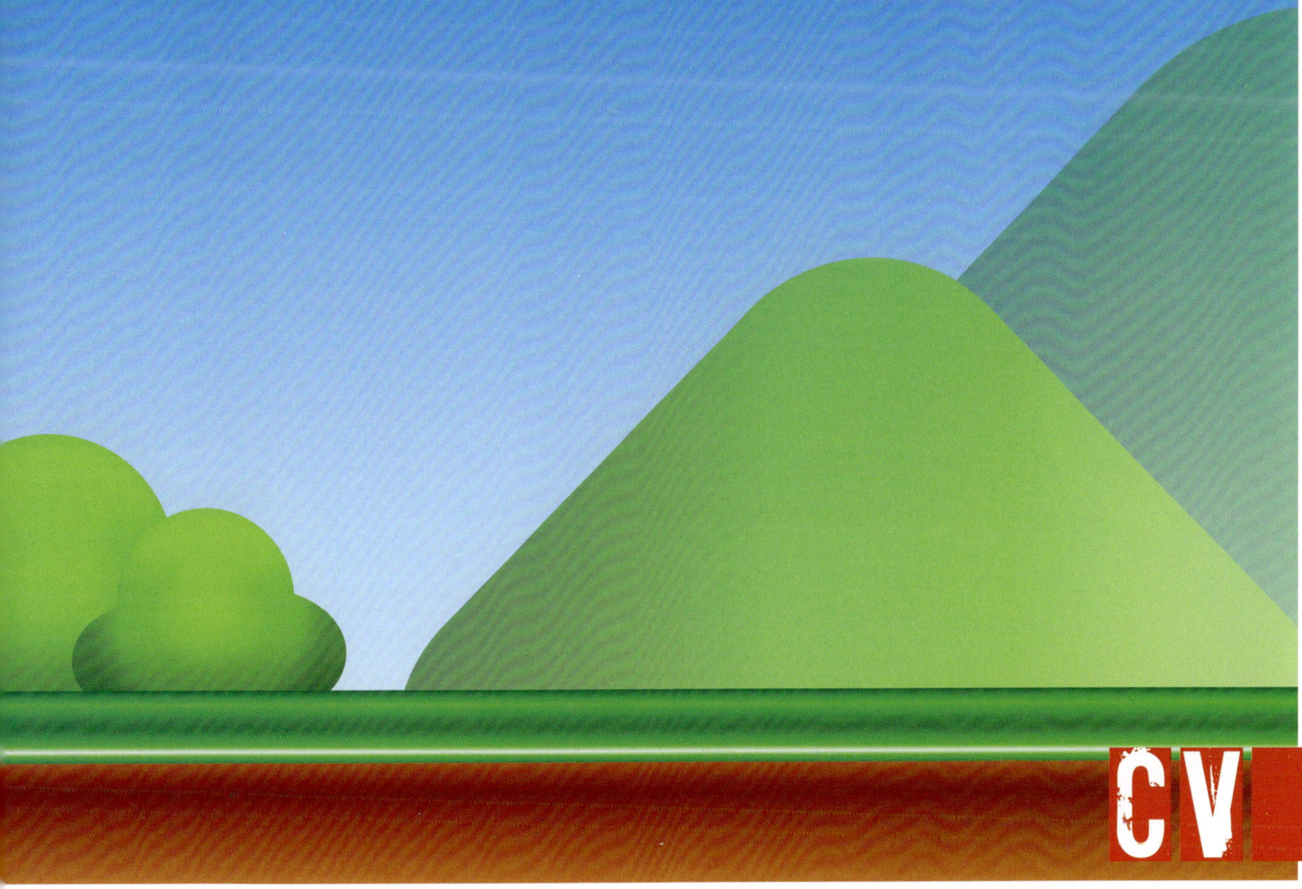

CV

Inhalt

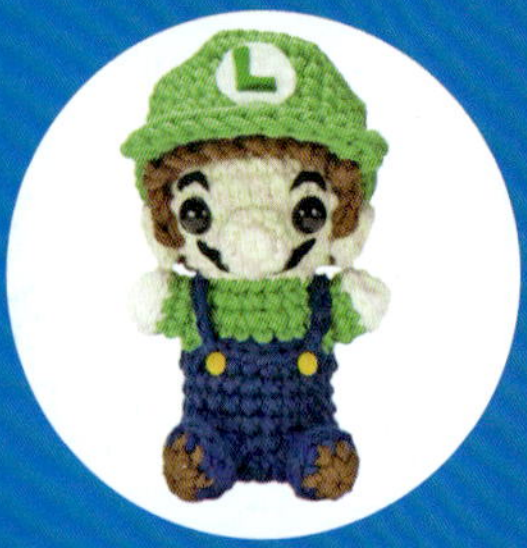

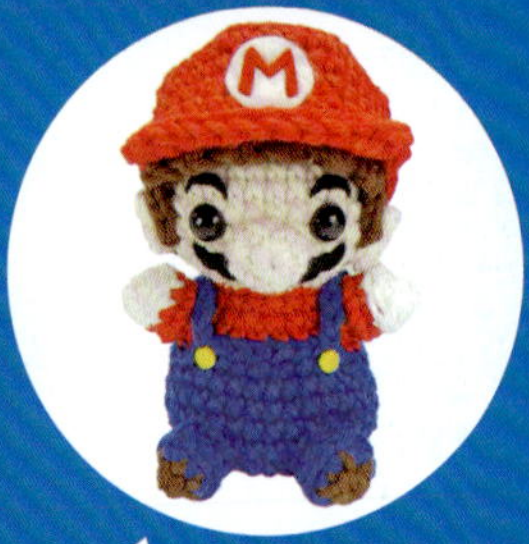

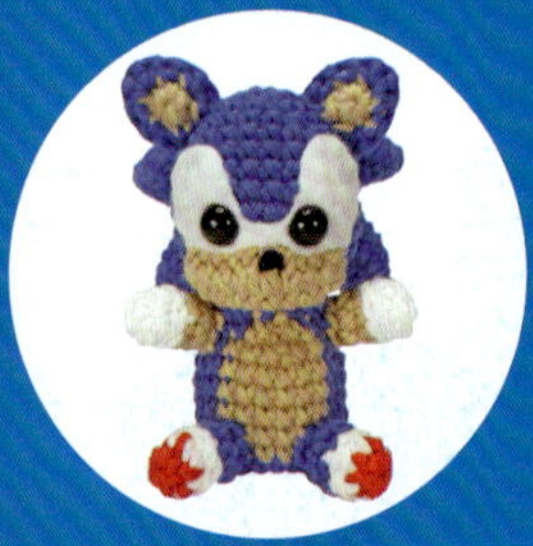

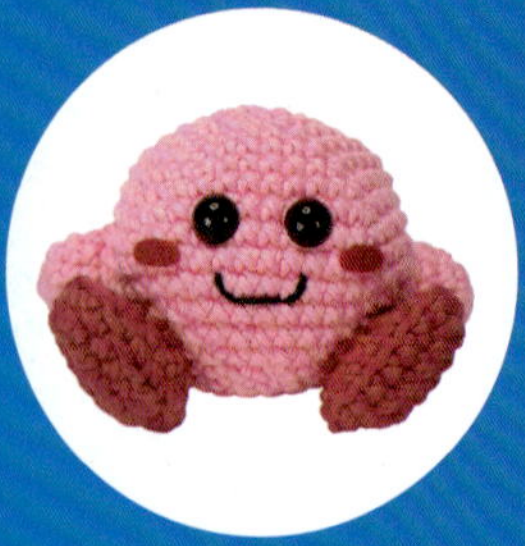

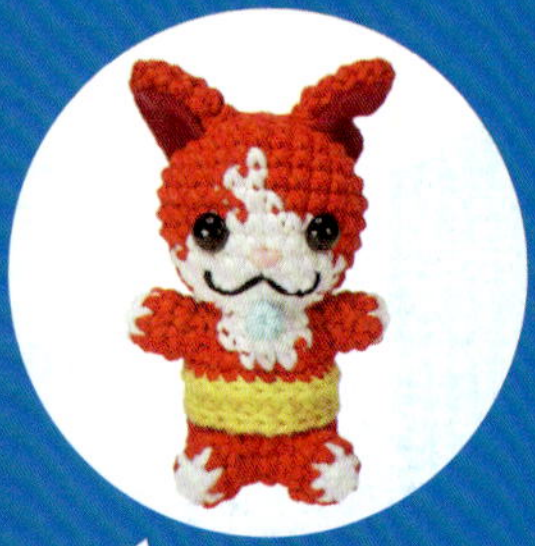

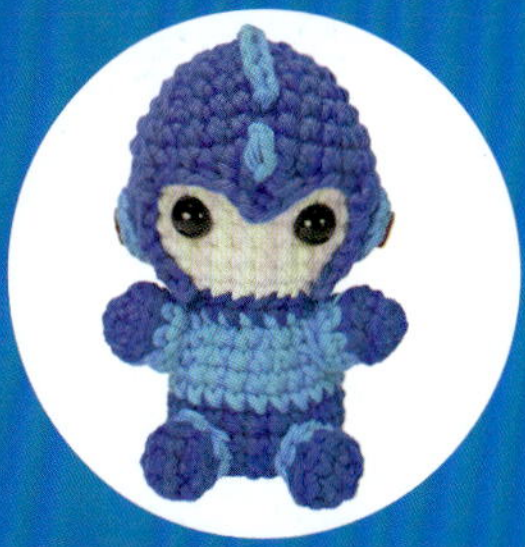

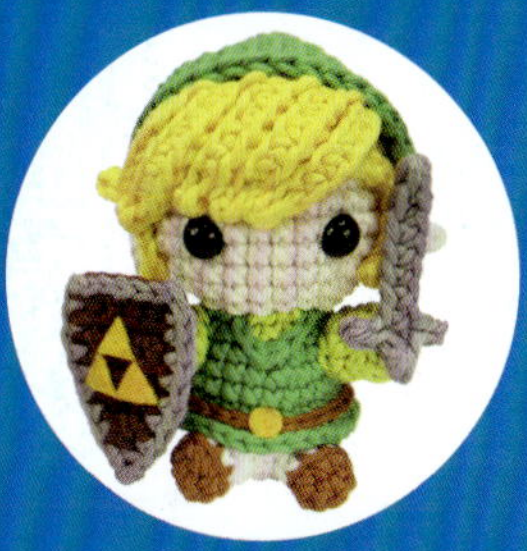

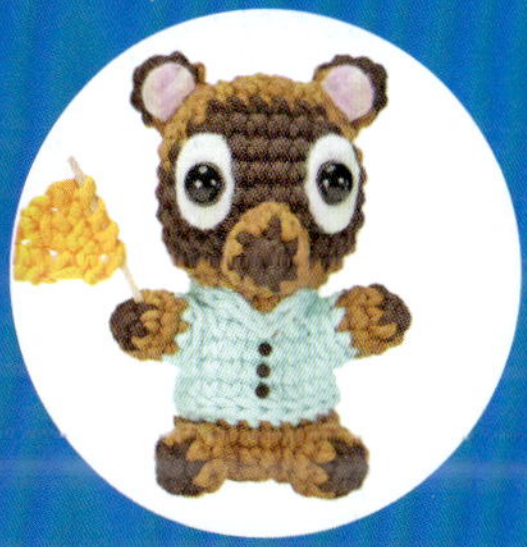

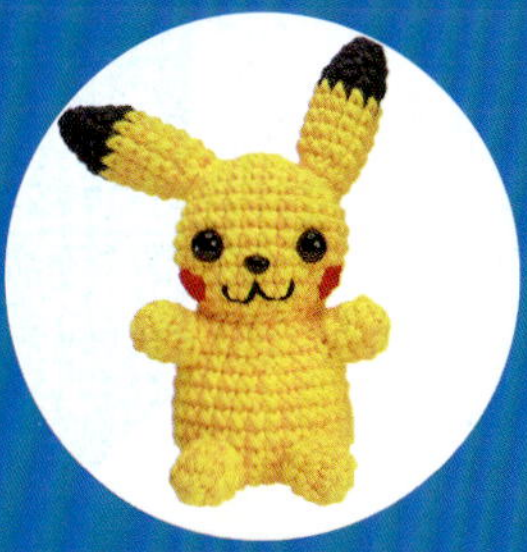

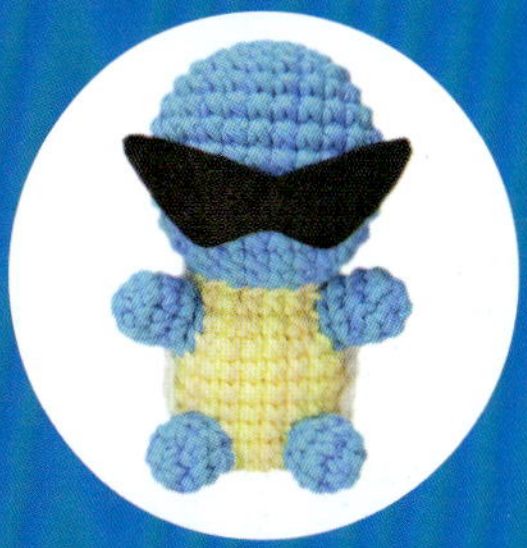

Hallo liebe Leserin, lieber Leser,

es war meine Oma, die mir damals den Game Boy Color zusammen mit Pokémon Rote Edition und ein paar Pokémon Merchandise-Produkten schenkte. Schon da begann meine Vorliebe für japanische Videospiele. Am liebsten spiele ich Rollenspiele oder Puzzle-Adventures. Auch Amigurumi sind eine japanische Erfindung. Dabei handelt es sich meist um kleine aus Garn gehäkelte Püppchen mit einem überproportional großen Kopf auf einem zylindrischen Körper mit eigentlich zu kleinen Extremitäten, was dem Kindchenschema entspricht. Amigurumi haben keinen speziellen Nutzen. Weil sie so niedlich sind, werden sie gern gesammelt und zum Spielen benutzt. Auch eignen sie sich gut als Schlüsselanhänger, wie z. B. der Monsterball auf S. 116. Wie bei Amigurumi setzen auch die japanischen Spieleentwickler bei vielen ihrer Hauptfiguren auf den Faktor Niedlichkeit. Viele der älteren Videospielfiguren haben mittlerweile Kultstatus erlangt, weshalb ich mich auch aus eigenem Interesse bereits vor einigen Jahren an ein paar der niedlichen Figuren versucht habe. Als mir der Christophorus Verlag dann das Thema Gamestars vorschlug, war ich sofort Feuer und Flamme und machte mir sogleich Gedanken, welche Charaktere ich häkeln will. Meine Wahl fiel hauptsächlich auf Figuren der beliebtesten und bekanntesten Spiele sowie meine eigenen Favoriten. Ich habe versucht, mich farblich und äußerlich, soweit es mir möglich war, an die Originalvorlagen zu halten, und gleichzeitig meinen eigenen Stil einzubringen. Mit Hilfe meines ersten Buches „Amigurumi – Tierisch süße Anime-Püppchen häkeln" könnt ihr aber noch viele weitere Videospielcharaktere zaubern: Verkleidet die knuffigen Klempner doch einfach mal als Marderhund oder Taschenmonster oder erstellt durch ein paar Farbänderungen ihre fiesen Klempnercousins. Ihr möchtet euch lieber eure tierischen Lieblingsbewohner häkeln? In meinem ersten Buch findet ihr dafür viele weitere Vorlagen für Kleidung und Tierelemente wie Ohren, Schwänze und Hörner.

Wenn ihr mögt, würde ich mich freuen, wenn ihr mir Bilder eurer Werke zukommen lasst, um diese auf meiner Website www.danae-handarbeiten.de mit anderen zu teilen.

Und jetzt wünsche ich euch viel Spaß beim Häkeln, los geht's!

DANAE

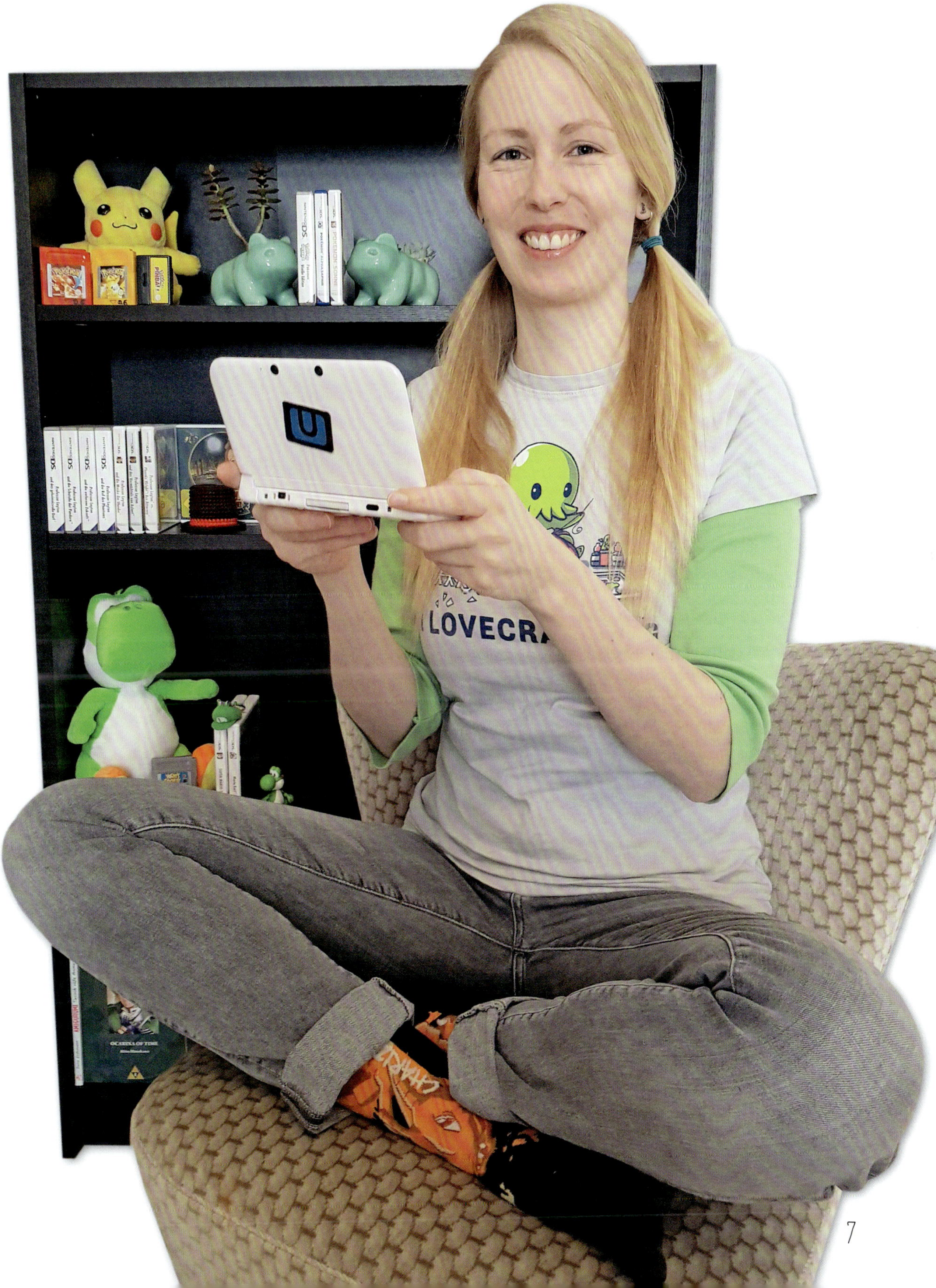

Die Geschichte der Videospiele

Alles begann mit technischen Versuchen an Universitäten in den 1950er-Jahren. Als **erstes Videospiel** wird meist das 1958 konstruierte „Tennis for Two“ angesehen, das aus einem Analogcomputer und einem Oszillographen bestand. Die ersten Computerspiele entstanden auf Großrechnern an amerikanischen Universitäten und waren nicht für die Massen gedacht. Darunter auch „Spacewar!“, das 1962 von Studenten am MIT entwickelt wurde. Sie verwandelten einen Computer in ein Videospiel und gelten damit als die ersten **Hacker**. 1964 erfuhr Nolen Bushnell von dem Spiel und sah darin ein Gewinn bringendes Medium. Er gründete 1972 seine Firma Atari und gilt seither als **Urvater der Videospiele**. Aus der bestehenden Fernsehtechnologie wurden die ersten elektronischen Münz-Spielautomaten für Spielhallen entwickelt, die nun auch für die Öffentlichkeit zugänglich waren. Hiervon leitet sich auch der **Begriff „Videospiel“** ab. Dabei unterscheidet man abhängig vom Medium zwei verschiedene Arten von Videospielen: das Computerspiel und das **Konsolenspiel**. Atari und andere Unternehmen entwickelten daraufhin Heimkonsolen, um nicht nur die Spielhallengänger, sondern auch die Kinder in den heimischen Wohnzimmern zu erreichen. Die Konsolen waren zunächst noch an ein bestimmtes Spiel gebunden und besaßen erst ab 1976 austauschbare Module. 1978 wurde Japans erster Videospiel-Hit „Space Invaders“ für die Spielhallen veröffentlicht, die daraufhin nur noch als „Invaderhalls“ bezeichnet wurden. Als Bundle mit der Atari-Heimkonsole wurde das Spiel so beliebt, dass es in den USA eine Videospielrevolution auslöste. Zahlreiche Computer- und Elektronikfirmen begannen daraufhin neue Spiele zu entwickeln, um mit auf der Erfolgswelle zu reiten, und auch die Anzahl von Spielhallen wuchs. Zu diesem Zeitpunkt waren Spiele aber noch für Männer konzipiert. Verhaltensbeobachtungen von Entwicklern ergaben, dass **Männer** hauptsächlich auf Sport-, Action- und Space-Games standen, in denen sie Gegner besiegen oder töten konnten. Um mehr **Frauen** in die Spielhallen zu locken, entschied sich ein japanischer Entwickler für das Thema Essen und entwarf ein süßes, lebendiges Pizzastück, das Kekse aß, namens „Pac-Man“ und war damit erfolgreich. Die Gaming-Industrie machte zunächst eine Menge Geld, jedoch wurden die Spieler irgendwann zu gut, sodass sie entweder die Lust am Spielen verloren oder in den Spielhallen nur noch wenig Geld ausgeben mussten, weil sie mit jeder Münze sehr lange spielen konnten. Aus diesem Grund begann man damit, schwierigere **Erweiterungen** von beliebten Spielen zu entwickeln. In dieser Zeit war Atari mit seinen Spielen für Spielhallen, Konsolen und Computersysteme der größte Unterhaltungselektronikkonzern der Welt. Das Unternehmen begann jedoch mit der Zeit mehr Wert auf die Quantität als auf die Qualität seiner Spiele zu legen und produzierte eine Reihe von schlechten Spielen. 1983 kam es daraufhin zum Branchen-Crash in den USA, jedoch nicht in Japan.

NINTENDO

Nintendo wurde bereits **1889** in Kyoto, Japan, als Hersteller von japanischen Spielkarten gegründet und hat heute Niederlassungen unter anderem in Amerika, Europa (Frankfurt am Main) und Australien. Der Name bedeutet übersetzt so viel wie **„Überlasse das Glück dem Himmel“**. Die Firma entwickelte sich in verschiedene Geschäftsrichtungen und widmete sich ab den 1970er Jahren auch dem entstehenden Markt für Videospiele, für die es heute am bekanntesten ist. Dazu gehören seine stationären sowie Handheld-Konsolen und zahlreiche erfolgreiche Spielreihen. 2019 eröffnete der erste reine Nintendo-Shop in Tokio. Nintendos Leitsatz ist es, **„ein Lächeln auf das Gesicht all jener zu zaubern, die mit Nintendo in Berührung kommen“**. Ihr Ziel ist es, Spiele zu entwickeln bei denen der Spaß im Vordergrund steht und die für alle Personengruppen ansprechend sind, unabhängig von deren Spielerfahrung. Aus diesem Grund drücken sich viele ihrer Figuren mit lustiger Mimik und Gestik aus und leben oft in bunten Welten.

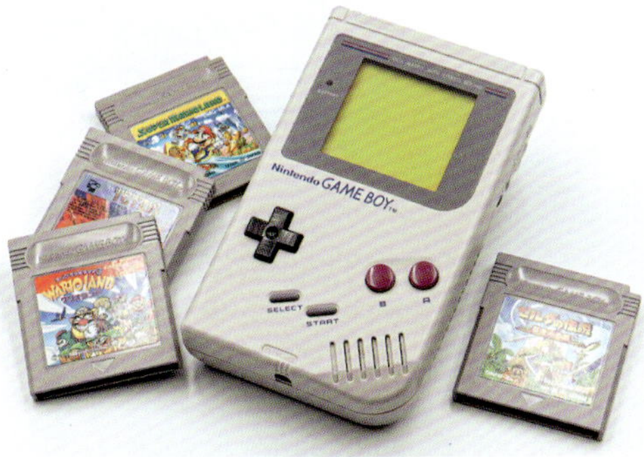

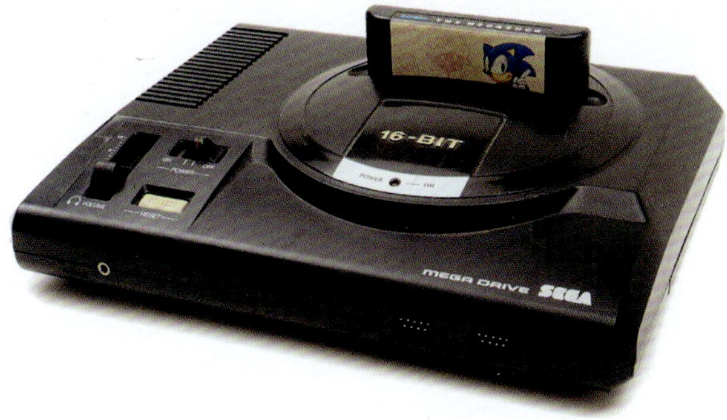

Bereits 1977 brachte Nintendo seine erste Konsole auf den japanischen Markt. Früher unbekannt, verzeichnete Nintendo 1980 weltweite Erfolge und gründete 1982 sein Tochterunternehmen Nintendo of America. Im selben Jahr brachte Nintendo in Japan sein Family Computersystem, kurz Famicom, sehr erfolgreich auf den japanischen Markt. Nach einer „Amerikanisierung" der Konsole wurde diese 1985 unter dem Namen Nintendo Entertainment System (NES) auch in Amerika veröffentlicht und schaffte es, die Videospielbranche in den USA wiederzubeleben. Das NES legte den Grundstein für einige erfolgreiche Videospielreihen, wie zum Beispiel Super Mario Bros. Das Spiel übertraf alle bisherigen Videospiele an Länge und Komplexität und löste eine „**Nintendomania**" aus. Kinder spielten nicht mehr „Videospiele", sondern „Nintendo". Ein weiteres Erfolgskriterium von Nintendo waren seine telefonisch kontaktierbaren **Spieleberater** und die Zeitschrift „Nintendo Power", die den Spielern mit Tipps und Tricks beim Spielen zur Seite standen. Denn sobald die Kinder es schafften, ein Spiel durchzuspielen, mussten ihre Eltern ihnen ein neues kaufen. Heutzutage hilft dabei YouTube. 1988 besaß Nintendo einen Marktanteil von 98 %.

SEGA

„Service Games", kurz Sega, ist ein japanischer Hersteller von Videospielen und Arcade-Automaten sowie ehemals auch Hersteller von Spielekonsolen. Die Firma wurde **1952** von Amerikanern in Tokio, Japan, gegründet und hat dort ihren Hauptsitz. 1984 wurden zudem Niederlassungen in Amerika und Europa gegründet. Zur Unternehmensstrategie gehört es heute, die sogenannten **Next Generation Konsolen von Nintendo, Sony und Microsoft mit Spielen zu unterstützen**.

Im gleichen Jahr endete jedoch Nintendos alleinige Beherrschung des Heimkonsolenmarkts, als Sega seine Mega Drive Konsole herausbrachte. In Japan war dies bereits die sechste Konsole von Sega und die zweite, die sie weltweit vermarkteten. Sie war dem NES technologisch überlegen und verkaufte sich weltweit sehr gut, konnte sich aber nie wirklich gegen Nintendo durchsetzen. 1989 veröffentlichte Nintendo mit dem Game Boy sowie Atari mit dem Lynx die ersten **Handheld-Konsolen** mit wechselbaren Modulen. Sega zog ein Jahr später nach. Jedoch konnten weder Atari noch Sega gegen den Erfolg des Game Boy ankommen und selbst die 2004 erschienene PlayStation Portable, eine ernstzunehmende Konkurrenz, konnte Nintendos Vormachtstellung auf dem Handheld-Konsolen-Markt nicht beenden. Der Game Boy wurde zum Inbegriff der Handheld-Konsole und wird noch heute oft als Synonym für diese benutzt. Um gegen Nintendo anzukommen, entwickelte Sega eine Strategie speziell für ihre amerikanischen Kunden. Ein neues Maskottchen wurde erschaffen, das Mario ebenbürtig sein sollte, der schnelle und coole „Sonic the Hedgehog", der 1991 erstmals im gleichnamigen Spiel erschien. Zudem tat Sega sich mit Electronic Arts (EA) zusammen und brachte so den American Football auf die Konsole. Ihre Zielgruppe waren vor allem Teenager und deren jüngere Geschwister, wohingegen Nintendo sich bis dahin auf die Altersgruppe 9–13 Jahre konzentrierte. Ein Konkurrenzkampf um die Altersgruppen begann, woraufhin beide Unternehmen von da an auch ältere Zielgruppen ansteuerten. Anfang der 90er waren Segas Verkaufszahlen jedoch besser als die von Nintendo.

CAPCOM

„Capsule Computers“, kurz Capcom, wurde **1979** in Osaka, Japan, gegründet. Zudem gibt es unter anderem Niederlassungen in Amerika und Europa. Die Firma begann mit der Herstellung und dem Vertrieb von Arcade-Automaten und gilt heute als Hersteller von Videospielen. Ihr Markenzeichen ist die **Pflege und Fortsetzung von etablierten Videospielreihen** wie „Mega Man“.

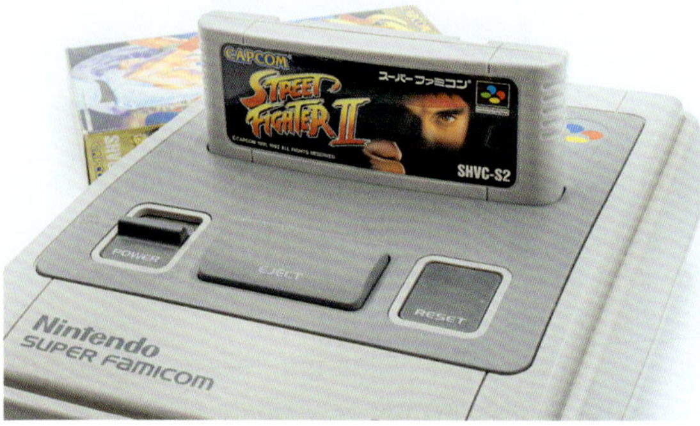

Bereits 1987 erschien in Japan mit „Street Fighter“ von Capcom das erste Kampfspiel. In dem Spiel mussten die Spieler nicht die Maschine, sondern einen anderen Spieler besiegen. Das setzte auch voraus, dass man mit anderen Spielern in der Spielhalle kommunizierte. Der 1991 erschienene Nachfolgetitel belebte die Spielhallen wieder und ist bis heute eins der meist verkauften Kampfspiele. Es folgten weitere Kampfspiele von anderen Herstellern, die noch brutaler und eigentlich nicht für Kinder gedacht waren. Eltern fürchteten jedoch, dass eine Gewaltverherrlichung ihren Kindern beibringen würde, Freude daran zu empfinden. Das brachte erneut die Gaming-Branche in Gefahr. 1993 führte der US-Senat daraufhin Altersfreigaben für Spiele ein, die noch heute gelten. Um mit Segas Mega-Drive-Technik mitzuhalten, wollte Nintendo seinen 1990 herausgebrachten Super Nintendo (SNES) mit Hilfe des japanischen Unternehmens Sony um ein CD-Laufwerk erweitern. Da Sony so aber alle Markenrechte erhalten hätte, zerbrach die Partnerschaft und Sony brachte 1994 allein seine PlayStation auf den Markt. Nintendo hatte sich einen neuen Konkurrenten geschaffen. 1996 sicherte sich Sony die Marktführung, gefolgt von Nintendo mit dem N64 auf dem zweiten Platz. Auch Segas 1994 erschienene Konsole Saturn kam nicht gegen die beiden Unternehmen an. Mit diesen drei Konsolen kam zugleich aber auch eine neue Innovation auf den Konsolenmarkt, die Einführung von **3D-Grafik**. Als 2001 auch noch Microsoft seine Xbox herausbrachte, stellte Sega seine Konsolen-Produktion endgültig ein und publiziert seitdem nur noch Videospiele für andere Konsolen. Es begann ein Konkurrenzkampf zwischen den drei Branchen-Riesen Nintendo, Sony und Microsoft, der immer noch fortwährt. Dabei spielt es auch eine Rolle, ob ein Konsolenhersteller sich die Titel von unabhängigen Videospieleherstellern, wie zum Beispiel Level-5, allein sichern kann oder sich mit den anderen teilen muss.

LEVEL-5

Level-5 ist ein unabhängiger Hersteller von Videospielen. Die Gründung erfolgte **1998** in Fukuoka, Japan. Der Name der Firma leitet sich von der **höchsten Schulnote auf japanischen Zeugnissen** ab. Mit „Professor Layton“ stieg Level-5 vom Entwickler zum Publisher auf. 2020 wurde jedoch nach nur etwa zehn Jahren ihre Niederlassung in den USA geschlossen, in Europa gab es nie eine. Fans sind nun gespannt, wie es mit Level-5 weitergeht.

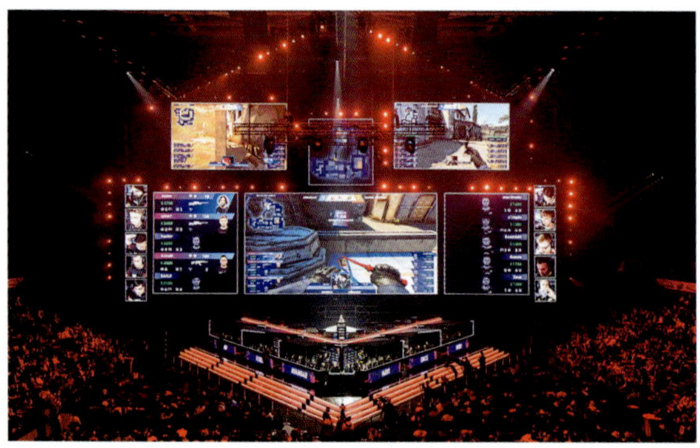

Und der Kampf geht weiter: Bereits 1980 hielt Atari eine Videospielmeisterschaft in den USA ab, so auch Nintendo eine Weltmeisterschaft 1990, gefolgt von Segas World Champion Chip 1994. Diese organisierten Videospielwettkämpfe werden **E-Sports** genannt. Heutzutage werden die Teams genau wie im echten Sport gebildet, dabei hat jeder Spieler ein persönliches Spezialgebiet. Während des Trainings müssen die Spieler natürlich viel Video spielen, aber sie müssen zum Ausgleich auch echten Sport betreiben, um an körperlicher Kraft und Ausdauer zu gewinnen. E-Sports macht echten Sportarten wie Baseball und Basketball heute große Konkurrenz.

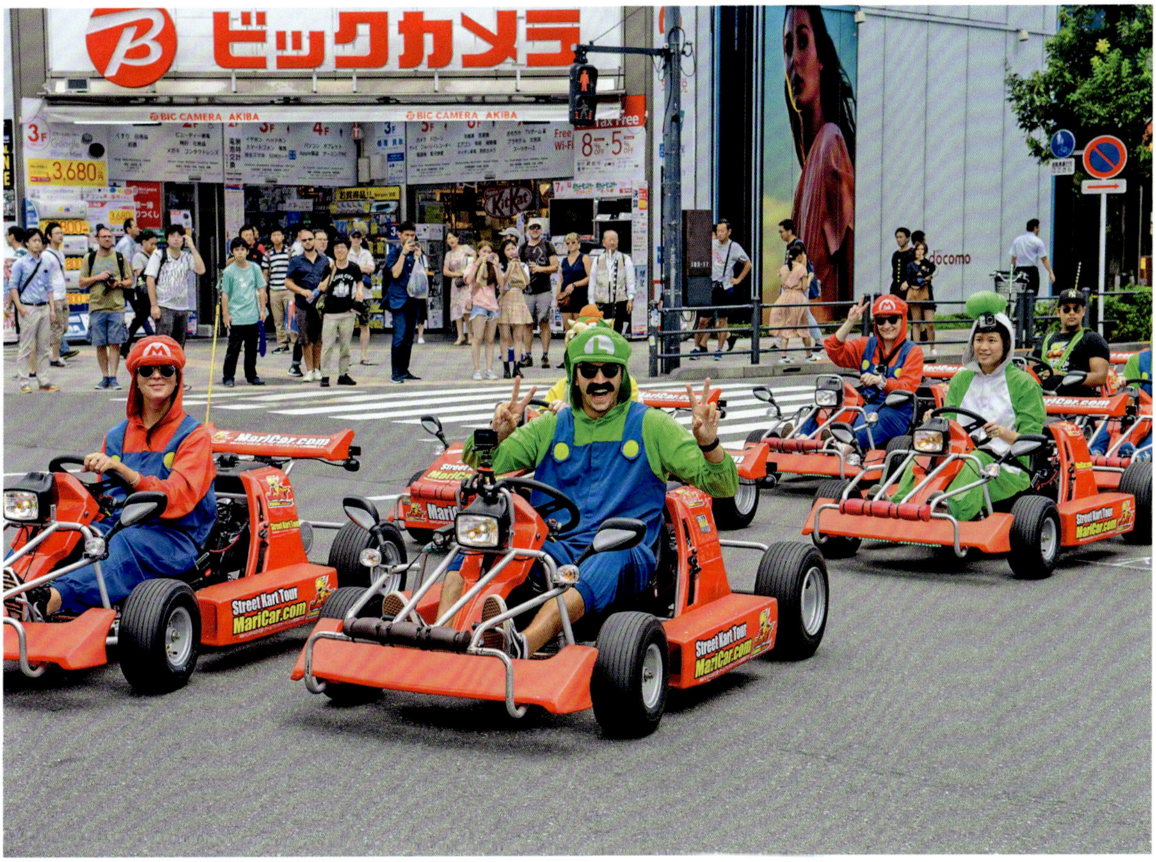

Videospielfans fahren als ihre Idole verkleidet durch Tokios Straßen.

Insgesamt ist die Gaming-Industrie aktuell größer als die Musik- und Filmbranche zusammen.

FASZINATION VIDEOSPIELE

Videospiele bringen Spaß, aber auch Herausforderung. Sie sollen mühelos sein, aber zugleich wird das Können auf die Probe gestellt. Durch festgesetzte Ziele vergisst man die Realität und somit auch die Zeit um sich herum, weil man immer weiter spielen möchte, um z. B. den Highscore zu knacken. Dieses Phänomen ist auch aus der Musik und dem Sport bekannt. Damit ein Spiel erfolgreich ist, ist nicht nur die Idee hinter dem Spiel wichtig, sondern auch das Visuelle. So werden zum Beispiel die Figuren oft einfach gehalten, damit sie niedlicher aussehen. Auf der anderen Seite werden gerade bei Rollenspielen die Figuren mit jedem neuen Spiel durch fortschreitende Technik und somit verbesserter Grafik immer realistischer, wodurch man sich besser in sie hineinversetzen kann. Seitdem es 3D-Spiele gibt, ist dieses Erlebnis noch intensiver. Auch die Geschichten werden immer komplexer. Aber Spiele brauchen auch Sound, um realistisch zu wirken. Durch einfache Töne wird auf simple Art die Realität imitiert. Dabei fungiert der Sound auch als Bestätigung von Aktionen, damit man weiß, was man tut. Videospiele ermöglichen es dem Spieler, fremde Welten zu besuchen. Es sind Orte, an denen man sich verlieren und jemand anders sein kann. Hier kann man seinen Alltag hinter sich lassen. Menschen, die in der realen Welt Probleme haben, finden in Videospielen häufig eine Zuflucht. Innerhalb der Spiele sind alle Menschen gleich, das wirkliche „Ich" ist egal, alle haben den gleichen Ausgangspunkt und müssen sich an dieselben Regeln halten. Jedoch bieten Videospiele auch die Möglichkeit mit Freunden zusammen zu spielen oder sogar neue Freundschaften zu schließen. Gerade Rollenspiele weisen eine große vernetzte Gemeinschaft auf, in der sich Menschen weltweit durch ihre **Avatare**, also ihre selbsterstellten Charaktere, kennen und sich auch im wahren Leben finden wollen.

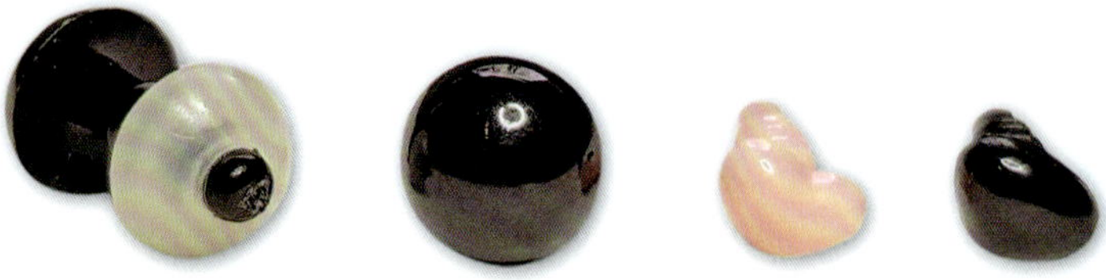

Material

Typisches **Häkelgarn**, oder auch Topflappengarn, besteht aus 100 % Baumwolle. Ich benutze Baumwollgarn mit einer Lauflänge von 85 m auf 50 g. Dieses gibt es von verschiedenen Herstellern, weswegen man sie gut kombinieren kann. Für meine Amigurumi benötigt man meist pro Farbe weniger als ein halbes Wollknäuel.

Häkelnadeln gibt es in verschiedenen Größen. Für Amigurumi sollte man immer eine kleinere Häkelnadel benutzen als auf der Garnbanderole angegeben. So werden die Maschen schön eng und das Füllmaterial quillt nicht heraus. Für das von mir verwendete Garn wird eine Nadelstärke zwischen 4,0 mm und 5,0 mm empfohlen, daher benutze ich eine Häkelnadel in der Stärke 3,5 mm.

Zum Ausstopfen eignet sich **Füllwatte** sehr gut. Zusätzlich befülle ich die untere Hälfte des Körpers noch mit kleinen **Styroporkügelchen**, um meinen Amigurumi einen besseren Stand zu geben. Noch besser eignet sich dafür Füllgranulat, welches zusätzlich beschwert. Meist braucht man nicht viel Füllmaterial, d. h. die handelsüblichen Packungen reichen für eine ganze Reihe von Amigurumi.

Zum Zusammennähen stecke ich die Einzelteile zunächst mit **Stecknadeln** fest und nähe sie dann mit einer **Wollnadel** und dem zuvor zum Häkeln verwendeten Garn zusammen. Wenn ich beispielsweise einen Arm an den Körper nähe, nähe ich die vorderen Schlaufen der letzten Arm-Reihe am Körper fest. Einzelteile, die nur aus einer Hin- und Rückreihe bestehen (z. B. Horn, Fühler), knote ich nur mit den beiden Endfäden fest. Haarsträhnen nähe ich wiederum mit Nähgarn an.

Da die meisten Amigurumi Lebewesen darstellen, dürfen Augen natürlich nicht fehlen. Die Auswahl dieser ist individuell und kann je nach Figur variieren. Ich benutze 9 mm **Sicherheitsaugen**, man kann aber auch Wackelaugen oder Hohlnieten nehmen. Zusätzlich benutze ich bei ein paar Figuren auch 7 x 5 mm **Sicherheitsnasen**. Stattdessen könnt ihr aber auch einfach Filzreste benutzen.

Zur weiteren Verzierung sind der Kreativität keine Grenzen gesetzt. Oft benutze ich 1 mm starken **Filz** oder **Stickgarn**. Es spricht aber auch nichts gegen Federn, Perlen, Schleifenbänder, Perlenmakerpens etc. Außerdem braucht man noch **Textilkleber**, z. B. zum Fixieren von Fadenenden und natürlich für den Filz. Als Kreisschablonen für den Filz eignen sich gut die Enden von Lippenpflegestiften oder Stiften verschiedenen Durchmessers sowie für sehr kleine Kreise eine Lochzange.

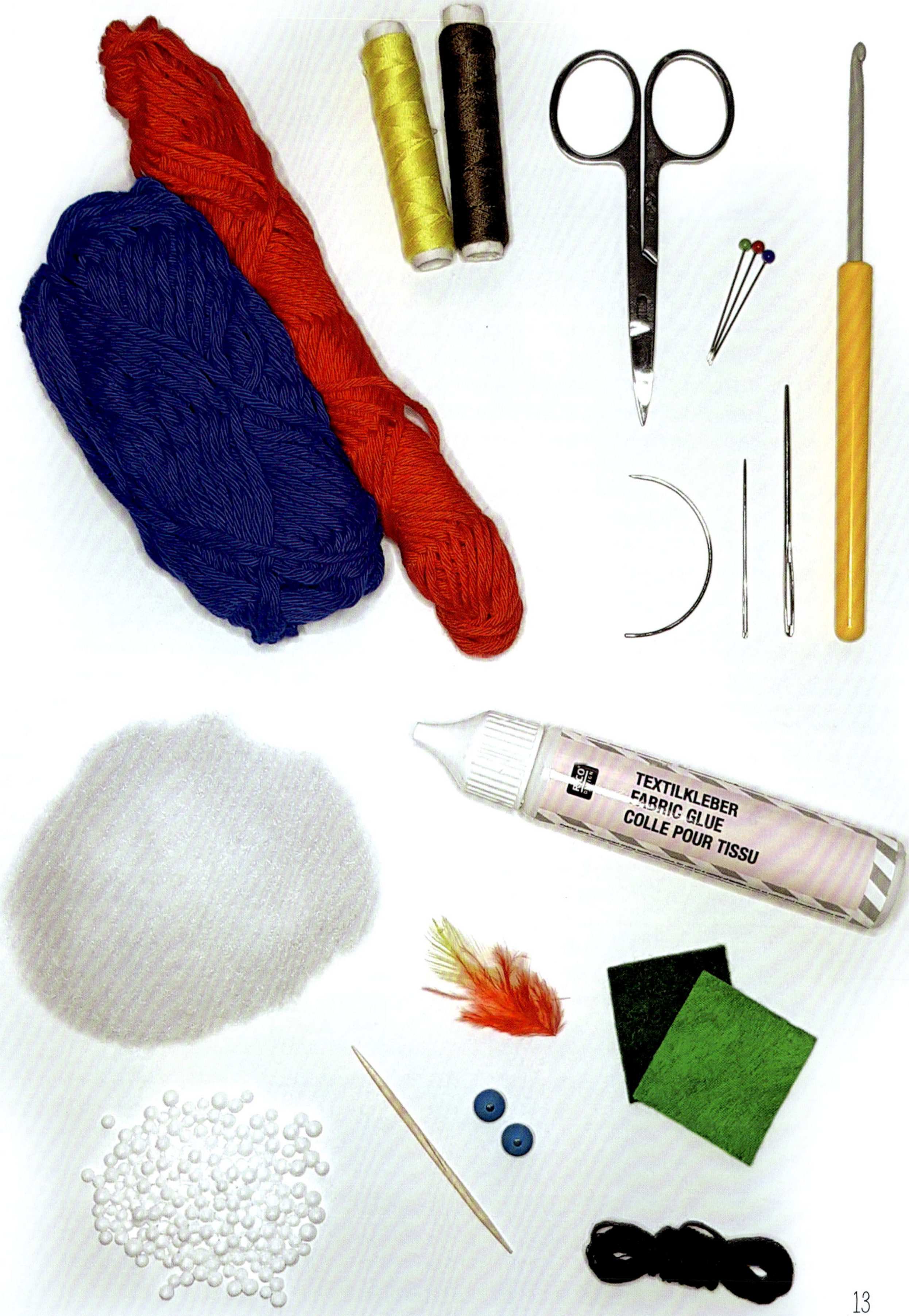
TEXTILKLEBER
FABRIC GLUE
COLLE POUR TISSU

„Super Mario"-Spielreihe

Seinen ersten Auftritt hatte Mario 1981 im Spiel Donkey Kong, wo er noch „Jumpman" hieß und ein Zimmermann war. Nach der Gründung von Nintendo of America wurde er aber wegen der Ähnlichkeit zum Vermieter des Büros nach diesem in „Mario" umbenannt und bekam 1983 sein erstes eigenes Spiel. Die Super-Mario-Spiele sind klassische Jump'n'Runs. Das Ziel der meisten Spiele ist es, Prinzessin Peach aus den Fängen des bösen Bowsers zu befreien, der sie entführt hat. Dafür schlüpft man in die Rolle des Klempners Mario und kämpft sich durch verschiedene Welten des Pilzkönigreichs, indem man Items wie Power-Ups und Münzen sammelt, Gegner besiegt sowie Rätsel löst, ohne alle seine Leben aufzubrauchen. Dabei wird man meist von Marios Bruder Luigi sowie manchmal auch von weiteren Freunden unterstützt. Super Mario ist die drittmeist verkaufte Spielreihe weltweit. Aus keiner anderen Spielreihe gingen so viele Ableger hervor, wie aus dieser. Zählt man alle Ableger mit Mario als Protagonisten zusammen, handelt es sich sogar um die meistverkaufte Spielreihe aller Zeiten. Weitere Ableger sind z. B. „Luigi's Mansion", „Super Princess Peach" und „Captain Toad: Treasure Tracker". Für Amigurumi-Fans besonders hervorzuheben ist das Spiel „Yoshi's Woolly World": Hier schlüpft man in die Rolle eines Amigurumi-Yoshi und erlebt viele lustige Abenteuer in einer Welt komplett aus Wolle. Auch wenn sich die Genres der Ableger manchmal sehr von der Super-Mario-Reihe unterscheiden, so haben sie doch alle gemein, dass sie meist leicht zu erlernen und für alle Altersklassen geeignet sind.

ITALIENISCHER KLEMPNER

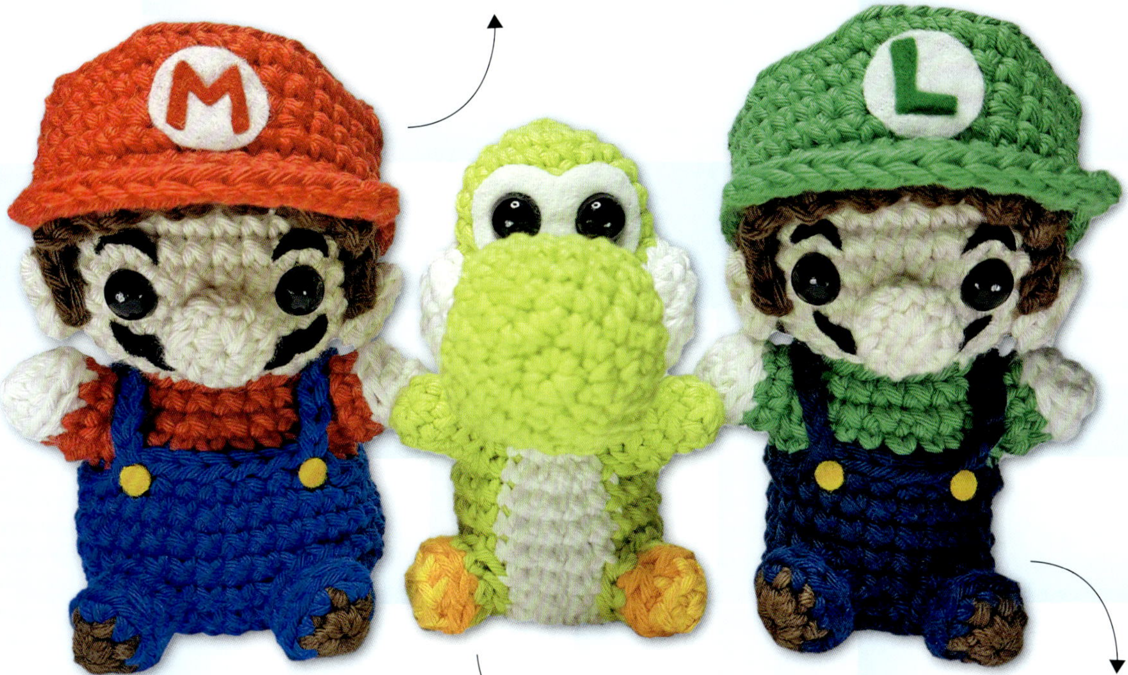

DINO-REITTIER

KLEMPNERBRUDER

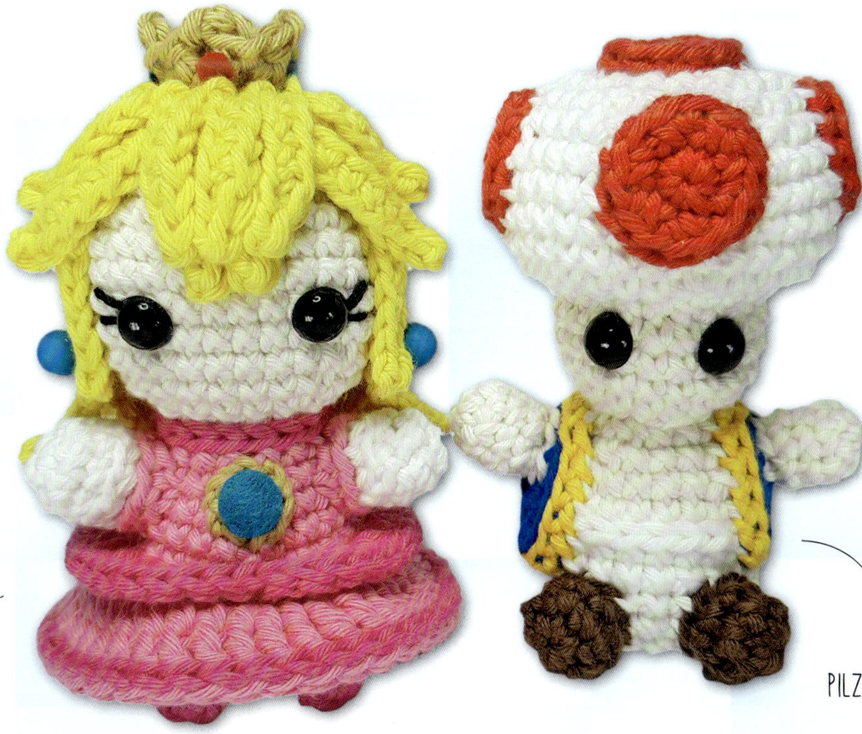

PILZMÄNNCHEN

PRINZESSIN DES PILZKÖNIGREICHS

Italienischer Klempner

DIE BEKANNTESTE VIDEOSPIELFIGUR DER WELT TAUCHT IN ÜBER 200 VIDEOSPIELEN AUF UND IST DAS MASKOTTCHEN SEINER FIRMA.

KÖRPER

Mit Royal beginnen.
1. Rd: 6 fM in Fadenring, KM (= 6 M)
2. Rd: 1 LM, 6x zun, KM (= 12 M)
3. Rd: 1 LM, (2x zun, 1 fM) 4x, KM (= 20 M)
4. Rd: 1 LM, (1x zun, 1 fM) 10x, KM (= 30 M)
5. Rd: 1 LM, (1x zun, 5 fM) 5x, KM (= 35 M)
6.–10. Rd: 1 LM, 35 fM, KM (= 35 M)
Garnfarben wie angegeben wechseln:
11. Rd: 1 LM, 1 fM, in Rot 4 fM, 1x abn, 2 fM, in Royal 3 fM, 1x abn, 3 fM, in Rot 2 fM, 1x abn, 4 fM, in Royal 1 fM, 1x abn, 5 fM, 1x abn, KM (= 30 M)
12. Rd: 1 LM, in Rot (4 fM, 1x abn) 3x, 3 fM, in Royal 1 fM, 1x abn, 4 fM, 1x abn, in Rot KM (= 25 M)
13. Rd: 1 LM, (3 fM, 1x abn) 5x, KM (= 20 M)
14. Rd: 1 LM, 20 fM, KM (= 20 M)
KM entlang der Kontur der Latzhose in Royal häkeln.
Fäden abschneiden und vernähen.
Für die Hosenträger jeweils in der äußeren oberen KM des vorderen Latzes beginnen und in Royal 8 LM häkeln.
Fäden abschneiden und Anfangsfäden vernähen Abb. 1.

KOPF (in Natur häkeln)

1. Rd: 6 fM in Fadenring, KM (= 6 M)
2. Rd: 1 LM, 6x zun, KM (= 12 M)
3. Rd: 1 LM, 2 fM, 3x zun, 4 fM, 2x zun, 1 fM, KM (= 17 M)
4. Rd: 1 LM, 2 fM, 1x zun, 3 fM, 1x zun, 4 fM, 1x zun, 3 fM, 1x zun, 1 fM, KM (= 21 M)
5. Rd: 1 LM, 2 fM, 1x zun, 3 fM, 1x zun, 6 fM, 1x zun, 3 fM, 1x zun, 3 fM, KM (= 25 M)
6. Rd: 1 LM, 2 fM, 1x zun, 3 fM, 1x zun, 8 fM, 1x zun, 3 fM, 1x zun, 5 fM, KM (= 29 M)
7.–10. Rd: 1 LM, 29 fM, KM (= 29 M)
11. Rd: 1 LM, 2 fM, 1x abn, 8 fM, 1x abn, 3 fM, 1x abn, 8 fM, 1x abn, KM (= 25 M)
Augen zwischen der 9. und 10. Rd in einem Abstand von 6 M einsetzen.
12. Rd: 1 LM, 1 fM, 1x abn, 6 fM, 1x abn, 3 fM, 1x abn, 6 fM, 1x abn, 1 fM, KM (= 21 M)
13. Rd: 1 LM, 1x abn, 4 fM, 1x abn, 3 fM, 1x abn, 4 fM, 1x abn, 2 fM, KM (= 17 M)
Kopf mit Füllwatte stopfen.
14. Rd: 1 LM, 4 fM, 3x abn, 3 fM, 2x abn, KM (= 12 M)
15. Rd: 6x abn, KM (= 6 M)
Faden abschneiden und vernähen Abb. 2.

1

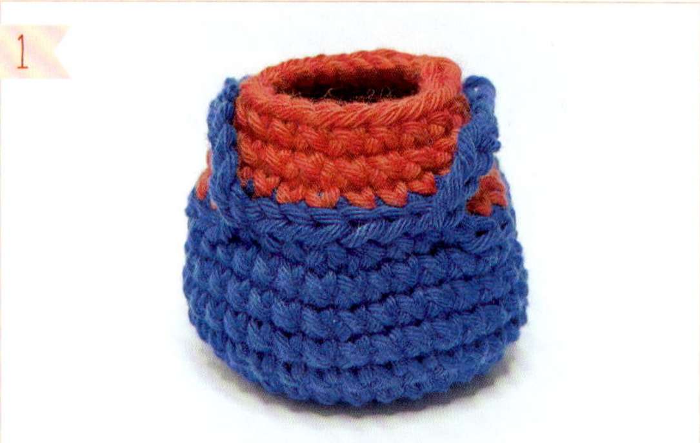

2

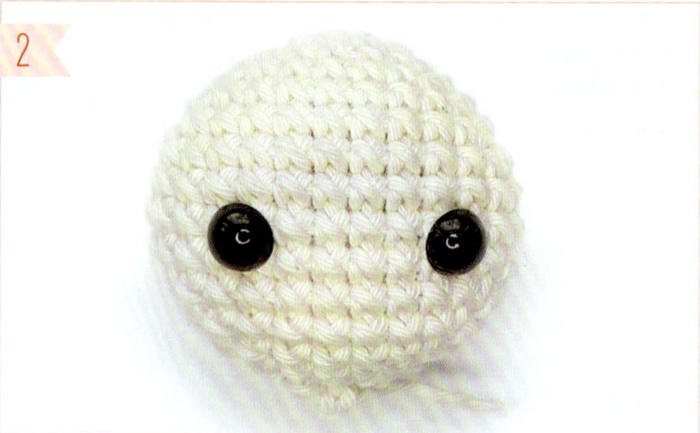

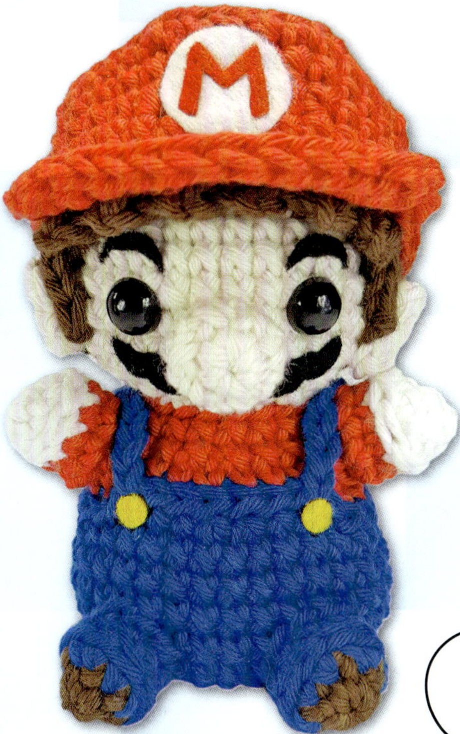

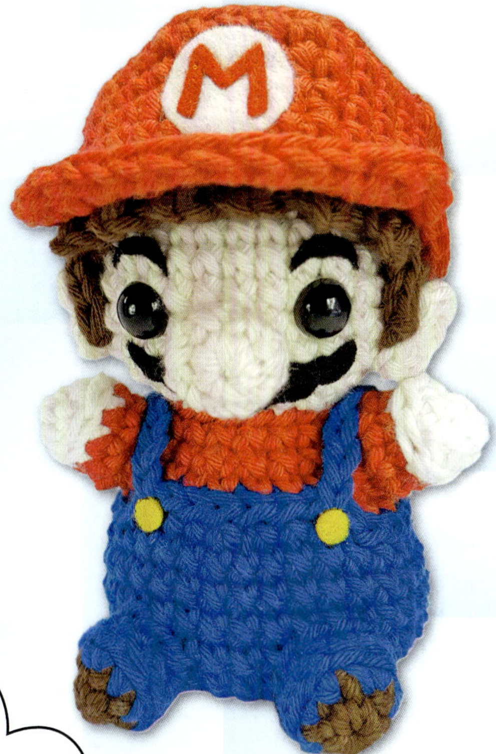

GRÖSSE:
CA. 10,5 CM

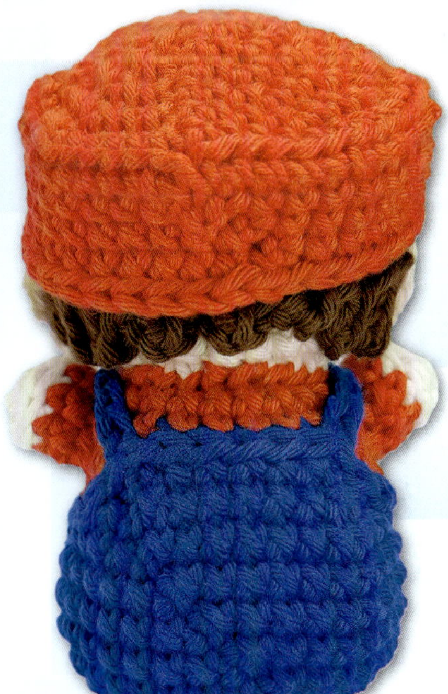

MATERIAL

- Kurtenbach „Twister Curly 8 uni“ (100 % Baumwolle, LL 85 m/50 g), in Rot (Fb. 35) und Braun (Fb. 88)
- Wolle Rödel „Cotton Universal“ (100 % Baumwolle, LL 85 m/50 g), in Royal (Fb. 24), Natur (Fb. 31) und Weiß (Fb. 38)
- Häkelnadel 3,5 mm
- Wollnadel zum Vernähen
- 2 Sicherheitsaugen, 9 mm
- Füllwatte
- Styroporkügelchen
- Nähgarn in Braun
- Nähnadel
- Filzreste, 1 mm dick, in Schwarz, Gelb, Weiß und Rot
- Textilkleber

HAARE (in Braun häkeln)

1. Rd: 6 fM in Fadenring (= 6 M)
2. Rd: 6x zun (= 12 M)
3. Rd: 1 fM, 3x zun, 3 fM, 3x zun, 2 fM (= 18 M)
4. Rd: (1x zun, 2 fM) 6x (= 24 M)
5. Rd: 2 fM, (1x zun, 5 fM) 3x, 1x zun, 3 fM (= 28 M)
6. Rd: 3 fM, (1x zun, 6 fM) 3x, 1x zun, 3 fM (= 32 M)
7. Rd: 7 fM, 1x zun, 15 fM, 1x zun, 8 fM (= 34 M)
8. Rd: 34 fM (= 34 M)
9. Rd: 34 fM, KM (= 34 M)
Im Folgenden immer auf der Unterseite der LM zurückhäkeln:
10. Rd: 1 LM, 1 Wlm, 1 KM, 1 KM in 2 M gleichzeitig*, 2 LM, 1 Wlm, 2 KM, 1 KM in 2 M gleichzeitig*, (3 LM, 1 Wlm, 3 KM, 1 KM in 2 M gleichzeitig*) 3x, (1 LM, 1 Wlm, 1 KM, 1 KM in 2 M gleichzeitig*) 6x, (3 LM, 1 Wlm, 3 KM, 1 KM in 2 M gleichzeitig*) 3x, 2 LM, 1 Wlm, 2 KM, 1 KM in 2 M gleichzeitig*, (1 LM, 1 Wlm, 1 KM, 1 KM in 2 M gleichzeitig*) 2x
Faden abschneiden und vernähen Abb. 3.
(* vgl. unsichtbares Abnehmen)

ARME (2x)

Mit Weiß beginnen.
1. Rd: 6 fM in Fadenring, KM (= 6 M)
2. Rd: 1 LM, (1x zun, 2 fM) 2x, KM (= 8 M)
Zu Rot wechseln.
3. und 4. Rd: 1 LM, 8 fM, KM (= 8 M)
1 Rd KM zwischen der 2. und 3. Rd in Weiß häkeln. Fäden abschneiden und vernähen Abb. 4.

BEINE (2x)

Mit Braun beginnen.
1. Rd: 6 fM in Fadenring, KM (= 6 M)
Zu Royal wechseln.
2. Rd: 1 LM, (1x zun, 2 fM) 2x, KM (= 8 M)
3. Rd: 1 LM, 8 fM, KM (= 8 M)
Faden abschneiden und vernähen.
1 Rd KM zwischen der 2. und 3. Rd in Royal häkeln Abb. 5.

NASE (in Natur häkeln)

1. Rd: 6 fM in Fadenring (= 6 M)
2. Rd: 6x zun (= 12 M)
3. Rd: 6x abn, KM (= 6 M)
Faden abschneiden, durch vord Schlaufen fädeln, festziehen und vernähen Abb. 6.

3
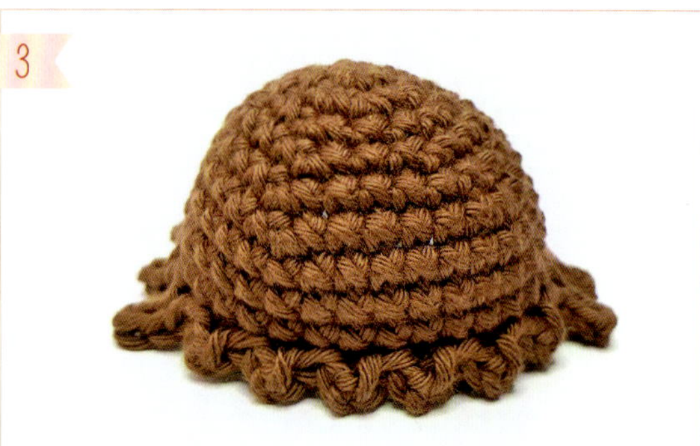

5
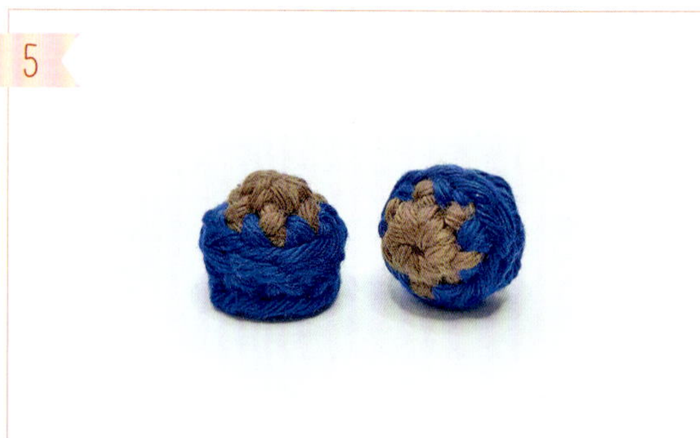

4
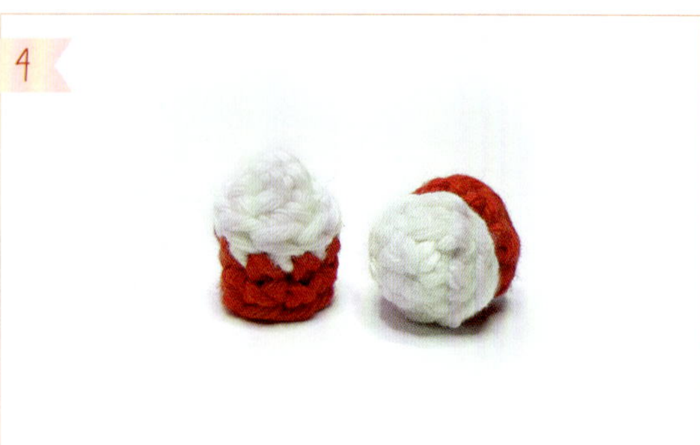

6
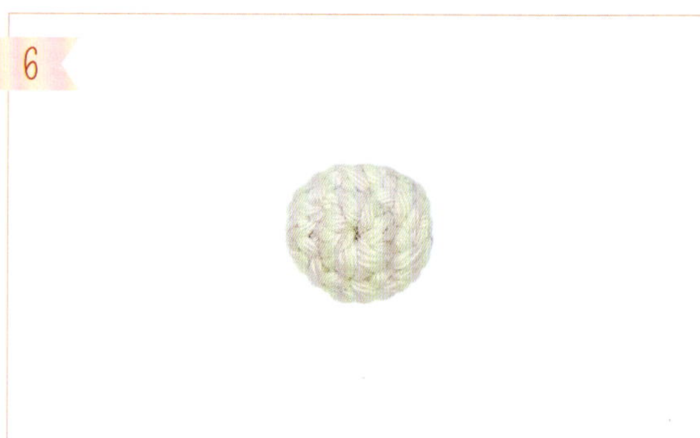

OHREN (2x in Natur häkeln)

1. Rd: (2 LM, 1 hStb, 2 fM, 2 hStb) in Fadenring, LM Faden abschneiden, aus der LM ziehen und durch die Mitte des Fadenrings nach hinten fädeln Abb. 7 .

MÜTZE (in Rot häkeln)

1. Rd: 6 fM in Fadenring, KM (= 6 M)
2. Rd: 1 LM, 6x zun, KM (= 12 M)
3. Rd: 1 LM, (2x zun, 1 fM) 4x, KM (= 20 M)
4. Rd: 1 LM, (1x zun, 1 fM) 10x, KM (= 30 M)
5. Rd: 1 LM, (1x zun, 2 fM) 10x, KM (= 40 M)
6. Rd: 1 LM, (1x zun, 4 fM) 8x, KM (= 48 M)
7. Rd: 1 LM, in hint Schlaufen (4 fM, 1x abn) 4x, 1 fM, 2 hStb, 1 fM, 1x abn, (4 fM, 1x abn) 3x, KM (= 40 M)
8. Rd: 1 LM, 8 fM, 1x abn, 8 fM, 1 hStb in 2 M gleichzeitig*, 3 hStb, 5 fM, 1x abn, 8 fM, 1x abn, KM (= 36 M)
9. Rd: 1 LM, 15 fM, 6 hStb, 15 fM, KM (= 36 M)
10. Rd: 1 LM, 36 fM, KM (= 36 M)
11. Rd: In vord Schlaufen der 10. Rd 10 KM, 6 fM, 1x zun, 5 fM, 1 Wlm, wenden, 6 fM, 1x zun, 6 fM, 1 Wlm, wenden, 1 Stb in 2 M gleichzeitig*, 1 Stb, 8 hStb, 1 Stb, 1 Stb in 2 M gleichzeitig*, 15 KM Faden abschneiden und vernähen Abb. 8 .
(* vgl. unsichtbares Abnehmen)

EINZELTEILE ZUSAMMENFÜGEN

1. Körper zu etwa einem Drittel mit Styroporkügelchen füllen, dann mit Füllwatte stopfen und an den Kopf nähen.
2. Hint Schlaufen der 9. Rd der Haare aufnähen Abb. 9 . Spitzen der 8 längeren Haarsträhnen mit Nähgarn punktuell am Kopf festnähen. Dabei für die Ohren etwas Platz lassen.
3. Nase aufnähen.
4. Ohren anknoten.
5. Arme und Beine an den Körper nähen. Die Beine müssen dabei plan mit der Unterseite des Körpers abschließen.
6. Hosenträger jeweils zwischen Arm und Kopf führen und in der jeweils äußeren oberen KM des hinteren Latzes vernähen.
7. Mütze auf den Kopf setzen und ggf. festnähen.
8. Aus schwarzem Filz den Schnurrbart sowie Augenbrauen ausschneiden Abb. 10 und ins Gesicht kleben.
9. Aus gelbem Filz zwei kleine Kreise ausschneiden und vorne auf die Latzhose kleben.
10. Aus weißem Filz einen ca. 2 cm großen Kreis ausschneiden. Aus rotem Filz ein „M" ausschneiden und auf den weißen Kreis kleben. Beides zusammen vorne auf die Mütze kleben.

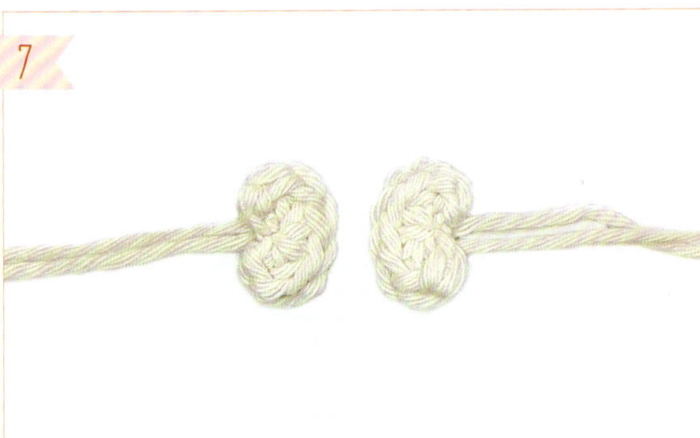
7

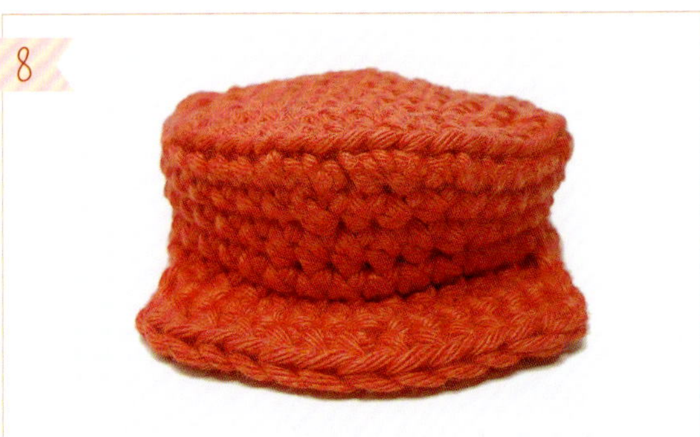
8

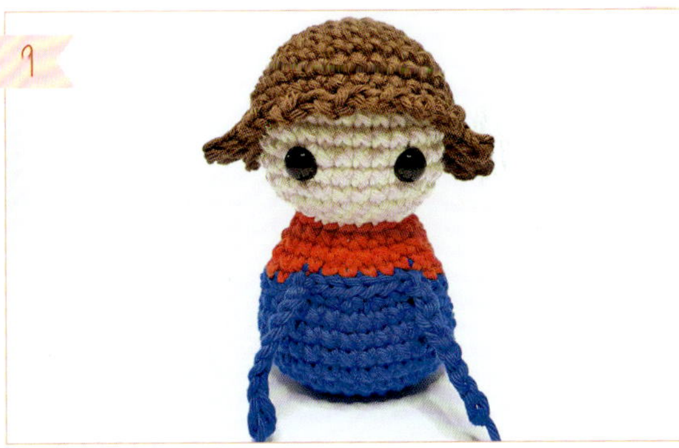
9

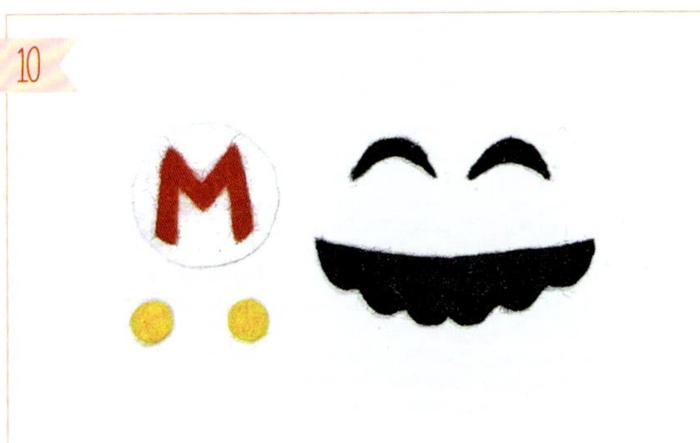

10

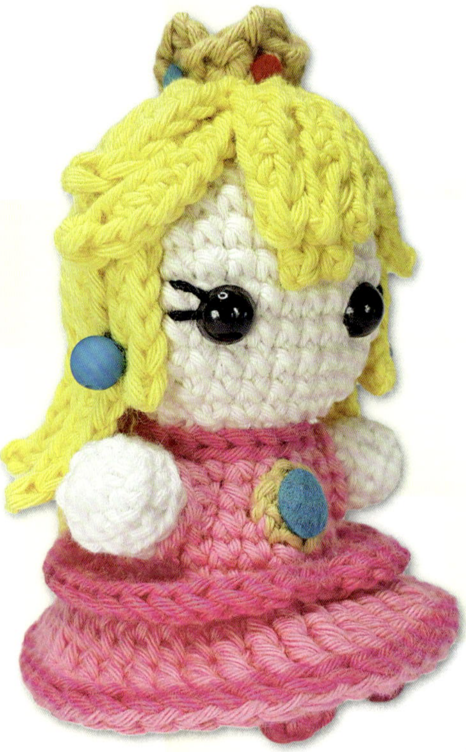

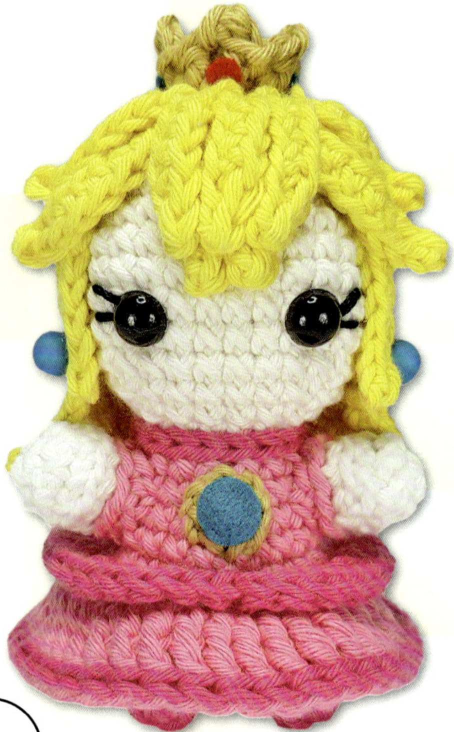

GRÖSSE:
CA. 10,5 CM

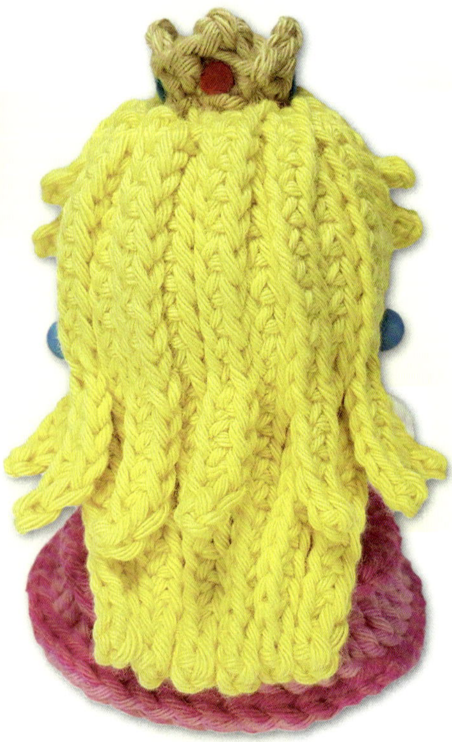

MATERIAL

- Kurtenbach „Twister Curly 8 uni" (100 % Baumwolle, LL 85 m/50 g), in Pink (Fb. 32) und Dunkelpink (Fb. 33)
- Wolle Rödel „Cotton Universal" (100 % Baumwolle, LL 85 m/50 g), in Banane (Fb. 34), Natur (Fb. 31), Weiß (Fb. 38) und Sand (Fb. 32)
- Häkelnadel 3,5 mm
- Stickgarn in Schwarz
- Sticknadel
- Wollnadel zum Vernähen
- 2 Sicherheitsaugen, 9 mm
- Füllwatte
- Styroporkügelchen
- Nähgarn in Gelb
- Nähnadel
- Filzrest, 1 mm dick, in Türkis und Rot
- Textilkleber
- 2 Perlen, 8 mm, in Türkis

Prinzessin des Pilzkönigreichs

SIE IST EIN PARADEBEISPIEL FÜR DIE „JUNGFER IN NÖTEN" UND MUSS OFT VOM ITALIENISCHEN KLEMPNER GERETTET WERDEN. ES WIRD GEMUNKELT, DASS DIE BEIDEN EINE BEZIEHUNG HABEN.

KÖRPER

Mit Pink beginnen.
1. Rd: 1 LM, 6 fM in Fadenring, KM (= 6 M)
2. Rd: 1 LM, 6x zun, KM (= 12 M)
3. Rd: 1 LM, (2x zun, 1 fM) 4x, KM (= 20 M)
4. Rd: 1 LM, (1x zun, 4 fM) 4x, KM (= 24 M)
5.–7. Rd: 1 LM, 24 fM, KM (= 24 M)
8. Rd: 1 LM, in hint Schlaufen 24 fM, KM (= 24 M)
9. Rd: 1 LM, 24 fM, KM (= 24 M)
10. Rd: 1 LM, (4 fM, 1x abn) 4x, KM (= 20 M)
11. Rd: 1 LM, (8 fM, 1x abn) 2x, KM (= 18 M)
12. Rd: 1 LM, 18 fM, KM (= 18 M)
Zu Dunkelpink wechseln.
13. Rd: 18 KM (= 18 M)
Faden abschneiden und vernähen.
In vord Schlaufen der 7. Rd in Pink wie folgt häkeln.
1. Rd: 1 LM, (2x zun, 1 fM) 8x, KM (= 40 M)
2. Rd: 2 LM, 40 DStb, KM (= 40 M)
Zu Dunkelpink wechseln.
3. Rd: 40 KM (= 40 M)
Faden abschneiden und vernähen.
1 Rd KM zwischen der 7. und 8. Rd des Kleids in Dunkelpink häkeln.
Faden abschneiden und vernähen Abb. 1 .
In untere Schlaufen der KM wie folgt häkeln:
1. Rd: [1 M überspr, 4 Stb in 1 M, 1 Stb, (2 Stb in 1 M, 1 Stb) 3x, 4 Stb in 1 M, 1 M überspr, 1 KM] 2x (= 38 M)
Faden abschneiden und vernähen Abb. 2 .

KOPF (in Natur häkeln)

1. Rd: 6 fM in Fadenring, KM (= 6 M)
2. Rd: 1 LM, 6x zun, KM (= 12 M)
3. Rd: 1 LM, 2 fM, 3x zun, 4 fM, 2x zun, 1 fM, KM (= 17 M)
4. Rd: 1 LM, 2 fM, 1x zun, 3 fM, 1x zun, 4 fM, 1x zun, 3 fM, 1x zun, 1 fM, KM (= 21 M)
5. Rd: 1 LM, 2 fM, 1x zun, 3 fM, 1x zun, 6 fM, 1x zun, 3 fM, 1x zun, 3 fM, KM (= 25 M)
6. Rd: 1 LM, 2 fM, 1x zun, 3 fM, 1x zun, 8 fM, 1x zun, 3 fM, 1x zun, 5 fM, KM (= 29 M)
7.–10. Rd: 1 LM, 29 fM, KM (= 29 M)
11. Rd: 1 LM, 2 fM, 1x abn, 8 fM, 1x abn, 3 fM, 1x abn, 8 fM, 1x abn, KM (= 25 M)
Wimpern mit schwarzem Stickgarn wie ein schräges „V" über eine Länge von je 2 M aufsticken. Augen zwischen der 9. und 10. Rd in einem Abstand von 6 M einsetzen.

1
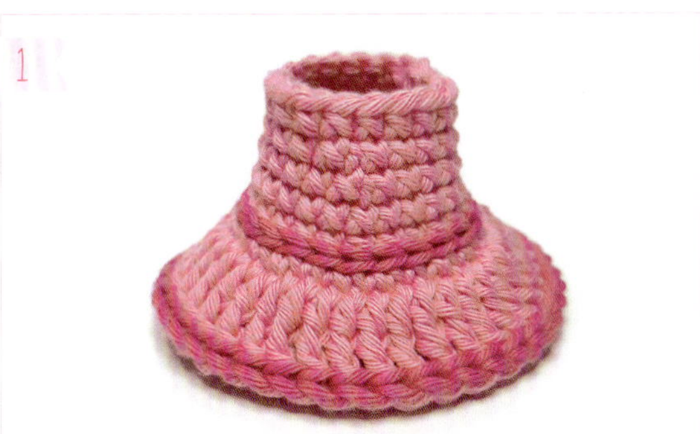

2
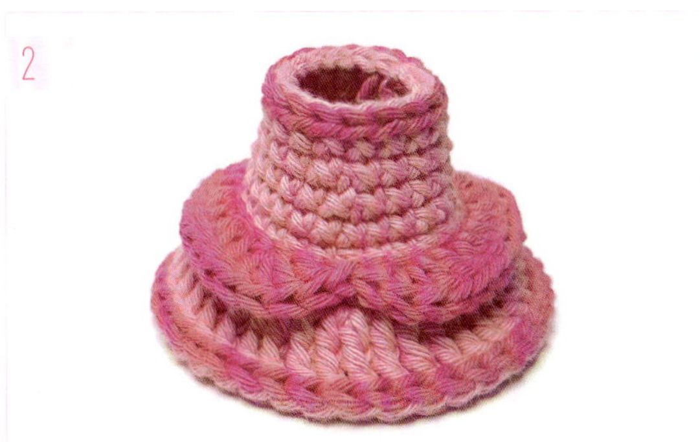

Die Augen sollten jetzt auf dem gleichen Punkt liegen wie die Spitze des Wimpern-„V"s.
12. Rd: 1 LM, 1 fM, 1x abn, 6 fM, 1x abn, 3 fM, 1x abn, 6 fM, 1x abn, 1 fM, KM (= 21 M)
13. Rd: 1 LM, 1x abn, 4 fM, 1x abn, 3 fM, 1x abn, 4 fM, 1x abn, 2 fM, KM (= 17 M)
Kopf mit Füllwatte stopfen.
14. Rd: 1 LM, 4 fM, 3x abn, 3 fM, 2x abn, KM (= 12 M)
15. Rd: 6x abn, KM (= 6 M)
Faden abschneiden und vernähen Abb. 3 .

HAARE (in Banane häkeln)

1. Rd: 6 fM in Fadenring (= 6 M)
2. Rd: 6x zun, KM in vord Schlaufe (= 12 M)
Im Folgenden immer auf der Unterseite der LM zurückhäkeln:
3. Rd: In vord Schlaufen der 2. Rd (15 LM, 1 Wlm, 1 KM, 14 fM, 1 KM) 4x, (6 LM, 1 Wlm, 1 KM, 5 fM, 1 KM) 5x, (15 LM, 1 Wlm, 1 KM, 14 fM, 1 KM) 3x
4. Rd: In hint Schlaufen der 2. Rd (20 LM, 1 Wlm, 1 KM, 19 fM, 1 KM) 3x, 10 LM, 1 Wlm, 1 KM, 9 fM, 1 KM, 8 LM, 1 Wlm, 1 KM, 7 fM, 1 KM, (6 LM, 1 Wlm, 1 KM, 5 fM, 1 KM) 2x, 8 LM, 1 Wlm, 1 KM, 7 fM, 1 KM, 10 LM, 1 Wlm, 1 KM, 9 fM, 1 KM, (20 LM, 1 Wlm, 1 KM, 19 fM, 1 KM) 3x
Faden abschneiden und vernähen Abb. 4 .

ARME (2x)

Mit Weiß beginnen.
1. Rd: 6 fM in Fadenring, KM (= 6 M)
2. Rd: 1 LM, (1x zun, 2 fM) 2x, KM (= 8 M)
3. Rd: 1 LM, 8 fM, KM (= 8 M)
Zu Natur wechseln.
4. Rd: 1 LM, in hint Schlaufen 8 fM, KM (= 8 M)
Zu Pink wechseln.
5. Rd: 8 KM (= 8 M)
Faden abschneiden und vernähen Abb. 5 .

BEINE (2x)

Mit Dunkelpink beginnen.
1. Rd: 6 fM in Fadenring, KM (= 6 M)
Zu Natur wechseln.
2. Rd: 1 LM, (1x zun, 2 fM) 2x, KM (= 8 M)
3. Rd: 1 LM, 8 fM, KM (= 8 M)
1 Rd KM zwischen der 1. und 2. Rd in Dunkelpink häkeln.
Fäden abschneiden und vernähen Abb. 6 .

3
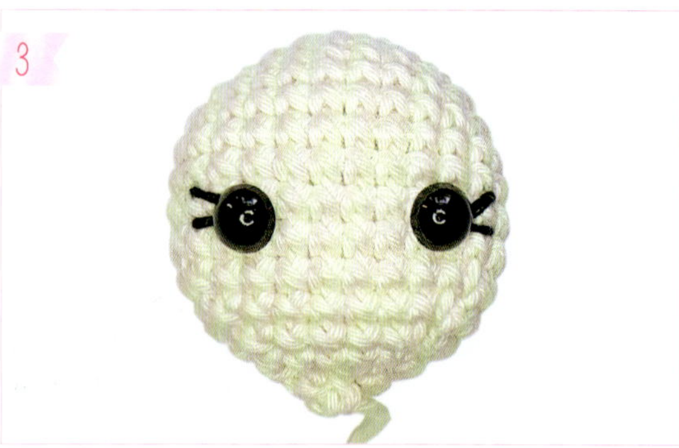

5
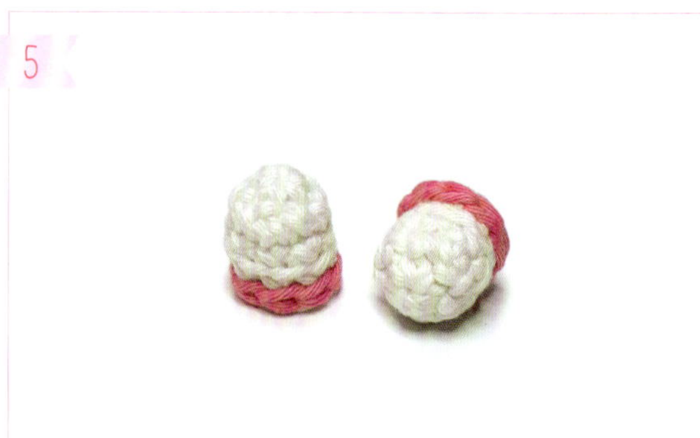

4
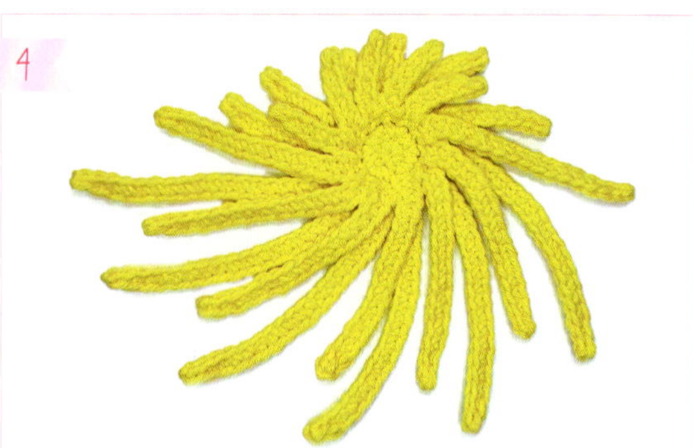

6
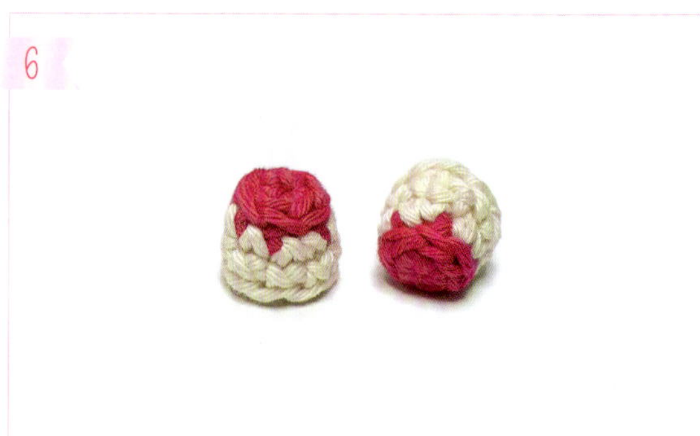

KRONE (in Sand häkeln)

1. Rd: 12 LM anschl, zu Kreis verbinden
2. Rd: 12 KM (= 12 M)
3. Rd: (1 Stb, 1 LM, 1 KM in vord Schlaufe des vorh Stb, 1 Stb, 1 KM) 4x (= 12 M)
Faden abschneiden und vernähen Abb. 7 .

BROSCHE (in Sand häkeln)

1. Rd: 6 fM in Fadenring, KM (= 6 M)
Faden abschneiden und vernähen Abb. 8 .

EINZELTEILE ZUSAMMENFÜGEN

1. Körper zu etwa einem Drittel mit Styroporkügelchen füllen, dann mit Füllwatte stopfen und vord Schlaufen der vorletzten Rd an den Kopf nähen.
2. Arme (hint Schlaufen) und Beine an den Körper nähen. Die Beine müssen dabei plan mit der Unterseite des Körpers abschließen.
3. Brosche auf die Brust nähen.
4. Haare zunächst oben am Kopf festnähen Abb. 9 , dann mit Nähgarn die unteren 1–4, 6–7 und 9–12 Haarsträhnen Abb. 10 , anschließend die oberen 12 Haarsträhnen sowie die restlichen 2 unteren Haarsträhnen punktuell annähen. Die Spitzen der 6 längsten Haarsträhnen mit Nähgarn verbinden.
5. Krone aufnähen.
6. Aus türkisem Filz einen ca. 1 cm großen Kreis ausschneiden Abb. 11 und auf die Brosche kleben.
7. Je 2 kleine rote und türkise Kreise aus Filz ausschneiden und auf die Krone kleben.
8. Perlenohrringe ankleben.

7
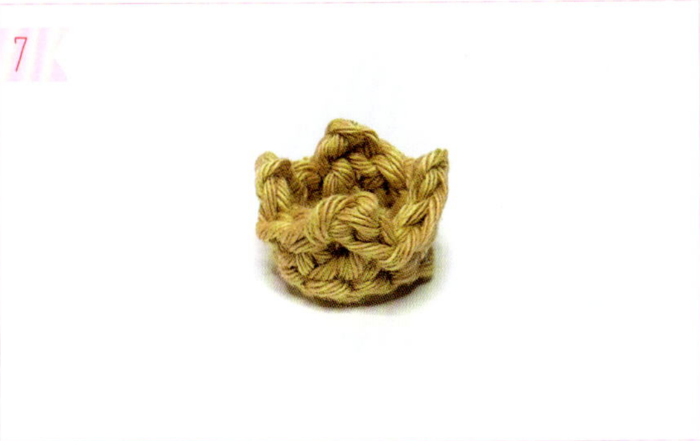

8
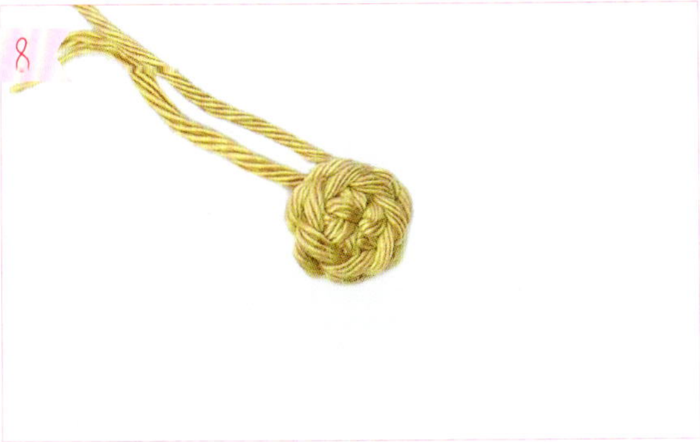

10
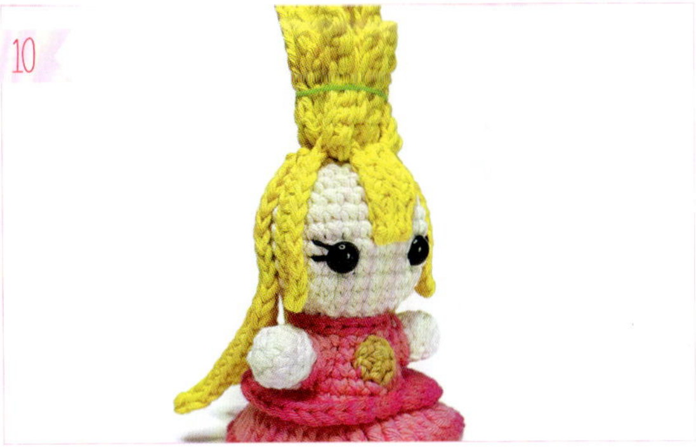

9
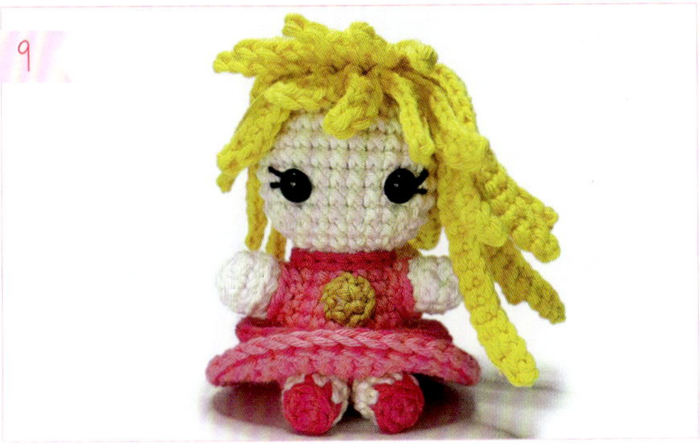

11
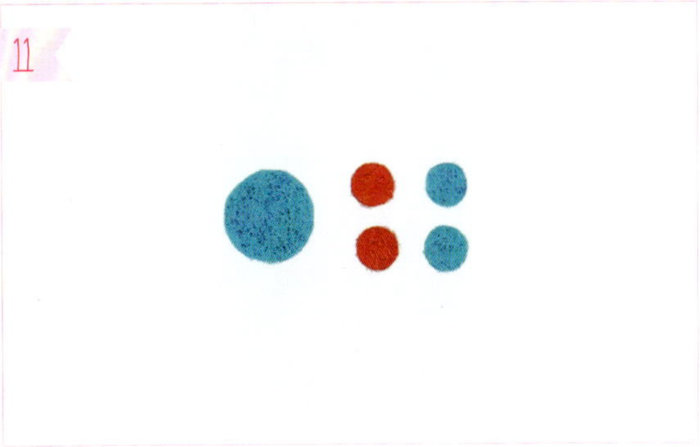

Klempnerbruder

DER JÜNGERE ZWILLINGSBRUDER UNSERES ITALIENISCHEN KLEMPNERS WIRD OFT ALS GUTHERZIGER, ABER LEICHT ÄNGSTLICHER HELD BESCHRIEBEN.

KÖRPER

Mit Dunkelblau beginnen.
1. Rd: 6 fM in Fadenring, KM (= 6 M)
2. Rd: 1 LM, 6x zun, KM (= 12 M)
3. Rd: 1 LM, (2x zun, 1 fM) 4x, KM (= 20 M)
4. Rd: 1 LM, (1x zun, 4 fM) 4x, KM (= 24 M)
5.–9. Rd: 1 LM, 24 fM, KM (= 24 M)
Garnfarben wie angegeben wechseln:
10. Rd: 1 LM, 3 fM, in Gras 6 fM, in Dunkelblau 6 fM, in Gras 6 fM, in Dunkelblau 3 fM, KM (= 24 M)
11. Rd: 1 LM, 2 fM, in Gras 2 fM, 1x abn, (4 fM, 1x abn) 2x, 3 fM, in Dunkelblau 1 fM, 1x abn, KM (= 20 M)
Zu Gras wechseln.
12. Rd: 1 LM, (8 fM, 1x abn) 2x, KM (= 18 M)
13. Rd: 1 LM, 18 fM, KM (= 18 M)
KM entlang der Kontur der Latzhose in Dunkelblau häkeln.
Fäden abschneiden und vernähen.
Jeweils in der äußeren oberen KM des vorderen Latzes beginnen und 8 LM häkeln.
Fäden abschneiden und Anfangsfäden vernähen Abb. 1 .

KOPF (in Natur häkeln)

1. Rd: 6 fM in Fadenring, KM (= 6 M)
2. Rd: 1 LM, 6x zun, KM (= 12 M)
3. Rd: 1 LM, (1x zun, 2 fM) 4x, KM (= 16 M)
4. Rd: 1 LM, (1x zun, 3 fM) 4x, KM (= 20 M)
5. Rd: 1 LM, (1x zun, 4 fM) 4x, KM (= 24 M)
6. Rd: 1 LM, (1x zun, 5 fM) 4x, KM (= 28 M)
7.–10. Rd: 1 LM, 28 fM, KM (= 28 M)
11. Rd: 1 LM, 1 fM, 1x abn, (5 fM, 1x abn) 3x, 4 fM, KM (= 24 M)
Augen zwischen der 9. und 10. Rd in einem Abstand von 6 M einsetzen.
12. Rd: 1 LM, (1x abn, 4 fM) 4x, KM (= 20 M)
13. Rd: 1 LM, (1x abn, 3 fM) 4x, KM (= 16 M)
Kopf mit Füllwatte stopfen.
14. Rd: 1 LM, (1x abn, 2 fM) 4x, KM (= 12 M)
15. Rd: 6x abn, KM (= 6 M)
Faden abschneiden und vernähen Abb. 2 .

1

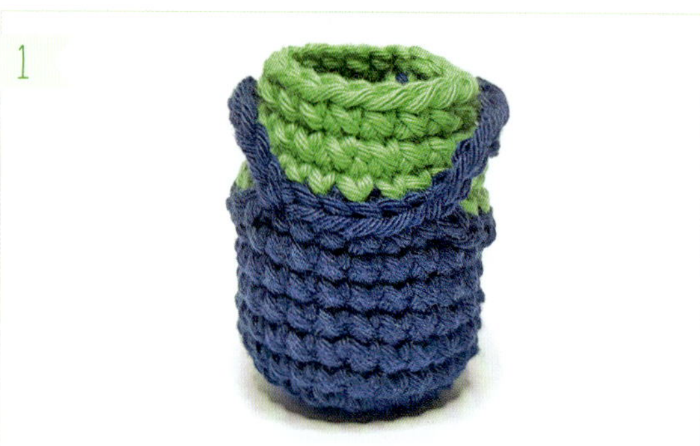

2

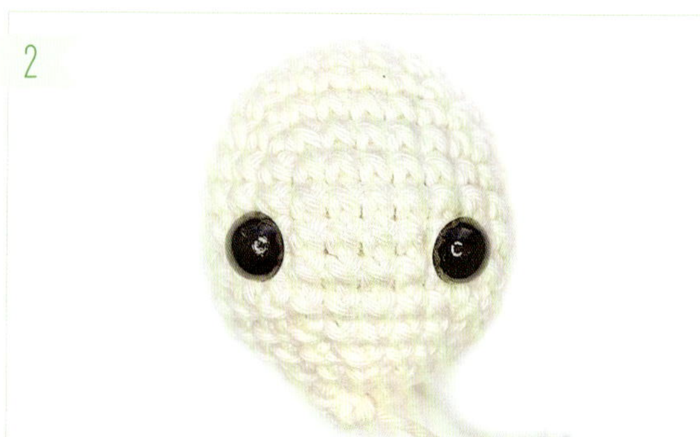

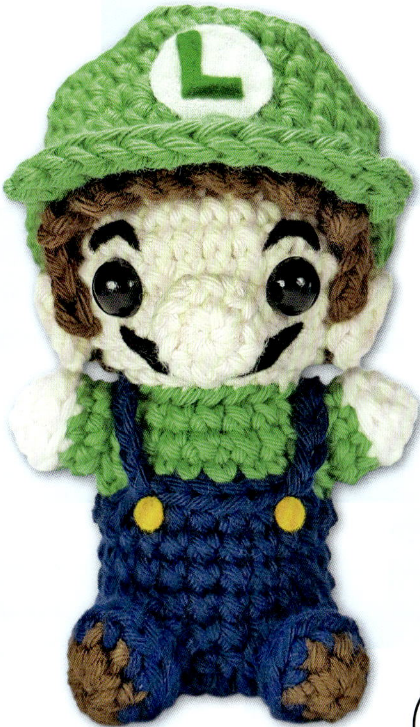

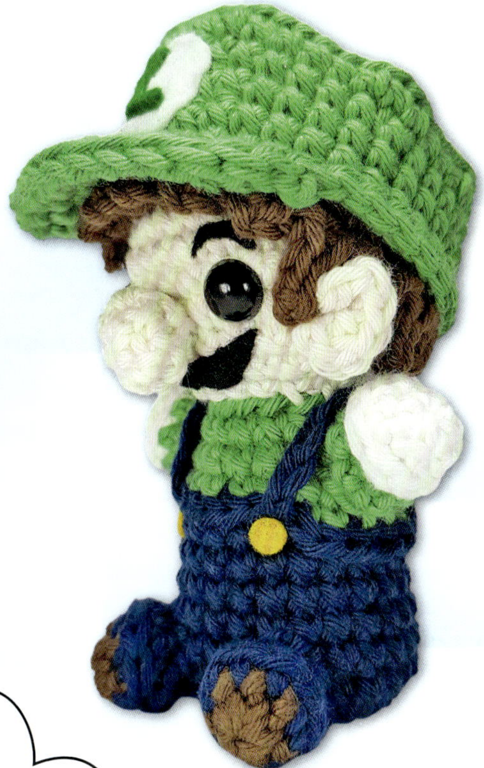

GRÖẞE:
CA. 10,5 CM

MATERIAL

- Kurtenbach „Twister Curly 8 uni“ (100 % Baumwolle, LL 85 m/50 g), in Braun (Fb. 88)
- Wolle Rödel „Cotton Universal“ (100 % Baumwolle, LL 85 m/50 g), in Dunkelblau (Fb. 52), Gras (Fb. 26), Natur (Fb. 31) und Weiß (Fb. 38)
- Häkelnadel 3,5 mm
- Wollnadel zum Vernähen
- 2 Sicherheitsaugen, 9 mm
- Füllwatte
- Styroporkügelchen
- Nähgarn in Braun
- Nähnadel
- Filzrest, 1 mm dick, in Schwarz, Gelb, Weiß und Grün
- Textilkleber

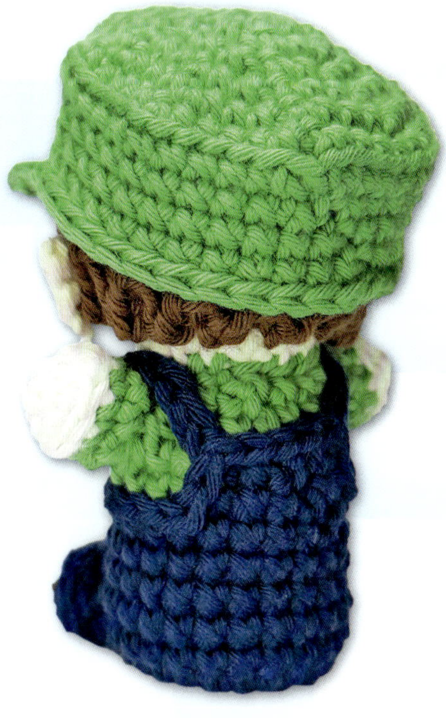

HAARE (in Braun häkeln)

1. Rd: 6 fM in Fadenring (= 6 M)
2. Rd: 6x zun (= 12 M)
3. Rd: (1x zun, 1 fM) 6x (= 18 M)
4. Rd: (1x zun, 2 fM) 6x (= 24 M)
5. Rd: 2 fM, (1x zun, 5 fM) 3x, 1x zun, 3 fM (= 28 M)
6. Rd: 3 fM, (1x zun, 6 fM) 3x, 1x zun, 3 fM (= 32 M)
7. Rd: 7 fM, 1x zun, 15 fM, 1x zun, 8 fM (= 34 M)
8. Rd: 34 fM (= 34 M)
9. Rd: 34 fM, KM (= 34 M)
Im Folgenden immer auf der Unterseite der LM zurückhäkeln:
10. Rd: 1 LM, 1 Wlm, 1 KM, 1 KM in 2 M gleichzeitig*, 2 LM, 1 Wlm, 2 KM, 1 KM in 2 M gleichzeitig*, (3 LM, 1 Wlm, 3 KM, 1 KM in 2 M gleichzeitig*) 3x, (1 LM, 1 Wlm, 1 KM, 1 KM in 2 M gleichzeitig*) 6x, (3 LM, 1 Wlm, 3 KM, 1 KM in 2 M gleichzeitig*) 3x, 2 LM, 1 Wlm, 2 KM, 1 KM in 2 M gleichzeitig*, (1 LM, 1 Wlm, 1 KM, 1 KM in 2 M gleichzeitig*) 2x
Faden abschneiden und vernähen Abb. 3 .
(* vgl. unsichtbares Abnehmen)

ARME (2x)

Mit Weiß beginnen.
1. Rd: 6 fM in Fadenring, KM (= 6 M)
2. Rd: 1 LM, (1x zun, 2 fM) 2x, KM (= 8 M)
Zu Gras wechseln.
3. und 4. Rd: 1 LM, 8 fM, KM (= 8 M)
1 Rd KM zwischen der 2. und 3. Rd in Weiß häkeln.
Fäden abschneiden und vernähen Abb. 4 .

BEINE (2x)

Mit Braun beginnen.
1. Rd: 6 fM in Fadenring, KM (= 6 M)
Zu Dunkelblau wechseln.
2. Rd: 1 LM, (1x zun, 2 fM) 2x, KM (= 8 M)
3. Rd: 1 LM, 8 fM, KM (= 8 M)
Faden abschneiden und vernähen.
1 Rd KM zwischen der 2. und 3. Rd in Dunkelblau häkeln Abb. 5 .

NASE (in Natur häkeln)

1. Rd: 6 fM in Fadenring (= 6 M)
2. Rd: 6x zun (= 12 M)
3. Rd: 6x abn, KM (= 6 M)
Faden abschneiden, durch vord Schlaufen fädeln, festziehen und vernähen Abb. 6 .

3

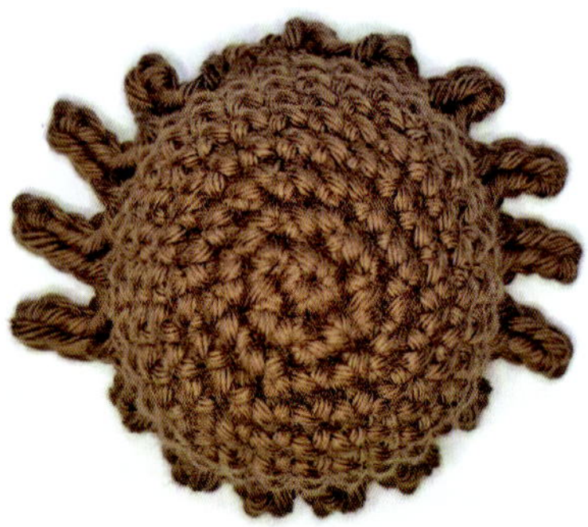

5

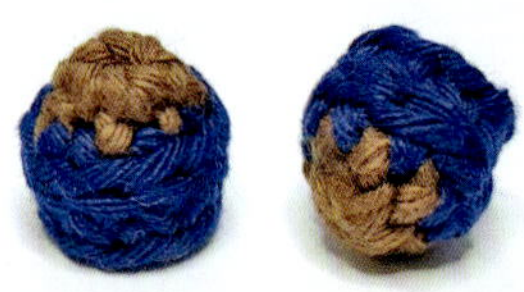

4

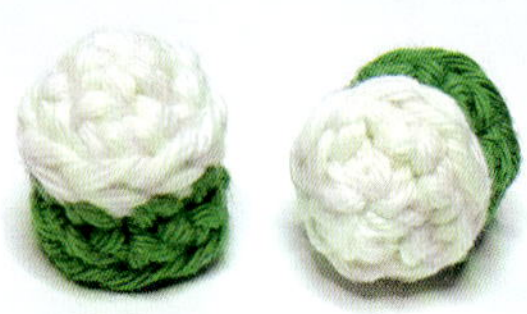

6

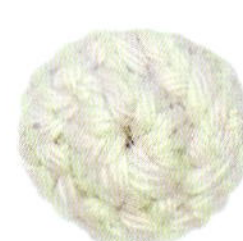

OHREN (2x in Natur häkeln)

1. Rd: (2 LM, 1 hStb, 2 fM, 2 hStb) in Fadenring, LM Faden abschneiden, aus der LM ziehen und durch die Mitte des Fadenrings nach hinten fädeln Abb. 7 .

MÜTZE (in Gras häkeln)

1. Rd: 6 fM in Fadenring, KM (= 6 M)
2. Rd: 1 LM, 6x zun, KM (= 12 M)
3. Rd: 1 LM, (2x zun, 1 fM) 4x, KM (= 20 M)
4. Rd: 1 LM, (1x zun, 1 fM) 10x, KM (= 30 M)
5. Rd: 1 LM, (1x zun, 2 fM) 10x, KM (= 40 M)
6. Rd: 1 LM, (1x zun, 4 fM) 8x, KM (= 48 M)
7. Rd: 1 LM, in hint Schlaufen (4 fM, 1x abn) 4x, 1 fM, 2 hStb, 1 fM, 1x abn, (4 fM, 1x abn) 3x, KM (= 40 M)
8. Rd: 1 LM, 8 fM, 1x abn, 8 fM, 1 hStb in 2 M gleichzeitig*, 3 hStb, 5 fM, 1x abn, 8 fM, 1x abn, KM (= 36 M)
9. Rd: 1 LM, 15 fM, 6 hStb, 15 fM, KM (= 36 M)
10. Rd: 1 LM, 36 fM, KM (= 36 M)
11. Rd: In vord Schlaufen der 10. Rd 10 KM, 6 fM, 1x zun, 5 fM, 1 Wlm, wenden, 6 fM, 1x zun, 6 fM, 1 Wlm, wenden, 1 Stb in 2 M gleichzeitig*, 1 Stb, 8 hStb, 1 Stb, 1 Stb in 2 M gleichzeitig*, 15 KM Faden abschneiden und vernähen Abb. 8 .
(* vgl. unsichtbares Abnehmen)

EINZELTEILE ZUSAMMENFÜGEN

1. Körper zu etwa einem Drittel mit Styroporkügelchen füllen, dann mit Füllwatte stopfen und an den Kopf nähen.
2. Hint Schlaufen der 9. Rd der Haare aufnähen Abb. 9 . Spitzen der 8 längeren Haarsträhnen mit Nähgarn punktuell am Kopf festnähen. Dabei für die Ohren etwas Platz lassen.
3. Nase aufnähen.
4. Ohren anknoten.
5. Arme und Beine an den Körper nähen.
Die Beine müssen dabei plan mit der Unterseite des Körpers abschließen.
6. Hosenträger jeweils zwischen Arm und Kopf führen und in der jeweils äußeren oberen KM des hinteren Latzes vernähen.
7. Mütze auf den Kopf setzen und ggf. festnähen.
8. Aus schwarzem Filz den Schnurrbart sowie Augenbrauen ausschneiden Abb. 10 und ins Gesicht kleben.
9. Aus gelbem Filz zwei kleine Kreise ausschneiden und vorne auf die Latzhose kleben.
10. Aus weißem Filz einen ca. 2 cm großen Kreis ausschneiden. Aus grünem Filz ein „L" ausschneiden und auf den weißen Kreis kleben. Beides zusammen vorne auf die Mütze kleben.

7

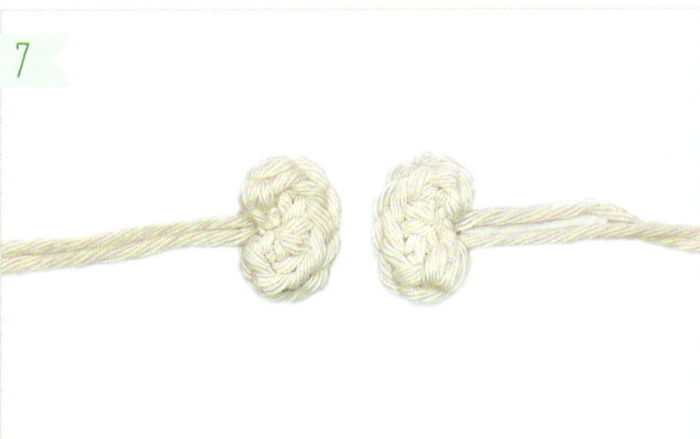

9

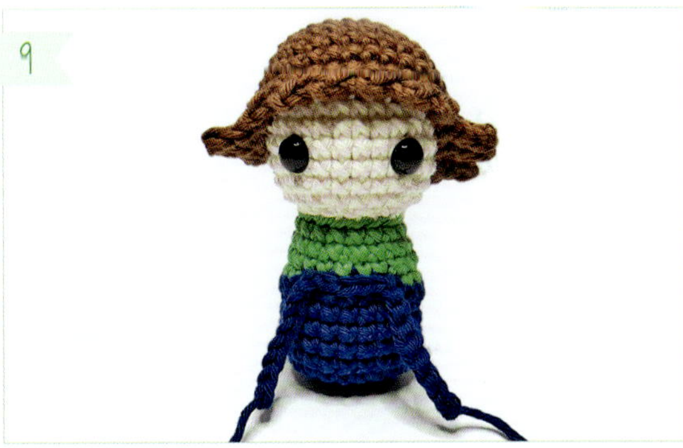

8

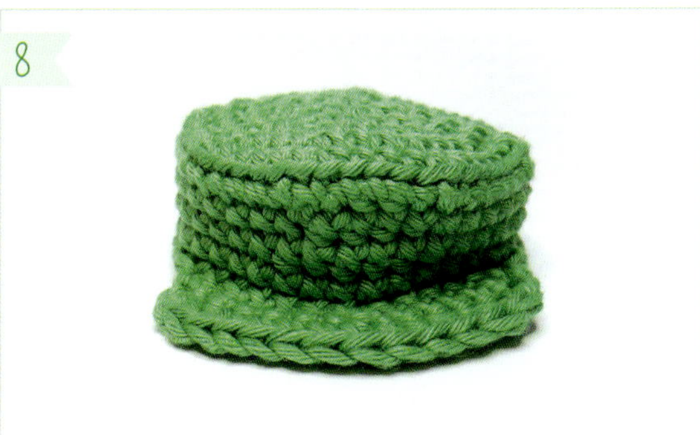

10

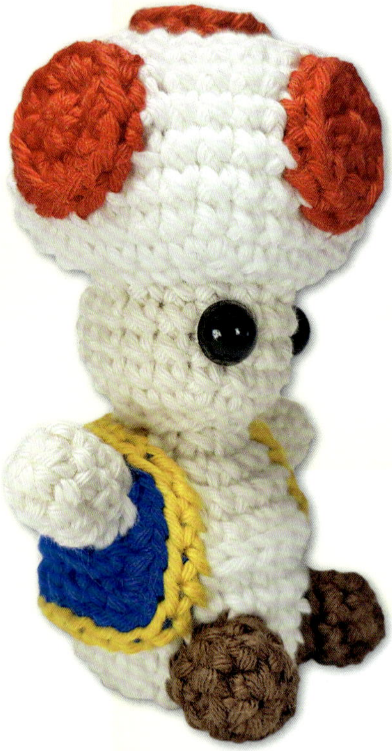

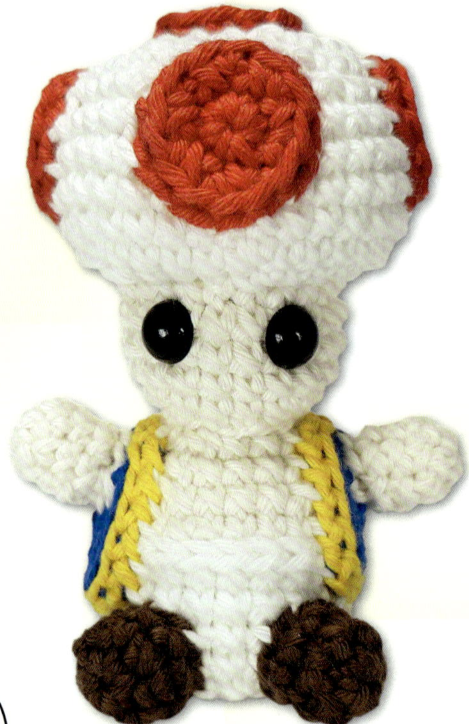

GRÖßE:
CA. 10 CM

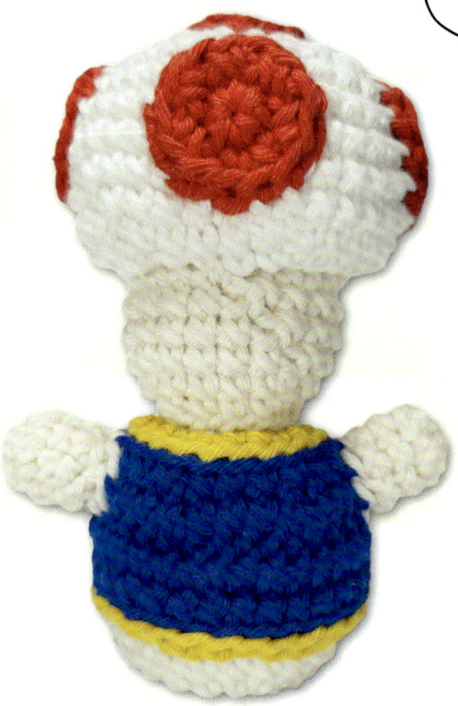

MATERIAL

- Kurtenbach „Twister Curly 8 uni“ (100 % Baumwolle, LL 85 m/50 g), in Rot (Fb. 35), Sonne (Fb. 25) und Braun (Fb. 88)
- Wolle Rödel „Cotton Universal“ (100 % Baumwolle, LL 85 m/50 g), in Weiß (Fb. 38), Natur (Fb. 31) und Royal (Fb. 24)
- Häkelnadel 3,5 mm
- Wollnadel zum Vernähen
- 2 Sicherheitsaugen, 9 mm
- Füllwatte
- Styroporkügelchen

Pilzmännchen

DIE VERTRETER DER SPEZIES DER PILZMÄNNCHEN UNTERSCHEIDEN SICH DURCH UNTERSCHIEDLICH GEFÄRBTE PUNKTE AUF DEM KOPF. DIESES EXEMPLAR IST NICHT NUR BERATER UND DIENER, SONDERN AUCH EIN GUTER FREUND DER PRINZESSIN.

KÖRPER

Mit Weiß beginnen.
1. Rd: 6 fM in Fadenring, KM (= 6 M)
2. Rd: 1 LM, 6x zun, KM (= 12 M)
3. Rd: 1 LM, (2x zun, 1 fM) 4x, KM (= 20 M)
4. Rd: 1 LM, (1x zun, 4 fM) 4x, KM (= 24 M)
5.–8. Rd: 1 LM, 24 fM, KM (= 24 M)
Zu Natur wechseln.
9. Rd: 1 LM, 24 fM, KM (= 24 M)
10. Rd: 1 LM, (4 fM, 1x abn) 4x, KM (= 20 M)
11. Rd: 1 LM, (3 fM, 1x abn) 4x, KM (= 16 M)
12. Rd: 1 LM, 16 fM, KM (= 16 M)
Faden abschneiden und vernähen.
Vorne zwischen der 8. und 9. Rd. 9 KM in Weiß häkeln Abb. 1 .

1

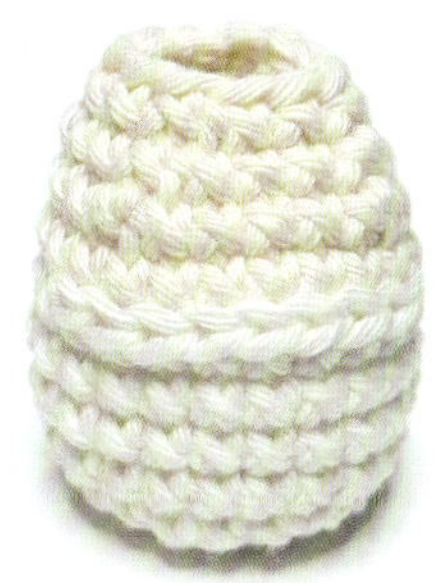

KOPF

Mit Natur beginnen.
1. Rd: 6 fM in Fadenring, KM (= 6 M)
2. Rd: 1 LM, 6x zun, KM (= 12 M)
3. Rd: 1 LM, (1x zun, 2 fM) 4x, KM (= 16 M)
4. Rd: 1 LM, (1x zun, 3 fM) 4x, KM (= 20 M)
5.–8. Rd: 1 LM, 20 fM, KM (= 20 M)
Augen zwischen der 6. und 7. Rd in einem Abstand von 4 M einsetzen.
Zu Weiß wechseln.
9. Rd: 1 LM, in vord Schlaufen (1x zun, 4 fM) 4x, KM (= 24 M)
10. Rd: 1 LM, (1x zun, 3 fM) 6x, KM (= 30 M)
Gesicht mit Füllwatte stopfen.
Durch hint Schlaufen der 8. Rd. einen Faden fädeln, leicht festziehen und verknoten.
11. Rd: 1 LM, (1x zun, 4 fM) 6x, KM (= 36 M)
12.–15. Rd: 1 LM, 36 fM, KM (= 36 M)
Mittig zwischen den Augen mit Wollnadel einen Faden in Natur zwischen der 9. und 10. Rd. von innen nach außen, dann unter der 8. Rd. entlang von außen nach innen und wieder zurück nach außen und dann zwischen der 10. und 11. Rd. wieder zurück nach innen fädeln. Faden festziehen und verknoten. Dies im Abstand von 5 M an 3 weiteren Stellen wiederholen.

16. Rd: 1 LM, (4 fM, 1x abn) 6x, KM (= 30 M)
17. Rd: 1 LM, (3 fM, 1x abn) 6x, KM (= 24 M)
18. Rd: 1 LM, (2 fM, 1x abn) 6x, KM (= 18 M)
Kopf mit Füllwatte stopfen.
19. Rd: 1 LM, (1 fM, 1x abn) 6x, KM (= 12 M)
20. Rd: 6x abn, KM (= 6 M)
Faden abschneiden, durch vord Schlaufen fädeln, festziehen und vernähen Abb. 2.

ARME (2x in Natur häkeln)

1. Rd: 6 fM in Fadenring, KM (= 6 M)
2.–4. Rd: 1 LM, 6 fM, KM (= 6 M)
Faden abschneiden und vernähen Abb. 3.

BEINE (2x in Braun häkeln)

1. Rd: 6 fM in Fadenring, KM (= 6 M)
2. Rd: 1 LM, (1x zun, 2 fM) 2x, KM (= 8 M)
3. Rd: 1 LM, 8 fM, KM (= 8 M)
Faden abschneiden und vernähen Abb. 4.

WESTE

Mit Royal beginnen.
17 LM anschl, wenden, 17 KM
1. Rd: 1 LM, in vord Schlaufen der KM 1x zun, 4 fM, 1x abn, 3 fM, 1x abn, 4 fM, 1x zun, in ehemalige vord Schlaufen der LM zurückhäkeln 3 fM in 1 M, 15 fM, 3 fM in 1 M, KM (= 38 M)
2. Rd: 1 LM, 4 fM, 1x abn, 3 fM, 1x abn, 4 fM, 1x zun, 1 fM, (1 fM, 2 hStb, 1 fM) in 1 M, 17 fM, (1 fM, 2 hStb, 1 fM) in 1 M, 1 fM, 1x zun, KM (= 44 M)
Zu Sonne wechseln.
3. Rd: In hint Schlaufen 44 KM (= 44 M)
Faden abschneiden und vernähen Abb. 5.

2
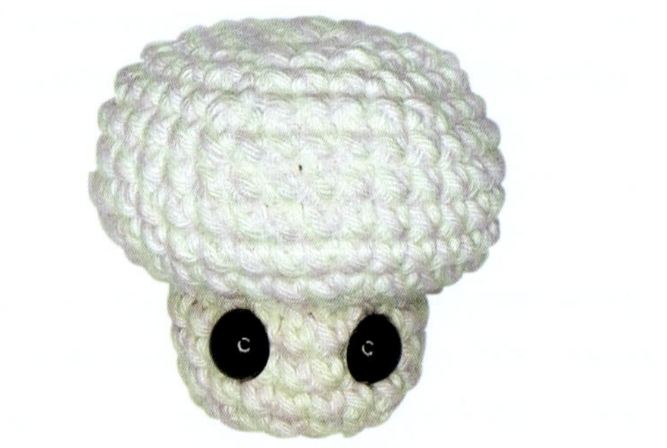

3
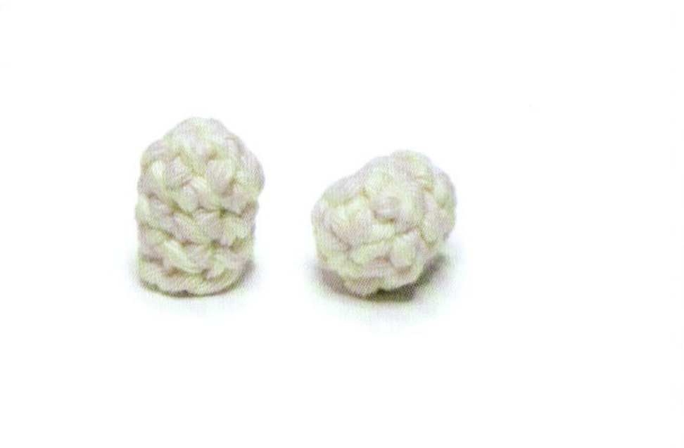

4
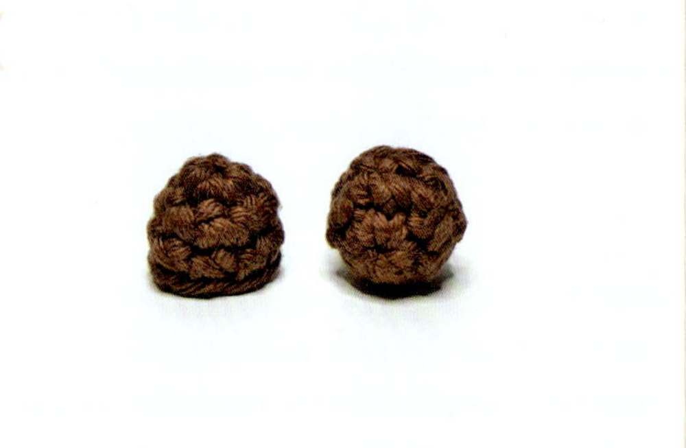

5
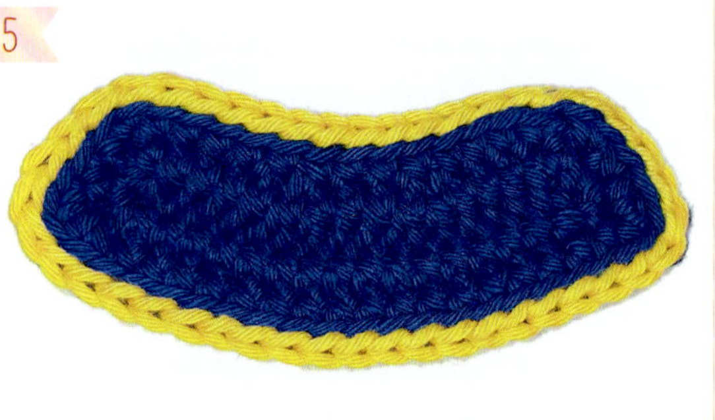

PUNKTE (5x in Rot häkeln)

1. Rd: 6 fM in Fadenring (= 6 M)
2. Rd: 6x zun, KM (= 12 M)
Faden abschneiden und vernähen Abb. 6 .

EINZELTEILE ZUSAMMENFÜGEN

1. Hint Schlaufen der Punkte auf den Kopf nähen.
2. Körper zu etwa einem Drittel mit Styroporkügelchen füllen, dann mit Füllwatte stopfen und an den Kopf nähen Abb. 7 .
3. Weste aufnähen. Wollnadel dabei durch hint Schlaufen der letzten und vorletzten Rd. zugleich stechen.
4. Arme und Beine an den Körper nähen. Die Beine müssen dabei plan mit der Unterseite des Körpers abschließen.

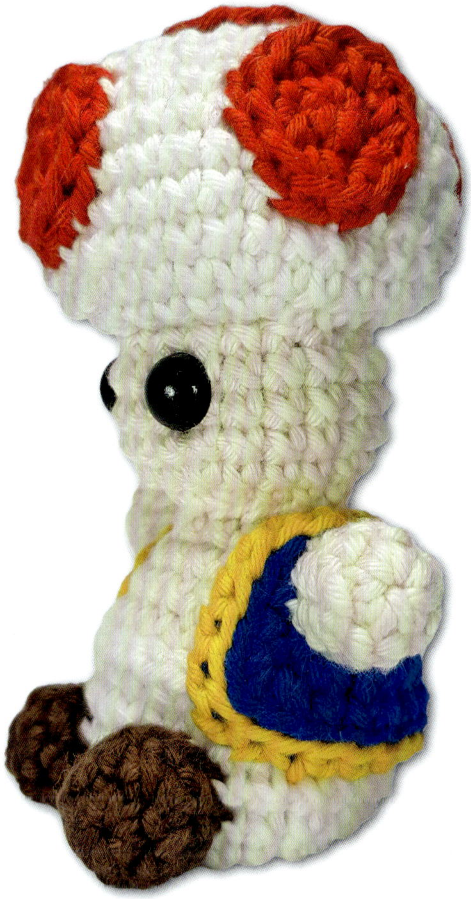

6

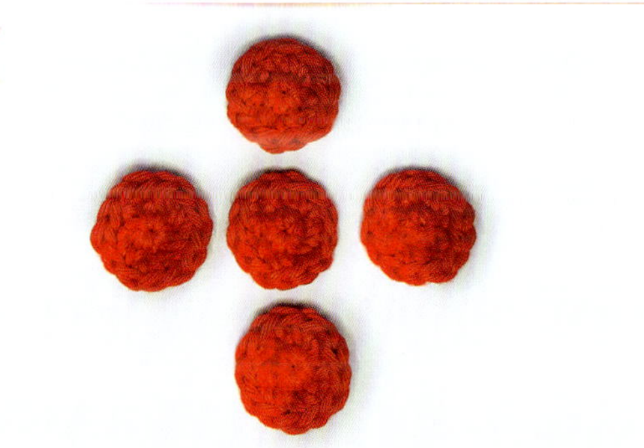

7

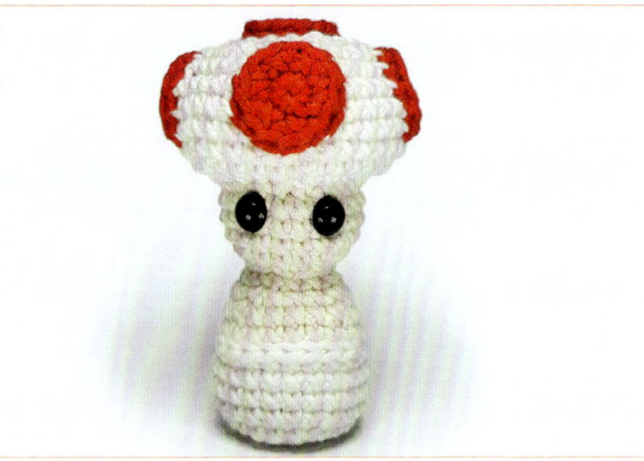

Dino-Reittier

DIE ANGEHÖRIGEN DIESER SPEZIES LEBEN AUF EINER TROPISCHEN INSEL UND HABEN JE NACH IHRER FÄRBUNG VERSCHIEDENE VORLIEBEN FÜR OBST, WELCHES SIE MIT IHRER LANGEN ZUNGE VERSCHLUCKEN UND IN EIER-WURFGESCHOSSE UMWANDELN.

KÖRPER

Mit Weiß beginnen.
1. Rd: 1 LM, 6 fM in Fadenring, KM (= 6 M)
2. Rd: 1 LM, 6x zun, KM (= 12 M)
3. Rd: 1 LM, (2x zun, 1 fM) 4x, KM (= 20 M)
4. Rd: 1 LM, (1x zun, 4 fM) 4x, KM (= 24 M)
Zu Pistazie wechseln, dann Garnfarben wie angegeben wechseln:
5. Rd: 1 LM, 14 fM, in Weiß 5 fM, in Pistazie 5 fM, KM (= 24 M)
6. Rd: 1 LM, 13 fM, in Weiß 5 fM, in Pistazie 6 fM, KM (= 24 M)
7. Rd: 1 LM, 12 fM, in Weiß 5 fM, in Pistazie 7 fM, KM (= 24 M)
8. Rd: 1 LM, 11 fM, in Weiß 5 fM, in Pistazie 8 fM, KM (= 24 M)
9. Rd: 1 LM, 10 fM, in Weiß 5 fM, in Pistazie 9 fM, KM (= 24 M)

1

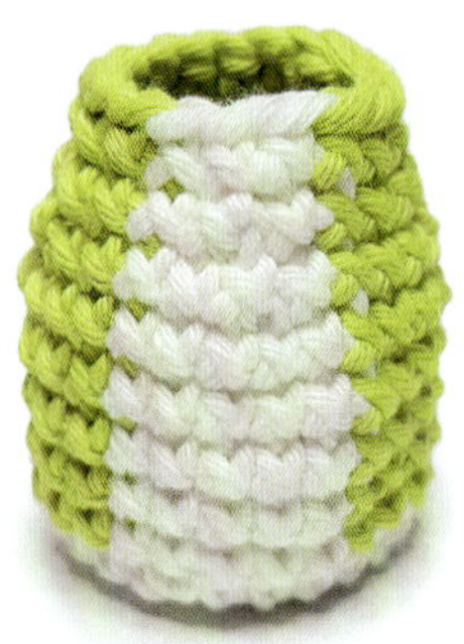

10. Rd: 1 LM, 4 fM, 1x abn, 3 fM, in Weiß 1 fM, 1x abn, 2 fM, in Pistazie 2 fM, 1x abn, 4 fM, 1x abn, KM (= 20 M)
11. Rd: 1 LM, 3 fM, 1x abn, 2 fM, in Weiß 1 fM, 1x abn, 1 fM, in Pistazie 2 fM, 1x abn, 3 fM, 1x abn, KM (= 16 M)
12. Rd: 1 LM, 5 fM, in Weiß 3 fM, in Pistazie 8 fM, KM (= 16 M)
Faden abschneiden und vernähen Abb. 1 .

KOPF

Mit Pistazie beginnen.
1. Rd: 6 fM in Fadenring, KM (= 6 M)
2. Rd: 1 LM, (1 fM, 2x zun) 2x, KM (= 10 M)
3. Rd: 1 LM, (1 fM, 2x zun, 2 fM) 2x, KM (= 14 M)
4. Rd: 1 LM, (1x zun, 2 fM, 1x zun, 3 fM) 2x, KM (= 18 M)
5. und 6. Rd: 1 LM, 18 fM, KM (= 18 M)
7. Rd: 1 LM, 1 fM, 1x zun, 5 fM, (1x zun, 2 fM) 3x, 1x zun, 1 fM, KM (= 23 M)
8. Rd: 1 LM, 23 fM, KM (= 23 M)

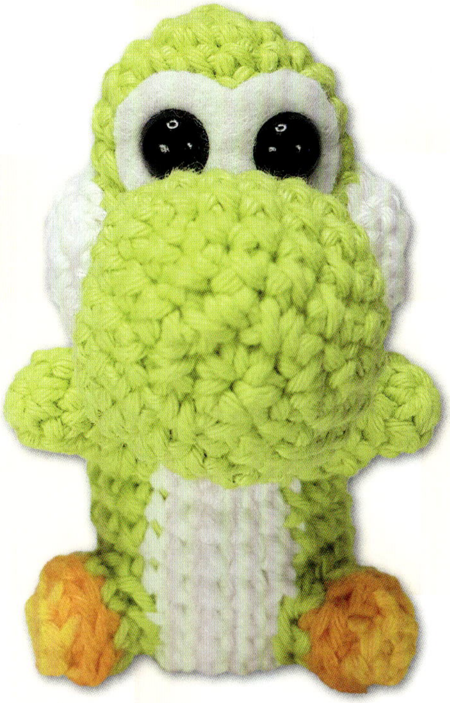

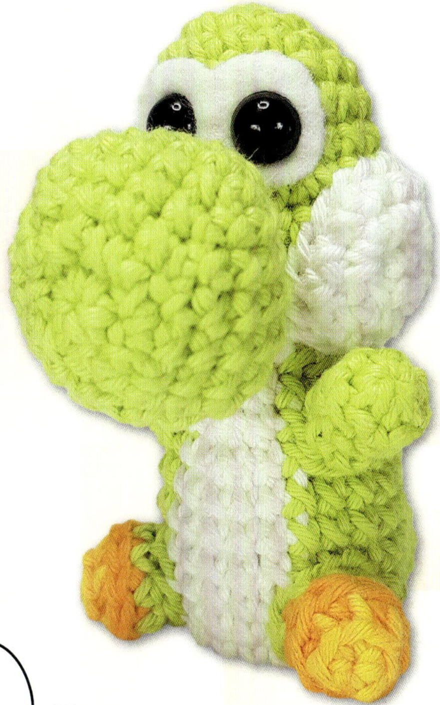

GRÖßE:
CA. 9 CM

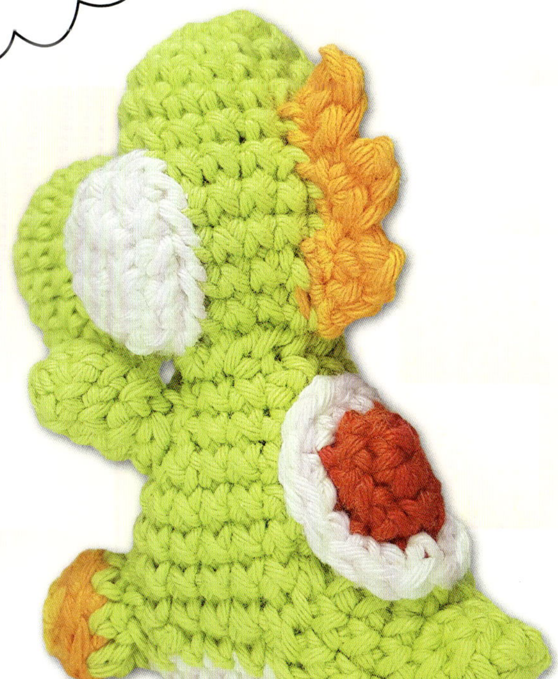

MATERIAL

- Kurtenbach „Twister Curly 8 uni“ (100 % Baumwolle, LL 85 m/50 g), in Pistazie (Fb. 71), Rot (Fb. 35) und Sonne (Fb. 25)
- Wolle Rödel „Cotton Universal“ (100 % Baumwolle, LL 85 m/50 g), in Weiß (Fb. 38) und Kürbis (Fb. 37)
- Häkelnadel 3,5 mm
- Wollnadel zum Vernähen
- 2 Sicherheitsaugen, 9 mm
- Füllwatte
- Styroporkügelchen
- Filzrest, 1 mm dick, in Weiß
- Textilkleber

Augenhintergrund aus weißem Filz ausschneiden Abb. 2 ; Abb. 3 und zusammen mit den Sicherheitsaugen zwischen der 5. und 6. Rd in einem Abstand von 3 M einsetzen und festkleben. Dabei den Filzteil unterhalb der Sicherheitsaugen noch nicht festkleben.

Kopf mit Füllwatte stopfen Abb. 4 .

Zu Weiß wechseln, dann Garnfarben wie angegeben wechseln:

9. Rd: 1 LM, 10 fM, in Pistazie 11 fM, in Weiß 2 fM, KM (= 23 M)

10. Rd: 1 LM, 7 fM, 1x abn, in Pistazie (4 fM, 1x abn) 2x, in Weiß 2 fM, KM (= 20 M)

11. Rd: 1 LM, 1 fM, 1x abn, 3 fM, 1x abn, in Pistazie (3 fM, 1x abn) 2x, in Weiß 2 fM, KM (= 16 M)

Restlichen Kopf mit Füllwatte stopfen.

12. Rd: 1 LM, 1x abn, 2 fM, in Pistazie 1x abn, (2 fM, 1x abn) 2x, in Weiß 2 fM, KM (= 12 M)

13. Rd: 6x abn, KM (= 6 M)

Faden abschneiden und vernähen Abb. 5 .

ARME (2x in Pistazie häkeln)

1. Rd: 6 fM in Fadenring, KM (= 6 M)

2.–4. Rd: 1 LM, 6 fM, KM (= 6 M)

Faden abschneiden und vernähen Abb. 6 .

BEINE (2x)

Mit Sonne beginnen.

1. Rd: 6 fM in Fadenring, KM (= 6 M)

Zu Kürbis wechseln.

2. Rd: 1 LM, in hint Schlaufen (1x zun, 2 fM) 2x, KM (= 8 M)

Zu Pistazie wechseln.

3. Rd: 1 LM, 8 fM, KM (= 8 M)

1 Rd KM zwischen der 2. und 3. Rd in Kürbis häkeln.

Fäden abschneiden und vernähen Abb. 7 .

2

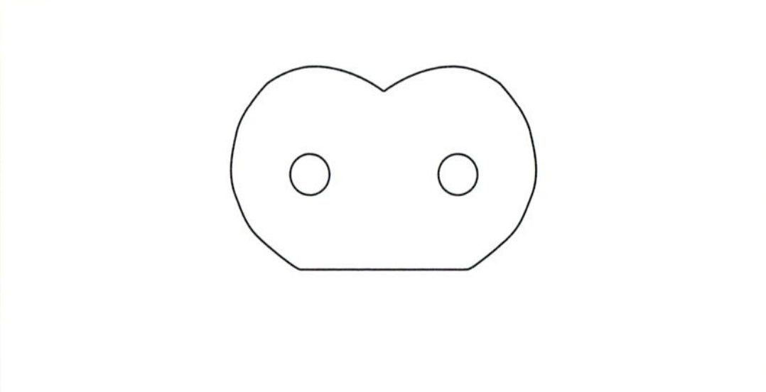

3

4

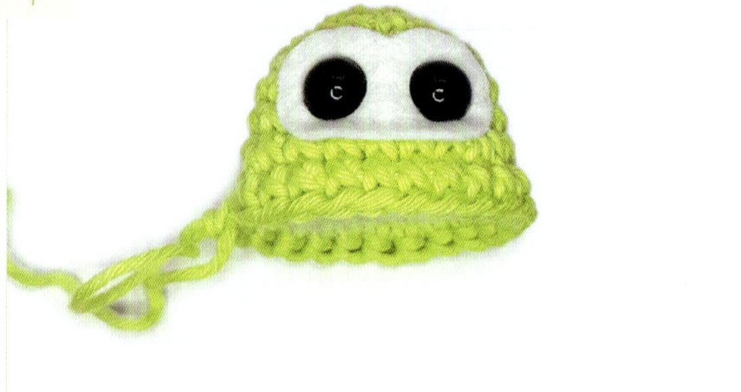

5

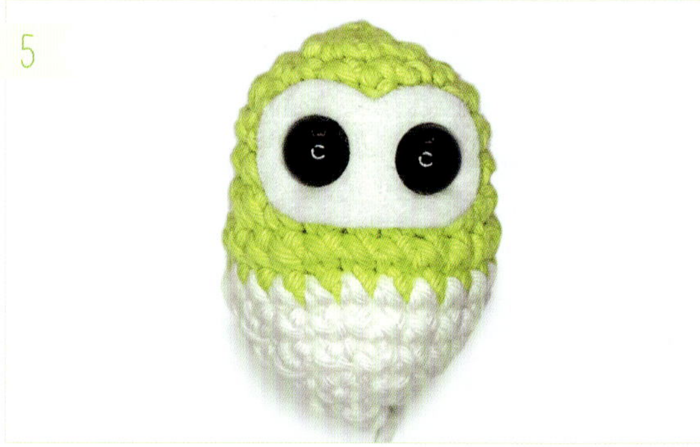

6

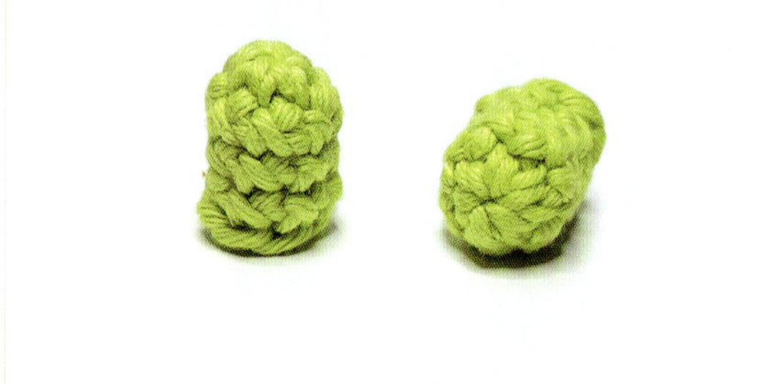

SCHWANZ (in Pistazie häkeln)

1. Rd: 4 fM in Fadenring (= 4 M)
2. Rd: (1x zun, 1 fM) 2x (= 6 M)
3. Rd: (1x zun, 1 fM) 3x (= 9 M)
4. Rd: (1x zun, 2 fM) 3x (= 12 M)
5. Rd: (1x zun, 3 fM) 3x (= 15 M)
6. Rd: (1x zun, 4 fM) 3x, KM (= 18 M)
Faden abschneiden und vernähen Abb. 8 .

SCHNAUZE (in Pistazie häkeln)

1. Rd: 6 fM in Fadenring, KM (= 6 M)
2. Rd: 1 LM, 6x zun, KM (= 12 M)
3. Rd: 1 LM, (1x zun, 2 fM) 4x, KM (= 16 M)
4. Rd: 1 LM, (1x zun, 3 fM) 4x, KM (= 20 M)
5. Rd: 1 LM, (1x zun, 4 fM) 4x, KM (= 24 M)
6. Rd: 1 LM, 24 fM, KM (= 24 M)
7. Rd: 1 LM, (4 fM, 1x abn) 4x, KM (= 20 M)
8. Rd: 1 LM, (3 fM, 1x abn) 4x, KM (= 16 M)
9. Rd: 1 LM, (2 fM, 1x abn) 4x, KM (= 12 M)
Faden abschneiden und vernähen Abb. 9 .

WANGEN (2x in Weiß häkeln)

1. Rd: 6 fM in Fadenring (= 6 M)
2. Rd: 6x zun, KM (= 12 M)
3. Rd: 1 LM, (1x zun, 2 fM) 4x, KM (= 16 M)
Faden abschneiden und vernähen Abb. 10 .

ZACKEN (in Kürbis häkeln)

6 LM anschl, 1 Wlm
1. R: Auf der Unterseite zurückhäkeln (1 fM, 1 LM, 1 KM in vord Schlaufe der vorh fM, 1 fM in dies LM, 1 KM) 3x, LM
Faden abschneiden und aus der LM ziehen Abb. 11 .

7

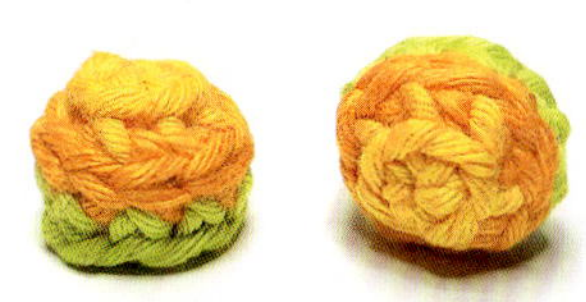

8

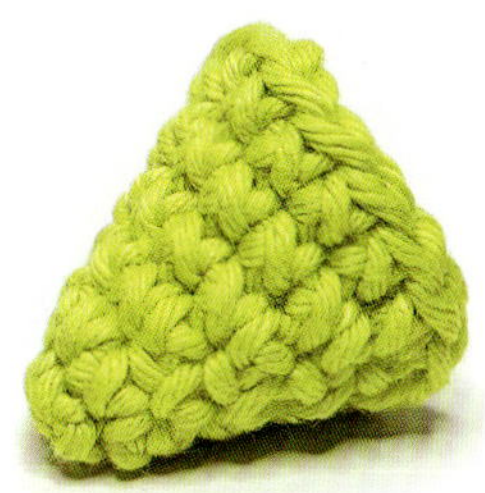

9

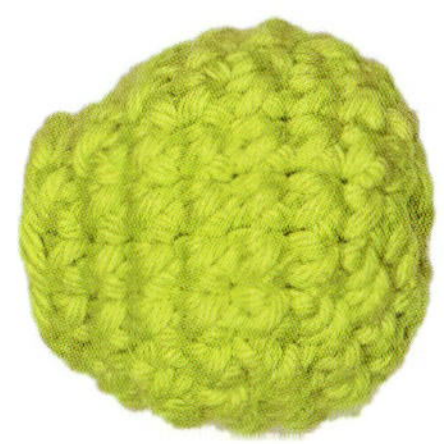

10

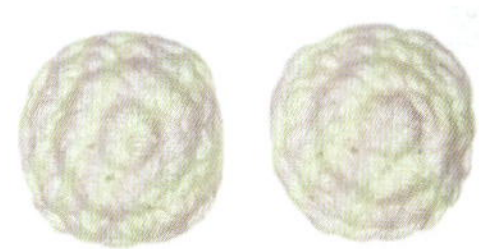

11

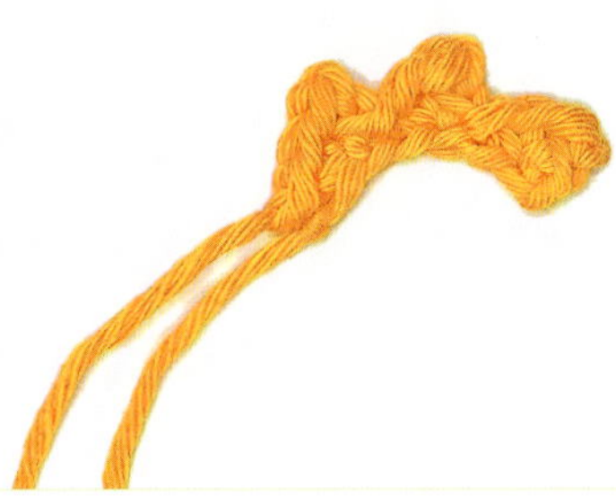

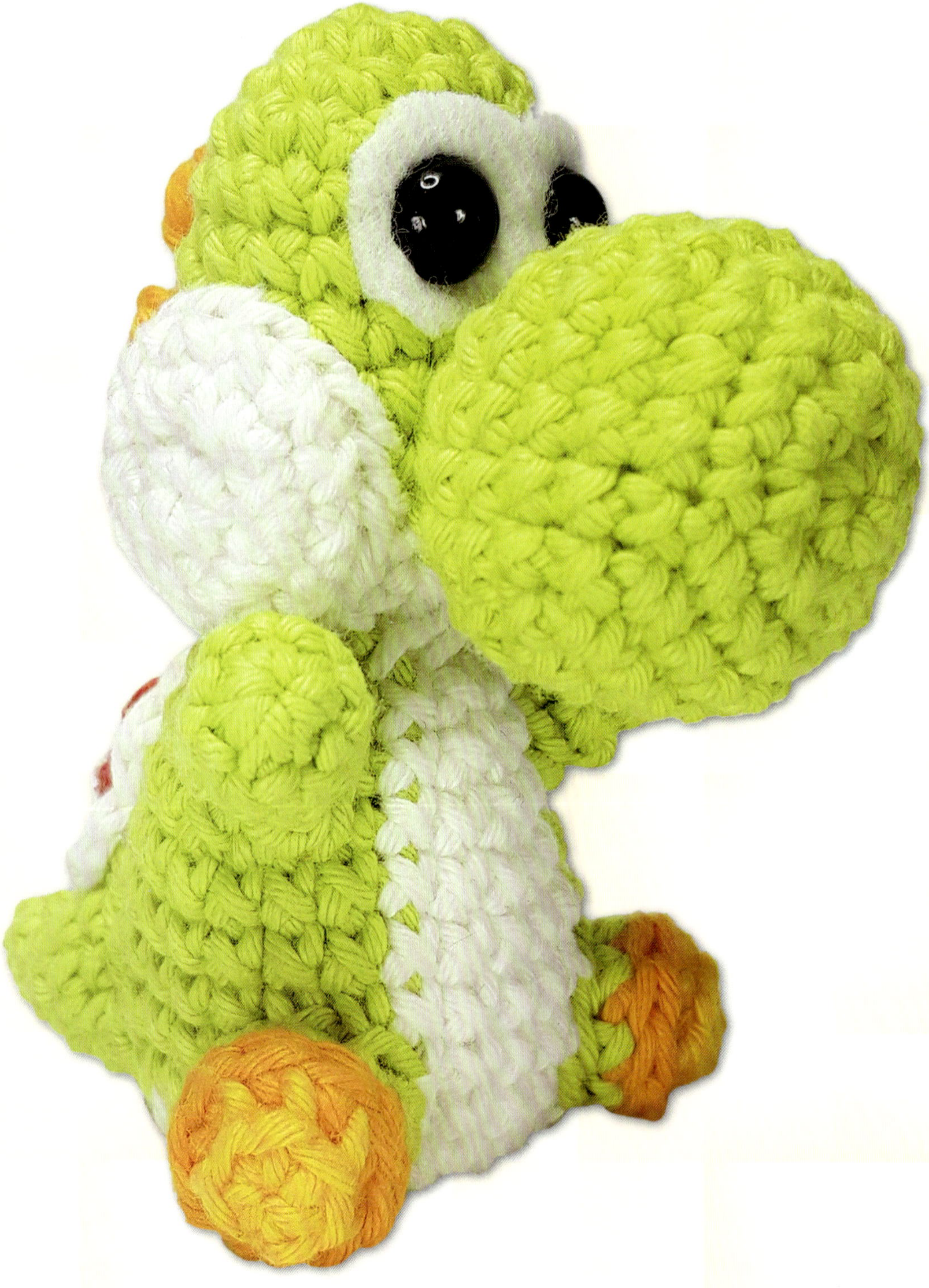

SATTEL

Mit Rot beginnen.
1. Rd: 5 fM in Fadenring (= 5 M)
2. Rd: 5x zun (= 10 M)
Zu Weiß wechseln.
3. Rd: In vord Schlaufen (2x zun, 1 fM, 1x zun, 1 fM) 2x, KM (= 16 M)
Faden abschneiden und vernähen Abb. 12 .

EINZELTEILE ZUSAMMENFÜGEN

1. Körper zu etwa einem Drittel mit Styropor-kügelchen füllen, dann mit Füllwatte stopfen und an den Kopf nähen Abb. 13 .
2. Schnauze mit Füllwatte füllen und annähen. Nun den unteren Filzteil des Augenhintergrunds ggf. mit der Schere anpassen und festkleben.
3. Wangen annähen.
4. Arme und Beine an den Körper nähen. Die Beine müssen dabei plan mit der Unterseite des Körpers abschließen.
5. Schwanz etwas mit Füllwatte stopfen und annähen. Darauf achten, dass er wie die Beine plan mit der Unterseite des Körpers abschließt.
6. Zacken annähen.
7. Sattel annähen. Wollnadel dabei durch beide Schlaufen der letzten Runde stechen.

12

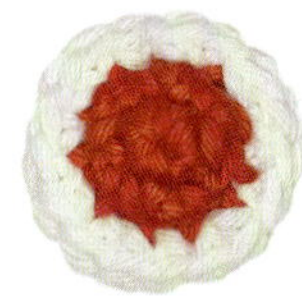

13

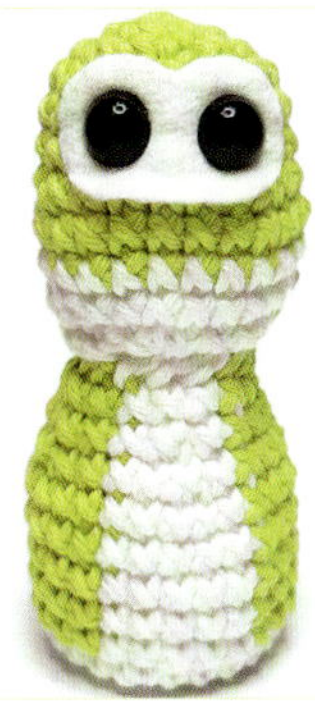

„Sonic"-Spielreihe

Sonic ist ein blauer Igel mit einem rebellischen Charakter. Er wurde als schnellere und coolere Mario-Alternative von Sega entwickelt, die damals noch selbst Konsolen auf den Markt brachten. Als Maskottchen der Firma wurde seine Farbe passend zum blauen Sega-Logo gewählt. Nachdem Sega keine neuen Konsolen mehr produzierte, gab es Sonic-Spiele zunächst ausschließlich für Nintendo-, mittlerweile aber z. B. auch für Sony- und Microsoft-Konsolen. Es gibt mehrere Crossover mit anderen Sega-, aber auch mit Nintendo-Spielen. So war Sonic der erste Nicht-Nintendo-Charakter im Prügelspiel Super Smash Bros. Das erste Sonic-Spiel erschien 1991 und gehört, wie die meisten Sonic-Spiele, dem Jump'n'Run-Genre an. Das Ziel der Spiele ist es, die sieben Chaos-Emeralds, Edelsteine mit mystischen Kräften, einzusammeln, um dem verrückten Wissenschaftler Dr. Eggman zuvorzukommen, der, um die Welt zu erobern, ebenfalls nach diesen sucht. Dazu rennt, springt und kämpft Sonic sich durch verschiedene „Zonen", die in „Acts" unterteilt sind, und sammelt gleichzeitig goldene Ringe und Power-Ups ein. Am Ende einer Zone wird man meist von Dr. Eggman zum Bosskampf herausgefordert. Im Spiel stehen Sonic viele Freunde zur Seite, die ebenfalls spielbar sind und andere Fähigkeiten besitzen, wie z. B. Fliegen, Klettern und Gleiten. Sobald Sonic alle sieben Chaos-Emeralds besitzt, kann er sich in einen noch schnelleren und unverwundbaren, goldenen Super-Sonic verwandeln. Sonic ist Segas erfolgreichste Spielreihe. Am beliebtesten ist der zweite Teil der Hauptserie. Um ein möglichst großes Publikum zu erreichen, gibt es zahlreiche Ableger der Reihe.

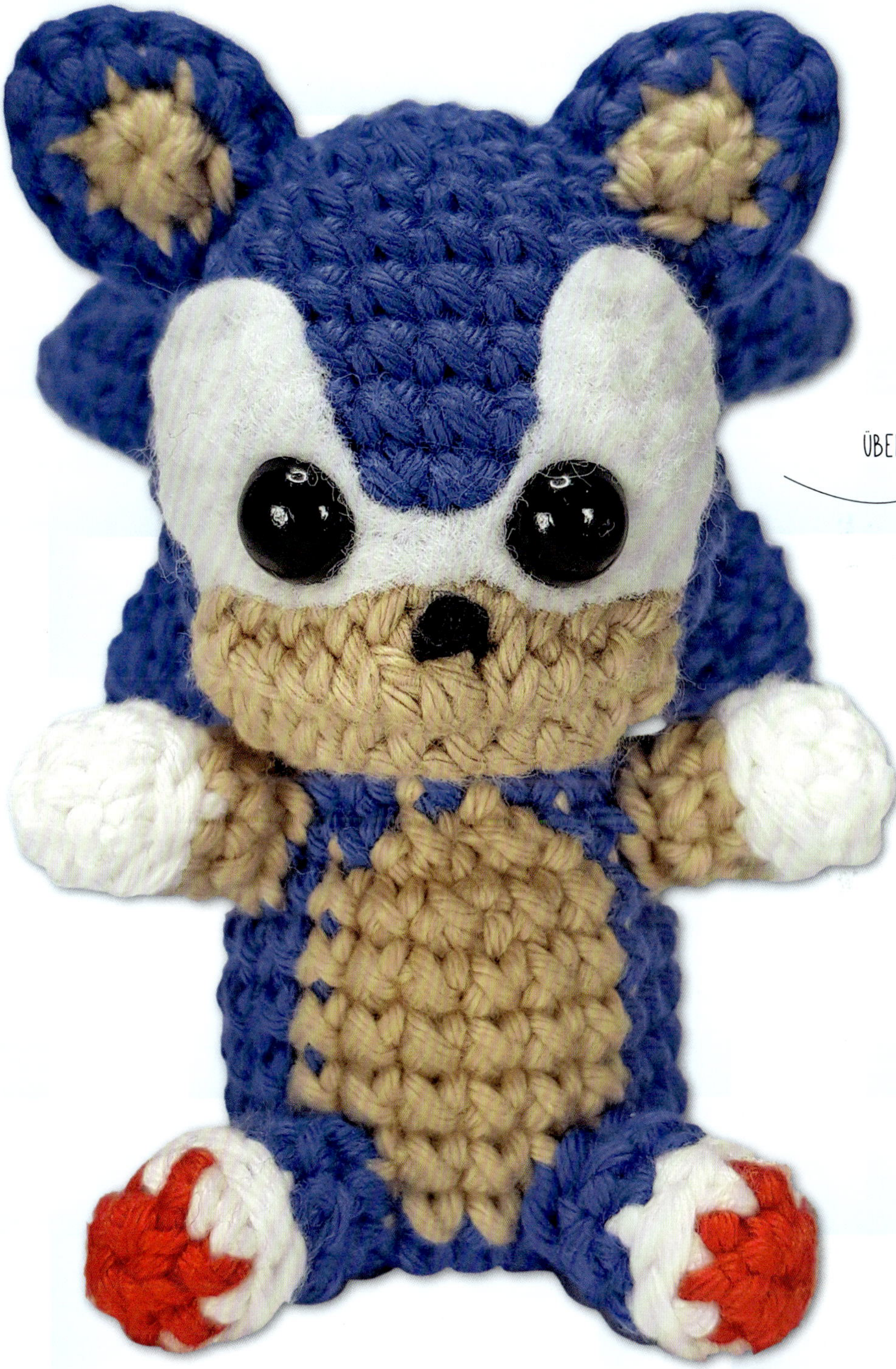

ÜBERSCHALLIGEL

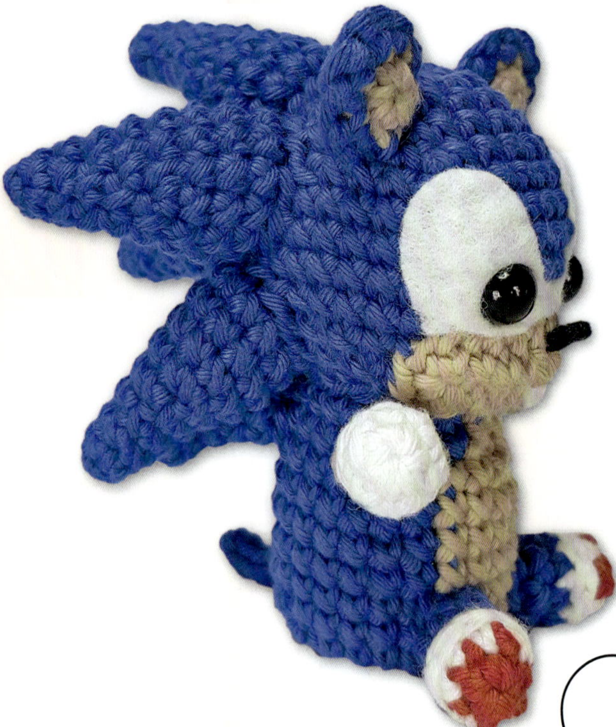

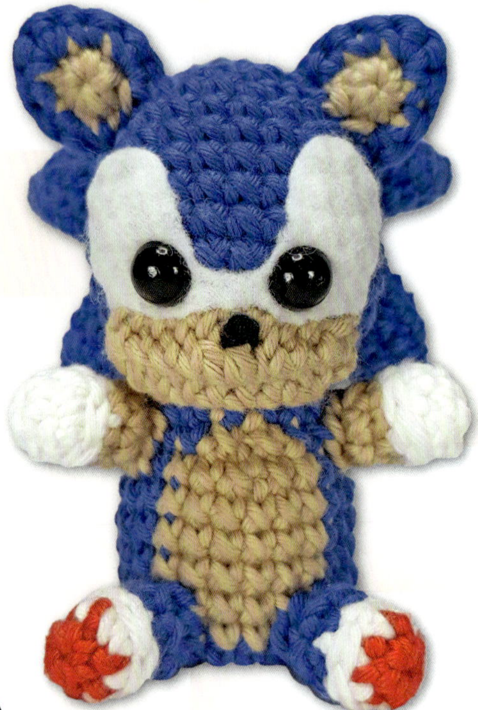

GRÖSSE:
CA. 9,5 CM

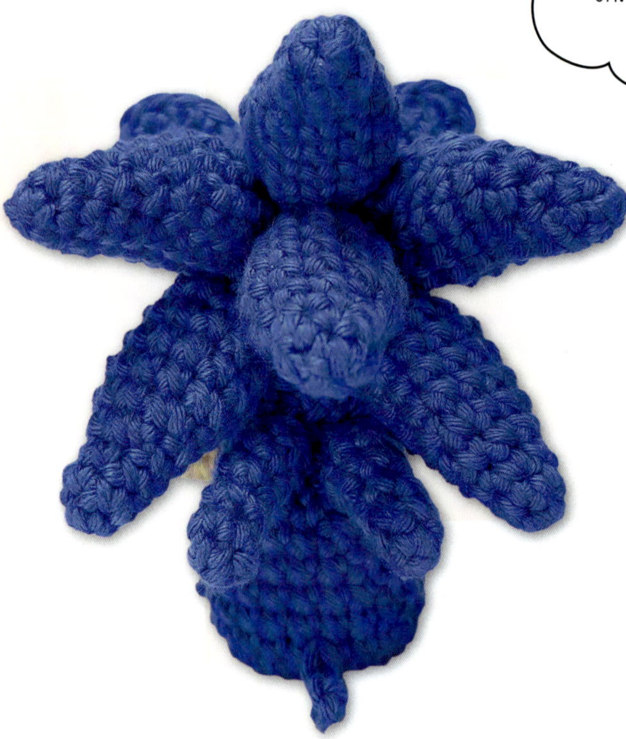

MATERIAL

- Kurtenbach „Twister Curly 8 uni" (100 % Baumwolle, LL 85 m/50 g), in Kamel (Fb. 82) und Rot (Fb. 35)
- Wolle Rödel „Cotton Universal" (100 % Baumwolle, LL 85 m/50 g), in Royal (Fb. 24), Weiß (Fb. 38) und Schwarz (Fb. 39)
- Häkelnadel 3,5 mm
- Wollnadel zum Vernähen
- 2 Sicherheitsaugen, 9 mm
- Füllwatte
- Styroporkügelchen
- Filzrest, 1 mm dick, in Weiß
- Textilkleber

Überschalligel

DER FRECHE IGEL LIEBT DIE GESCHWINDIGKEIT – AUF DER ANDEREN SEITE HAT ER GROßE ANGST VOR WASSER, DA ER NICHT SCHWIMMEN KANN.

KÖRPER

Mit Royal beginnen.
1. Rd: 6 fM in Fadenring, KM (= 6 M)
2. Rd: 1 LM, 6x zun, KM (= 12 M)
3. Rd: 1 LM, (2x zun, 1 fM) 4x, KM (= 20 M)
4. Rd: 1 LM, (1x zun, 4 fM) 4x, KM (= 24 M)
Garnfarben wie angegeben wechseln:
5. Rd: 1 LM, 14 fM, in Kamel 4 fM, in Royal 6 fM, KM (= 24 M)
6. Rd: 1 LM, 12 fM, in Kamel 6 fM, in Royal 6 fM, KM (= 24 M)
7. Rd: 1 LM, 11 fM, in Kamel 6 fM, in Royal 7 fM, KM (= 24 M)
8. Rd: 1 LM, 10 fM, in Kamel 6 fM, in Royal 8 fM, KM (= 24 M)
9. Rd: 1 LM, 9 fM, in Kamel 6 fM, in Royal 9 fM, KM (= 24 M)
10. Rd: 1 LM, 4 fM, 1x abn, 2 fM, in Kamel 2 fM, 1x abn, 2 fM, in Royal 2 fM, 1x abn, 4 fM, 1x abn, KM (= 20 M)
11. Rd: 1 LM, 7 fM, in Kamel 1 fM, 1x abn, in Royal 8 fM, 1x abn, KM (= 18 M)
12. Rd: 1 LM, 18 fM, KM (= 18 M)
Faden abschneiden und vernähen Abb. 1 .

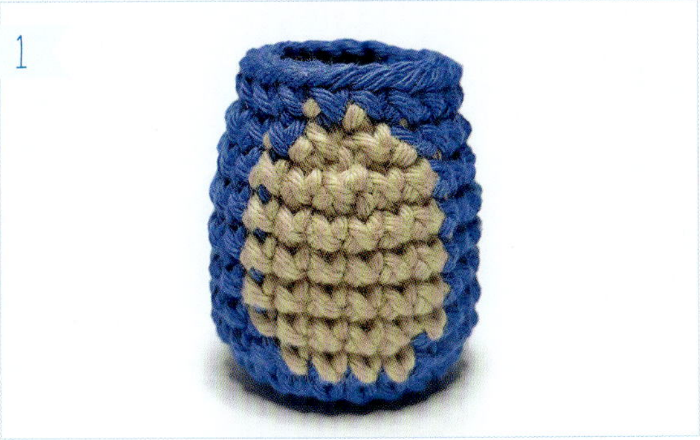

KOPF (in Royal häkeln)

1. Rd: 6 fM in Fadenring, KM (= 6 M)
2. Rd: 1 LM, 6x zun, KM (= 12 M)
3. Rd: 1 LM, (1x zun, 2 fM) 4x, KM (= 16 M)
4. Rd: 1 LM, (1x zun, 3 fM) 4x, KM (= 20 M)
5. Rd: 1 LM, (1x zun, 4 fM) 4x, KM (= 24 M)
6. Rd: 1 LM, (1x zun, 5 fM) 4x, KM (= 28 M)
7.–10. Rd: 1 LM, 28 fM, KM (= 28 M)
11. Rd: 1 LM, (5 fM, 1x abn) 4x, KM (= 24 M)
12. Rd: 1 LM, (4 fM, 1x abn) 4x, KM (= 20 M)
13. Rd: 1 LM, (3 fM, 1x abn) 4x, KM (= 16 M)

Kopf oberhalb der 9. Rd leicht mit Füllwatte stopfen. Augenhintergrund aus weißem Filz ausschneiden Abb. 2 ; Abb. 3 und zusammen mit den Sicherheitsaugen zwischen der 9. und 10. Rd in einem Abstand von 4 M einsetzen und festkleben. Dabei den Filzteil unterhalb der Sicherheitsaugen noch nicht festkleben.
Restlichen Kopf mit Füllwatte stopfen.
14. Rd: 1 LM, (2 fM, 1x abn) 4x, KM (= 12 M)
15. Rd: 6x abn, KM (= 6 M)
Faden abschneiden und vernähen Abb. 4 .

ARME (2x)

Mit Weiß beginnen.
1. Rd: 6 fM in Fadenring, KM (= 6 M)
2. Rd: 1 LM, (1x zun, 2 fM) 2x, KM (= 8 M)
Zu Kamel wechseln.
3. Rd: 1 LM, (1x abn, 2 fM) 2x, KM (= 6 M)
4. Rd: 1 LM, 6 fM, KM (= 6 M)
1 Rd KM zwischen der 2. und 3. Rd in Weiß häkeln.
Fäden abschneiden und vernähen Abb. 5 .

BEINE (2x)

Mit Rot beginnen.
1. Rd: 6 fM in Fadenring, KM (= 6 M)
Zu Weiß wechseln.
2. Rd: 1 LM, (1x zun, 2 fM) 2x, KM (= 8 M)
Zu Royal wechseln.
3. Rd: 1 LM, (1x abn, 2 fM) 2x, KM (= 6 M)
4. Rd: 1 LM, 6 fM, KM (= 6 M)
Faden abschneiden und vernähen.
1 Rd KM zwischen der 2. und 3. Rd in Weiß häkeln Abb. 6 .

2

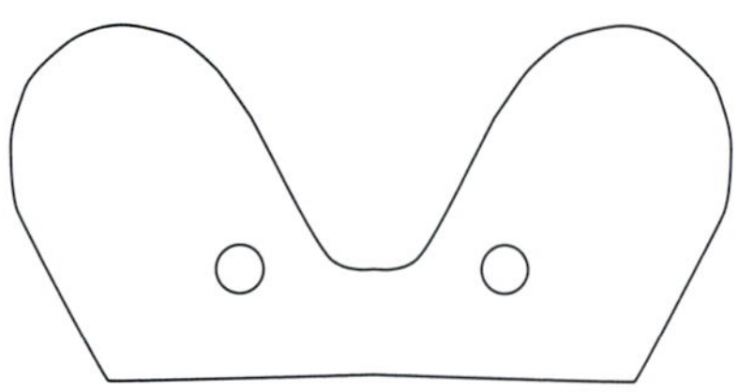

3

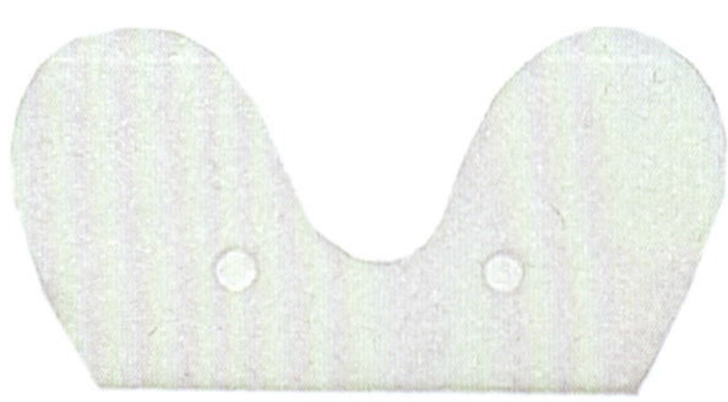

5

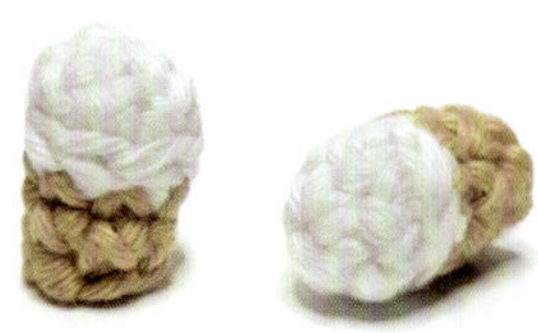

4

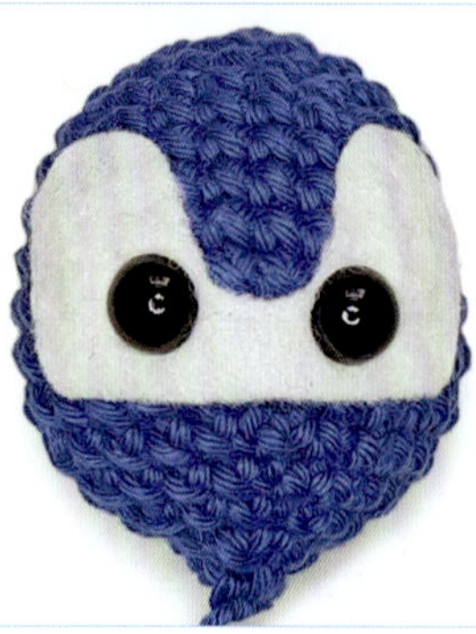

6

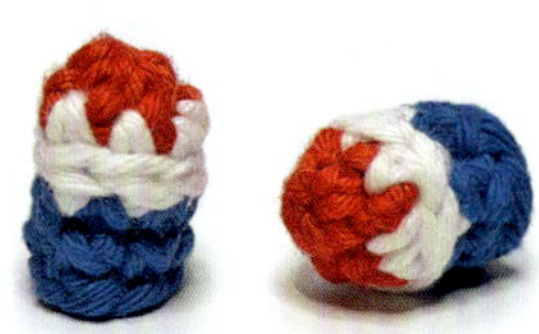

OHREN (2x)

Vordere Hälfte (in Kamel häkeln)

1. Rd: 6 fM in Fadenring, KM (= 6 M)

Faden abschneiden und vernähen.

Hintere Hälfte (in Royal häkeln)

1. Rd: 6 fM in Fadenring, KM (= 6 M)

Vordere und hintere Hälfte aufeinanderlegen und wie folgt in beide Hälften gleichzeitig häkeln:

2. Rd: 1 LM, 1x zun, 1 fM, 3 fM in 1 M, 1 fM, 1x zun, in hint Hälfte KM

Faden abschneiden und vernähen Abb. 7 .

SCHWANZ (in Royal häkeln)

3 LM, 2 Wlm anschl

1. Rd: 3 KM, LM

Faden abschneiden und aus der LM ziehen Abb. 8 .

SCHNAUZE (in Kamel häkeln)

9 LM anschl, wenden, 9 KM

1. Rd: 1 LM, in vord Schlaufen der KM 1 fM, 1x abn, 3 fM, 1x abn, 1 fM, in ehemalige vord Schlaufen der LM zurückhäkeln 3 fM in 1 M, 3 fM, 2 hStb in 1 M, 3 fM, 3 fM in 1 M, KM (= 22 M)

Faden abschneiden und vernähen.

NASE (in Schwarz)

Einen ca. 10 cm langen Faden abschneiden und in der Mitte 3x verknoten.

Fadenenden jeweils durch beide Schlaufen der hStb der Schnauze fädeln und festknoten Abb. 9 .

KOPFSTACHEL (6x in Royal häkeln)

1. Rd: 4 fM in Fadenring (= 4 M)

2. Rd: 1x zun, 3 fM (= 5 M)

3. Rd: 1x zun, 4 fM (= 6 M)

4. Rd: (1x zun, 2 fM) 2x, KM (= 8 M)

5. Rd: (1x zun, 3 fM) 2x, KM (= 10 M)

6. Rd: (1x zun, 4 fM) 2x, KM (= 12 M)

7. und 8. Rd: 12 fM (= 12 M)

9. Rd: 12 fM, KM (= 12 M)

Faden abschneiden und vernähen.

Zacken laut Skizze Abb. 10 zusammensetzen und vord Schlaufen der markierten Maschen zusammennähen Abb. 11 .

7

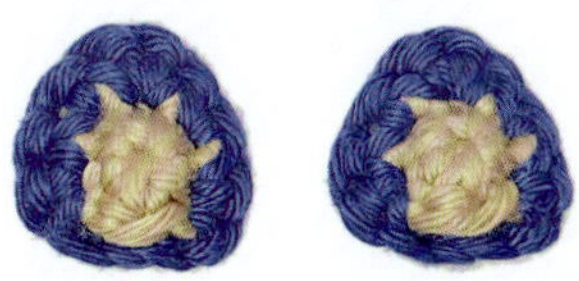

9

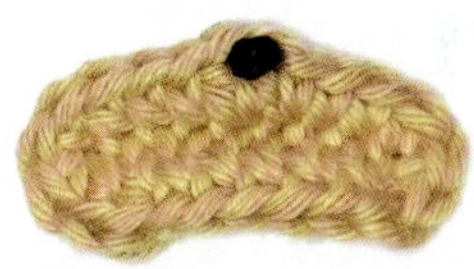

8

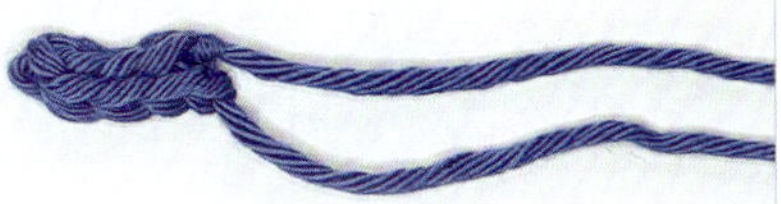

10

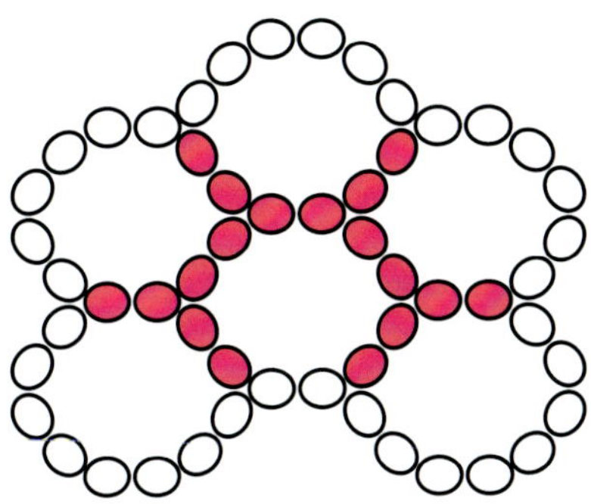

RÜCKENSTACHEL (2x in Royal häkeln)

1. Rd: 4 fM in Fadenring (= 4 M)
2. Rd: 4 fM (= 4 M)
3. Rd: 1x zun, 3 fM (= 5 M)
4. Rd: 5 fM (= 5 M)
5. Rd: 1x zun, 4 fM (= 6 M)
6. Rd: 6 fM (= 6 M)
Faden abschneiden und vernähen Abb. 12 .

EINZELTEILE ZUSAMMENFÜGEN

1. Körper zu etwa einem Drittel mit Styroporkügelchen füllen, dann mit Füllwatte stopfen und an den Kopf nähen.
2. Schnauze annähen. Nun den unteren Filzteil des Augenhintergrunds ggf. mit der Schere anpassen und festkleben Abb. 13 .
3. Arme und Beine an den Körper nähen. Die Beine müssen dabei plan mit der Unterseite des Körpers abschließen.
4. Schwanz anknoten.
5. Ohren annähen.
6. Kopfstachel annähen.
7. Rückenstachel annähen.

11

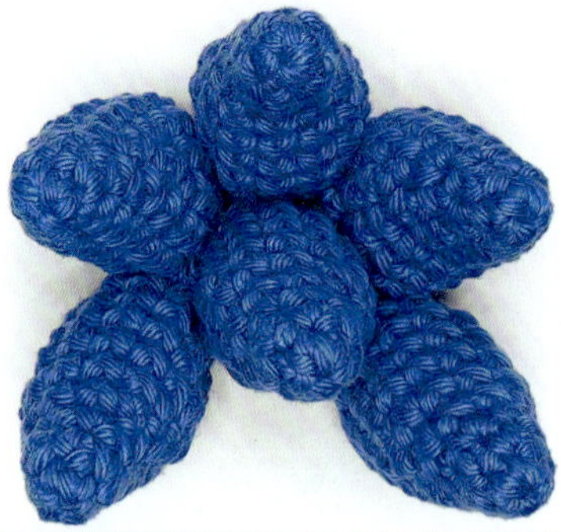

12

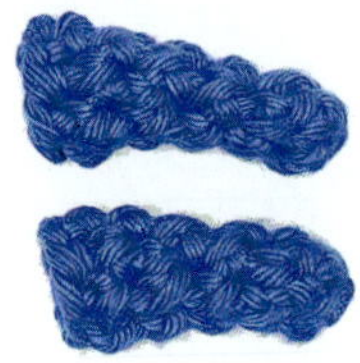

13

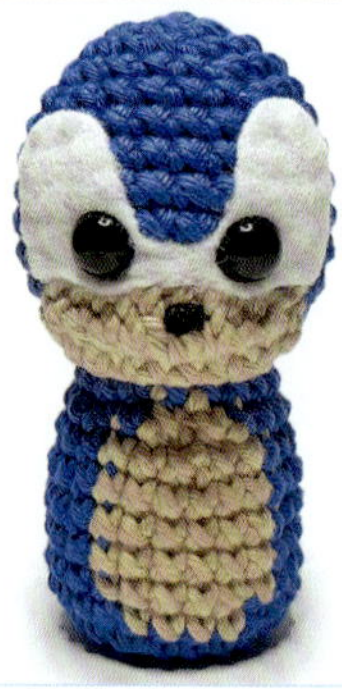

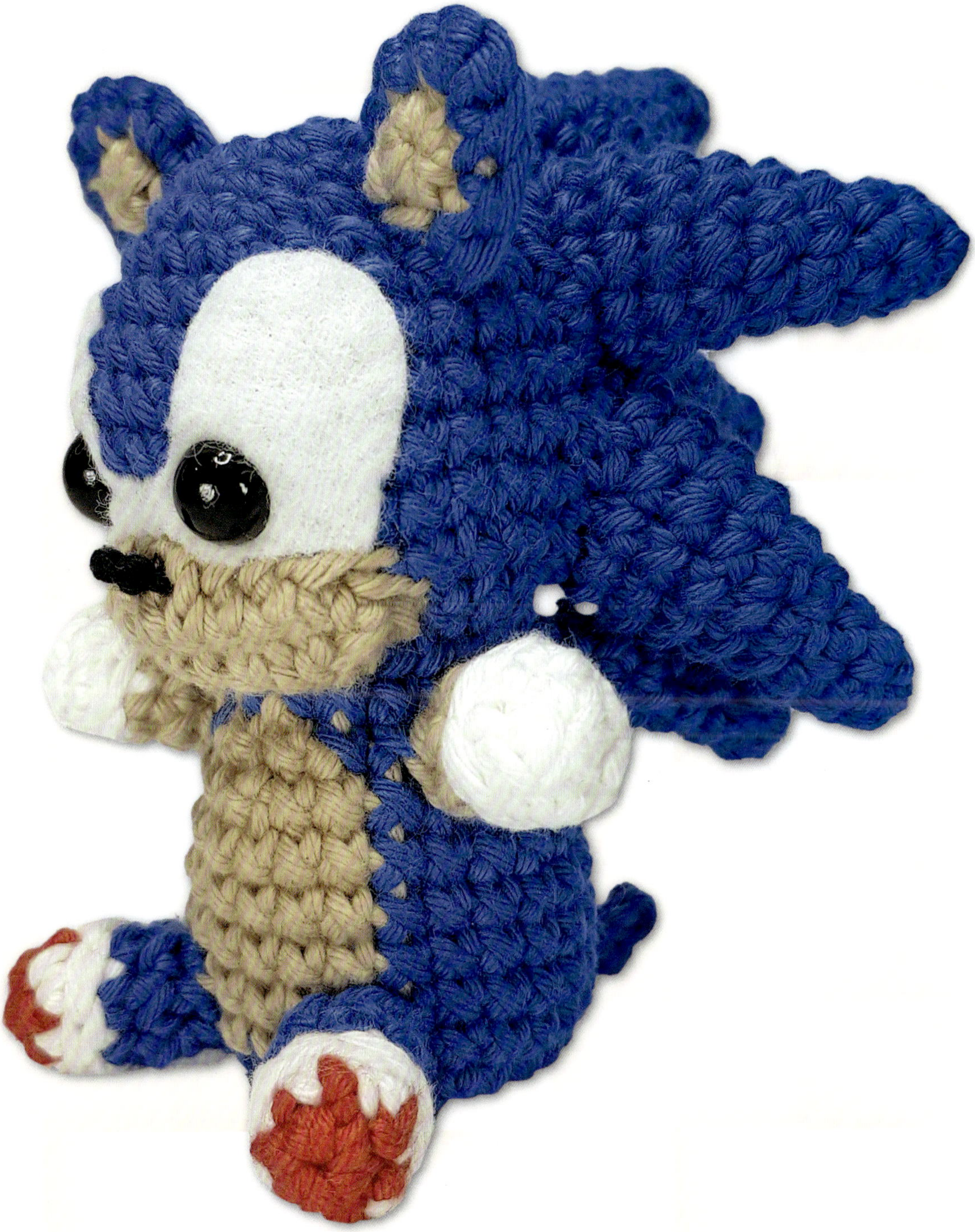

„Professor Layton"-Spielreihe

Bei den klassischen Professor-Layton-Spielen handelt es sich um Puzzle-Adventures. Das erste Spiel der Reihe wurde 2007 von Level-5 herausgebracht. Der Spieler erhält meist zu Beginn des Spiels einen Brief, der einen mysteriösen Fall eröffnet, den es zu lösen gilt. Man reist dann in der Rolle des Archäologen Professor Hershel Layton sowie seinem Assistenten Luke Triton und oft noch weiteren Gefährten umher, erkundet und entdeckt Rätsel, um schließlich das große Mysterium aufzudecken. Dabei ist es nicht notwendig, alle Rätsel zu lösen, außer einige verbindliche. Auch muss man an bestimmten Stellen im Spiel eine gewisse Anzahl an Rätseln gelöst haben, um fortfahren zu können. Die Spiele sollen die grauen Zellen von Spielern jeden Alters auf die Probe stellen. Zusätzlich zum Haupthandlungsstrang gibt es auch immer einige Mini-Spiele. Jeweils drei Spiele der Serie erzählen eine zusammenhängende Hintergrundgeschichte. Zudem gibt es ein Crossover mit der Spielreihe „Ace Attorney" von Capcom. In neueren Layton-Abenteuern schlüpft man in die Rolle von Professor Laytons Kindern, wie z. B. in die seiner Adoptivtochter Katrielle Layton, die eine Detektei führt und zusammen mit ihrem Assistenten Ernest Drowrig und dem Hund Sherl viele kleine Mysterien löst, um schließlich das große Ganze erkennen zu können. Die Layton-Spiele wurden bisher fast ausschließlich auf Nintendo-Konsolen veröffentlicht. Professor Layton ist Level-5s meistverkaufte Spielreihe und gehört auch zu meinen persönlichen Videospiel-Favoriten. Am beliebtesten unter Fans ist das Spiel „Professor Layton und die verlorene Zukunft".

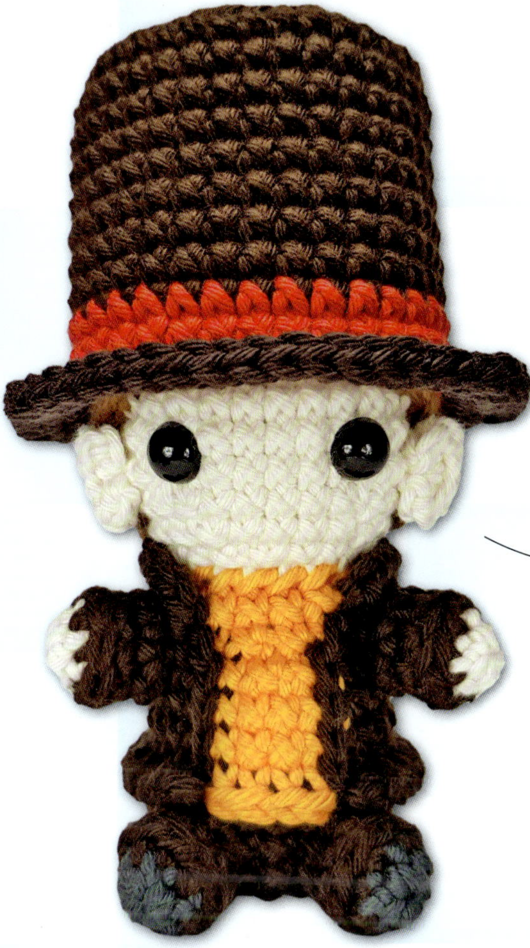

ARCHÄOLOGIEPROFESSOR

ASSISTENT DES PROFESSORS

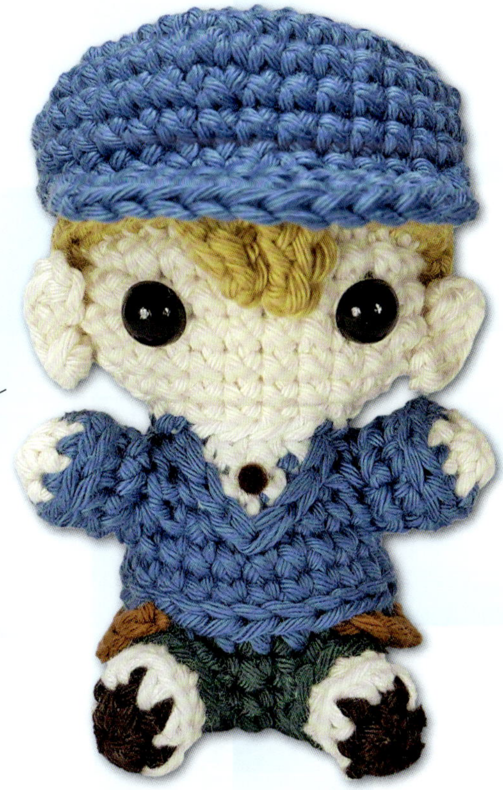

Archäologieprofessor

DER INTELLIGENTE, ENGLISCHE GENTLEMAN LIEBT RÄTSEL UND HILFT DES ÖFTEREN SCOTLAND YARD BEI KNIFFLIGEN FÄLLEN ALS BERATER.

KÖRPER

Mit Braun beginnen.
1. Rd: 1 LM, 6 fM in Fadenring, KM (= 6 M)
2. Rd: 1 LM, 6x zun, KM (= 12 M)
3. Rd: 1 LM, (2x zun, 1 fM) 4x, KM (= 20 M)
4. Rd: 1 LM, (1x zun, 4 fM) 4x, KM (= 24 M)
5.–7. Rd: 1 LM, 24 fM, KM (= 24 M)
Garnfarben wie angegeben wechseln:
8. Rd: 1 LM, in hint Schlaufen 12 fM, in Kürbis in beide Schlaufen 4 fM, in Braun in hint Schlaufen 8 fM, KM (= 24 M)
9. Rd: 1 LM, 11 fM, in Kürbis 4 fM, in Braun 9 fM, KM (= 24 M)
10. Rd: 1 LM, 10 fM, in Kürbis 4 fM, in Braun 10 fM, KM (= 24 M)
11. Rd: 1 LM, 4 fM, 1x abn, 3 fM, in Kürbis 1 fM, 1x abn, 1 fM, in Braun 3 fM, 1x abn, 4 fM, 1x abn, KM (= 20 M)
12. Rd: 1 LM, 6 fM, in Kürbis 2 fM, 1x abn, 1 fM, in Braun 7 fM, 1x abn, KM (= 18 M)
Zu Kürbis wechseln.
13. Rd: 1 LM, in hint Schlaufen 5 fM, in beide Schlaufen 4 fM, in hint Schlaufen 9 fM, KM (= 18 M)
Faden abschneiden und vernähen Abb. 1 .
In vord Schlaufen der 7. Rd in Braun wie folgt häkeln:
1. R: 1 LM, 1 fM in dies M, 2 fM, (1x zun, 3 fM) 4x, 1 fM, LM
Faden abschneiden und vernähen.
In vord Schlaufen der 12. Rd in Braun wie folgt häkeln:
1. R: 2 LM, 1 Stb in dies M, 3 Stb, 2 Stb in 1 M, 4 Stb, 2 Stb in 1 M, 4 Stb, 2 LM
Faden abschneiden und vernähen.
Entlang des Übergangs von Pullover zu Hose zwischen der 7. und 8. Rd 4 KM in Kürbis häkeln.
Auf beiden Seiten des Übergangs von Jackett zu Pullover jeweils 5 KM in Braun häkeln Abb. 2 .

1
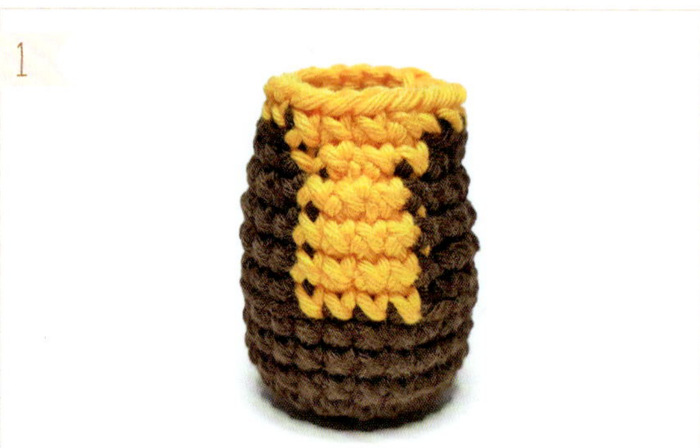

2
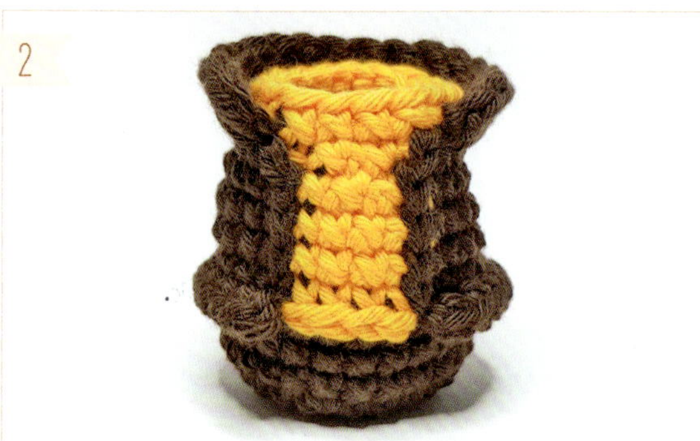

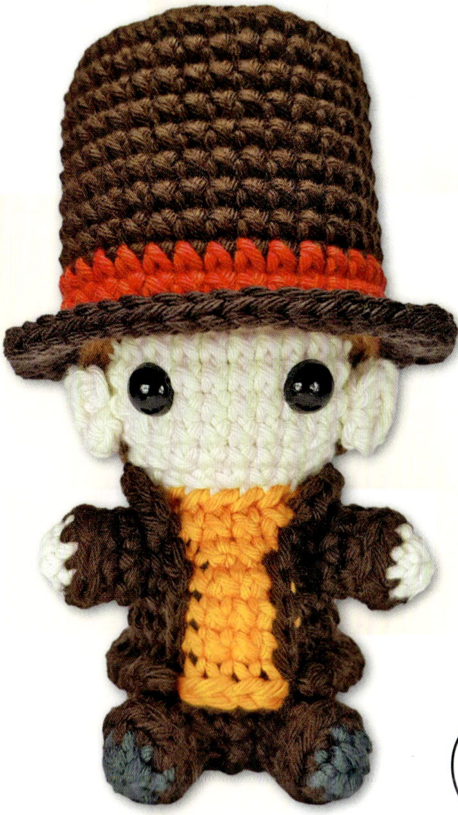

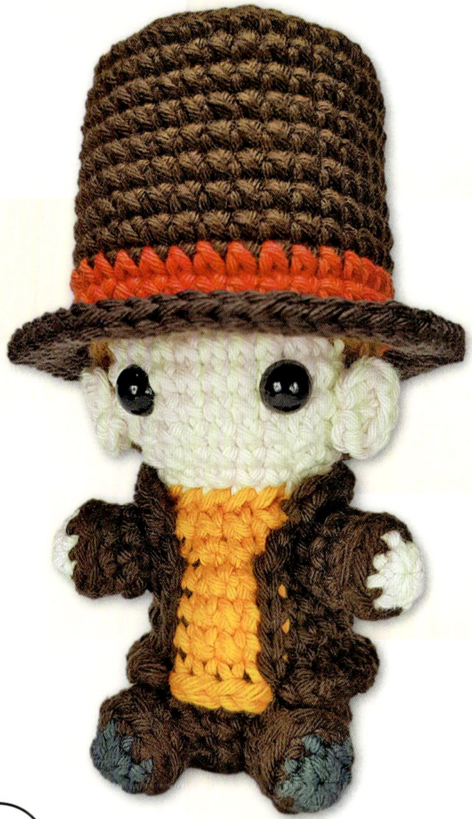

GRÖßE:
CA. 13 CM

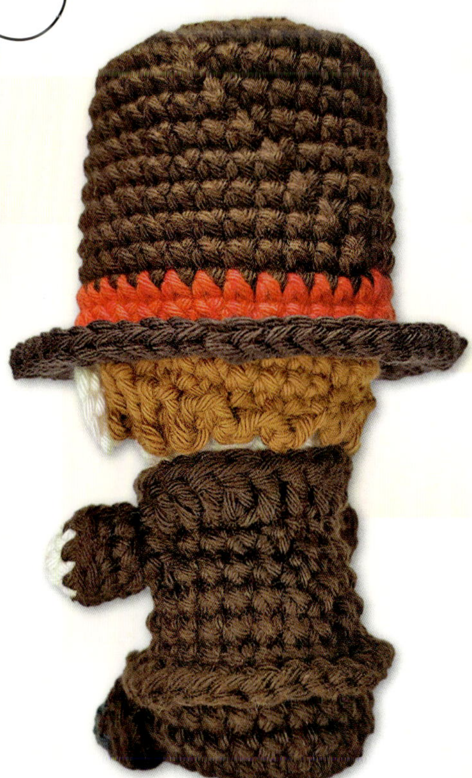

MATERIAL

- Kurtenbach „Twister Curly 8 uni“ (100 % Baumwolle, LL 85 m/50 g), in Rot (Fb. 35)
- Wolle Rödel „Cotton Universal“ (100 % Baumwolle, LL 85 m/50 g), in Braun (Fb. 29), Kürbis (Fb. 37), Natur (Fb. 31), Zimt (Fb. 57) und Tanne (Fb. 65)
- Häkelnadel 3,5 mm
- Wollnadel zum Vernähen
- 2 Sicherheitsaugen, 9 mm
- Füllwatte
- Styroporkügelchen
- Nähgarn in Braun
- Nähnadel

KOPF (in Natur häkeln)

1. Rd: 6 fM in Fadenring, KM (= 6 M)
2. Rd: 1 LM, 6x zun, KM (= 12 M)
3. Rd: 1 LM, (1x zun, 2 fM) 4x, KM (= 16 M)
4. Rd: 1 LM, (1x zun, 3 fM) 4x, KM (= 20 M)
5. Rd: 1 LM, (1x zun, 4 fM) 4x, KM (= 24 M)
6. Rd: 1 LM, (1x zun, 5 fM) 4x, KM (= 28 M)
7.–10. Rd: 1 LM, 28 fM, KM (= 28 M)
11. Rd: 1 LM, 1 fM, 1x abn, (5 fM, 1x abn) 3x, 4 fM, KM (= 24 M)
Augen zwischen der 9. und 10. Rd in einem Abstand von 6 M einsetzen.
12. Rd: 1 LM, (1x abn, 4 fM) 4x, KM (= 20 M)
13. Rd: 1 LM, (1x abn, 3 fM) 4x, KM (= 16 M)
Kopf mit Füllwatte stopfen.
14. Rd: 1 LM, (1x abn, 2 fM) 4x, KM (= 12 M)
15. Rd: 6x abn, KM (= 6 M)
Faden abschneiden und vernähen Abb. 3 .

HAARE (in Zimt häkeln)

1. Rd: 6 fM in Fadenring (= 6 M)
2. Rd: 6x zun (= 12 M)
3. Rd: (1x zun, 1 fM) 6x (= 18 M)
4. Rd: (1x zun, 2 fM) 6x (= 24 M)
5. Rd: 2 fM, (1x zun, 5 fM) 3x, 1x zun, 3 fM (= 28 M)
6. Rd: 3 fM, (1x zun, 6 fM) 3x, 1x zun, 3 fM (= 32 M)
7. Rd: 7 fM, 1x zun, 15 fM, 1x zun, 8 fM (= 34 M)
8. Rd: 34 fM (= 34 M)
9. Rd: 34 fM, KM (= 34 M)
Im Folgenden immer auf der Unterseite der LM zurückhäkeln:
10. Rd: 1 LM, 1 Wlm, 1 KM, 1 KM in 2 M gleichzeitig*, 2 LM, 1 Wlm, 2 KM, 1 KM in 2 M gleichzeitig*, (3 LM, 1 Wlm, 3 KM, 1 KM in 2 M gleichzeitig*) 2x, 16 KM, (3 LM, 1 Wlm, 3 KM, 1 KM in 2 M gleichzeitig*) 2x, 2 LM, 1 Wlm, 2 KM, 1 KM in 2 M gleichzeitig*, (1 LM, 1 Wlm, 1 KM, 1 KM in 2 M gleichzeitig*) 2x
Faden abschneiden und vernähen Abb. 4 .
(* vgl. unsichtbares Abnehmen)

3
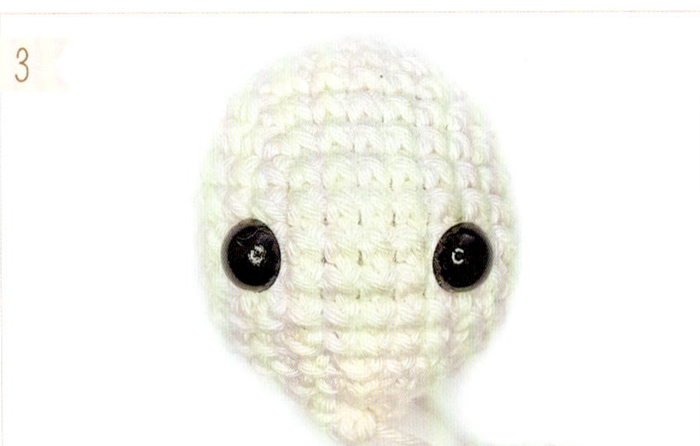

4
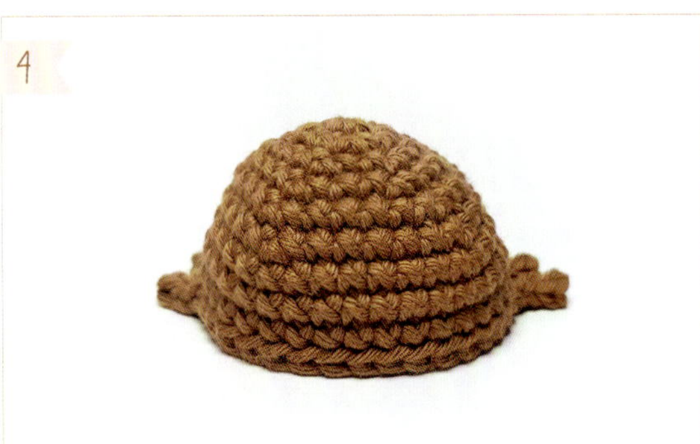

5
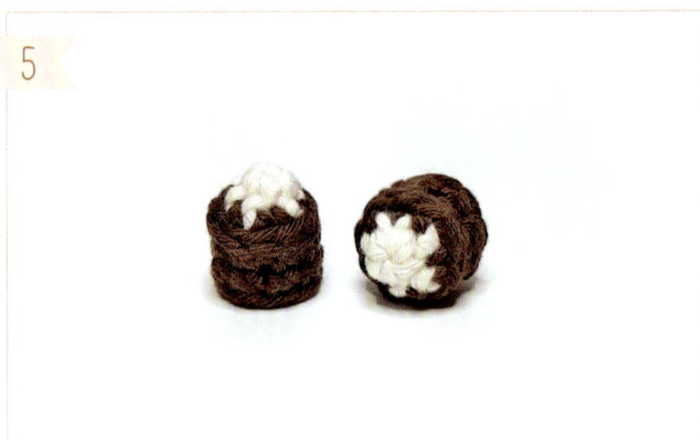

6
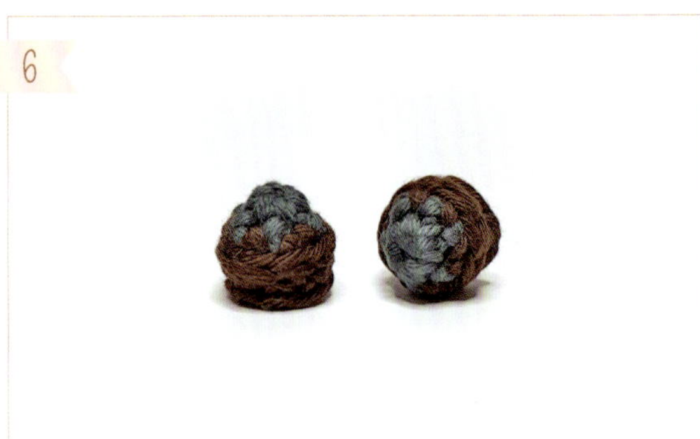

ARME (2x)

Mit Natur beginnen.
1. Rd: 6 fM in Fadenring, KM (= 6 M)
Zu Braun wechseln.
2. Rd: 1 LM, (1x zun, 2 fM) 2x, KM (= 8 M)
3. und 4. Rd: 1 LM, 8 fM, KM (= 8 M)
Faden abschneiden und vernähen.
1 Rd KM zwischen der 2. und 3. Rd in Braun häkeln Abb. 5.

BEINE (2x)

Mit Tanne beginnen.
1. Rd: 6 fM in Fadenring, KM (= 6 M)
Zu Braun wechseln.
2. Rd: 1 LM, (1x zun, 2 fM) 2x, KM (= 8 M)
3. Rd: 1 LM, 8 fM, KM (= 8 M)
Faden abschneiden und vernähen.
1 Rd KM zwischen der 2. und 3. Rd in Braun häkeln Abb. 6.

OHREN (2x in Natur häkeln)

1. Rd: (2 LM, 1 hStb, 2 fM, 2 hStb) in Fadenring, LM
Faden abschneiden, aus der LM ziehen und durch die Mitte des Fadenrings nach hinten fädeln Abb. 7.

ZYLINDER

Mit Braun beginnen.
1. Rd: 6 fM in Fadenring, KM (= 6 M)
2. Rd: 1 LM, 6x zun, KM (= 12 M)
3. Rd: 1 LM, (1x zun, 1 fM) 6x, KM (= 18 M)
4. Rd: 1 LM, (1x zun, 1 fM) 9x, KM (= 27 M)
5. Rd: 1 LM, (1x zun, 2 fM) 9x, KM (= 36 M)
6. Rd: 1 LM, in hint Schlaufen 36 fM, KM (= 36 M)
7.–13. Rd: 1 LM, 36 fM, KM (= 36 M)
Zu Rot wechseln.
14. und 15. Rd: 1 LM, 36 fM, KM (= 36 M)
Zu Braun wechseln.
16. Rd: 1 LM, in vord Schlaufen (1x zun, 3 fM) 9x, KM (= 45 M)
17. Rd: 1 LM, (1x zun, 4 fM) 9x, KM (= 54 M)
18. Rd: 54 KM (= 54 M)
Faden abschneiden und vernähen Abb. 8.

EINZELTEILE ZUSAMMENFÜGEN

1. Körper zu etwa einem Drittel mit Styroporkügelchen füllen, dann mit Füllwatte stopfen und an den Kopf nähen.
2. Hint Schlaufen der 9. Rd der Haare aufnähen Abb. 9. Spitzen der Haarsträhnen mit Nähgarn punktuell am Kopf festnähen.
3. Ohren anknoten.
4. Arme und Beine an den Körper nähen.
Die Beine mussen dabei plan mit der Unterseite des Körpers abschließen.
5. Zylinder auf den Kopf setzen und ggf. festnähen.

7
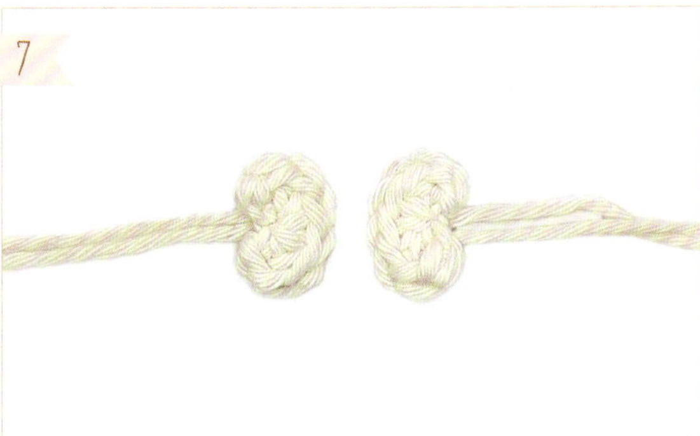

8
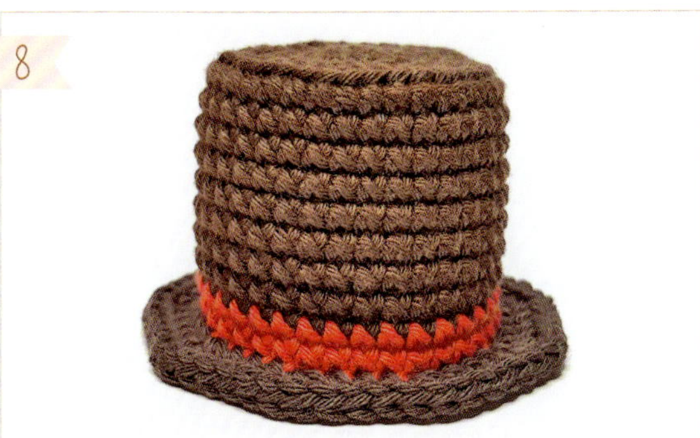

9
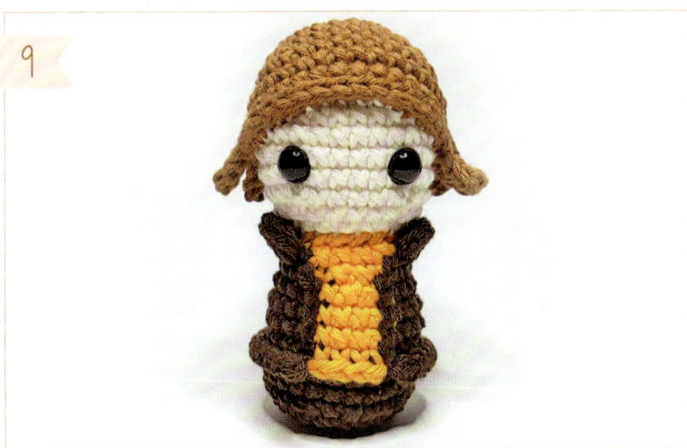

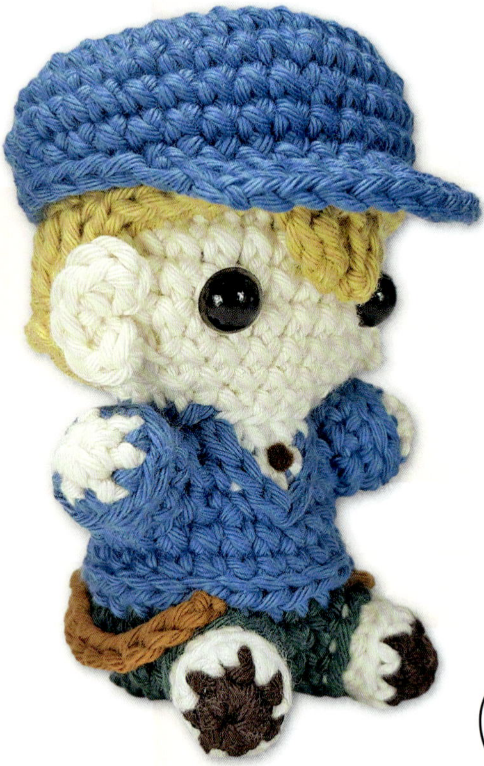

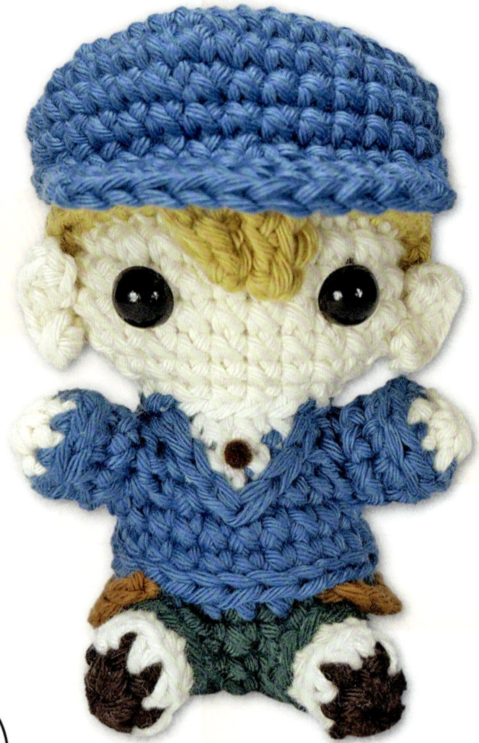

GRÖßE:
CA. 10 CM

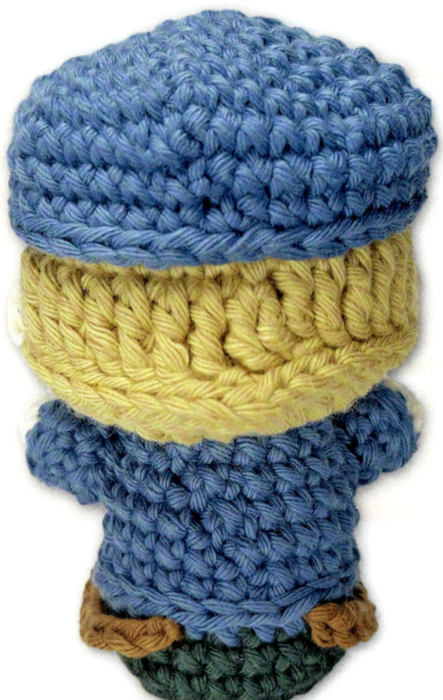

MATERIAL

- Wolle Rödel „Cotton Universal" (100 % Baumwolle, LL 85 m/50 g), in Blau (Fb. 70), Natur (Fb. 31), Tanne (Fb. 65), Sand (Fb. 32), Zimt (Fb. 57) und Braun (Fb. 29)
- Häkelnadel 3,5 mm
- Wollnadel zum Vernähen
- 2 Sicherheitsaugen, 9 mm
- Füllwatte
- Styroporkügelchen
- Nähgarn in Beige
- Nähnadel
- Filzrest, 1 mm dick, in Braun
- Textilkleber

Assistent des Professors

DER SELBSTERNANNTE LEHRLING DES PROFESSORS EIFERT SEINEM GROßEN VORBILD IN ALLEM NACH UND KANN MIT TIEREN SPRECHEN.

KÖRPER

Mit Tanne beginnen.
1. Rd: 6 fM in Fadenring, KM (= 6 M)
2. Rd: 1 LM, 6x zun, KM (= 12 M)
3. Rd: 1 LM, (2x zun, 1 fM) 4x, KM (= 20 M)
4. Rd: 1 LM, (1x zun, 4 fM) 4x, KM (= 24 M)
5. und 6. Rd: 1 LM, 24 fM, KM (= 24 M)
Zu Blau wechseln.
7.–9. Rd: 1 LM, 24 fM, KM (= 24 M)
Garnfarben wie angegeben wechseln:
10. Rd: 1 LM, 4 fM, 1x abn, 4 fM, in Weiß 1x abn, in Blau (4 fM, 1x abn) 2x, KM (= 20 M)
11. Rd: 1 LM, 7 fM, in Weiß 1 fM, 1x abn, in Blau 8 fM, 1x abn, KM (= 18 M)
12. Rd: 1 LM, 5 fM, in Weiß 4 fM, in Blau 9 fM, KM (= 18 M)
Faden abschneiden und vernähen.
1 Rd KM zwischen der 7. und 8. Rd in Blau häkeln.
KM entlang des Halsausschnitts in Blau häkeln Abb. 1 .

KOPF (in Natur häkeln)

1. Rd: 6 fM in Fadenring, KM (= 6 M)
2. Rd: 1 LM, 6x zun, KM (= 12 M)
3. Rd: 1 LM, 2 fM, 3x zun, 4 fM, 2x zun, 1 fM, KM (= 17 M)
4. Rd: 1 LM, 2 fM, 1x zun, 3 fM, 1x zun, 4 fM, 1x zun, 3 fM, 1x zun, 1 fM, KM (= 21 M)
5. Rd: 1 LM, 2 fM, 1x zun, 3 fM, 1x zun, 6 fM, 1x zun, 3 fM, 1x zun, 3 fM, KM (= 25 M)
6. Rd: 1 LM, 2 fM, 1x zun, 3 fM, 1x zun, 8 fM, 1x zun, 3 fM, 1x zun, 5 fM, KM (= 29 M)
7.–10. Rd: 1 LM, 29 fM, KM (= 29 M)
11. Rd: 1 LM, 2 fM, 1x abn, 8 fM, 1x abn, 3 fM, 1x abn, 8 fM, 1x abn, KM (= 25 M)
Augen zwischen der 9. und 10. Rd in einem Abstand von 6 M einsetzen.
12. Rd: 1 LM, 1 fM, 1x abn, 6 fM, 1x abn, 3 fM, 1x abn, 6 fM, 1x abn, 1 fM, KM (= 21 M)
13. Rd: 1 LM, 1x abn, 4 fM, 1x abn, 3 fM, 1x abn, 4 fM, 1x abn, 2 fM, KM (= 17 M)
Kopf mit Füllwatte stopfen.
14. Rd: 1 LM, 4 fM, 3x abn, 3 fM, 2x abn, KM (= 12 M)
15. Rd: 6x abn, KM (= 6 M)
Faden abschneiden und vernähen Abb. 2 .

1
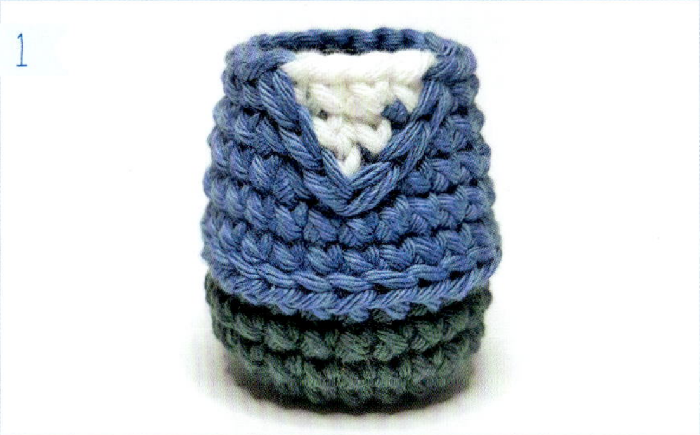

2
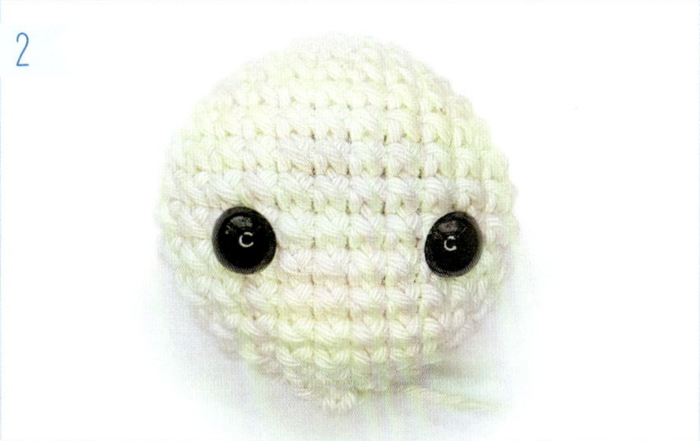

HAARE (in Sand häkeln)

1. Rd: 6 fM in Fadenring (= 6 M)
2. Rd: 6x zun (= 12 M)
3. Rd: 1 fM, 3x zun, 3 fM, 3x zun, 2 fM (= 18 M)
4. Rd: (1x zun, 2 fM) 6x (= 24 M)
5. Rd: 2 fM, (1x zun, 5 fM) 3x, 1x zun, 3 fM (= 28 M)
6. Rd: 3 fM, (1x zun, 6 fM) 3x, 1x zun, 3 fM (= 32 M)
7. Rd: 7 fM, 1x zun, 15 fM, 1x zun, 8 fM (= 34 M)
8. Rd: 34 fM (= 34 M)
9. Rd: 34 fM, KM (= 34 M)
10. Rd: 3 LM, 8 DStb, 3 LM, 6 KM, 3 LM, 1 Wlm, auf der Unterseite der LM zurückhäkeln 2 KM, 1 fM, 1 KM in 2 M gleichzeitig*, 3 LM, 1 Wlm, auf der Unterseite der LM zurückhäkeln 1 KM, 2 fM, 1 KM in 2 M gleichzeitig*, 6 KM, 3 LM, 9 DStb, 1 LM, 1 KM in die vord Schlaufe des vorh DStb, 1 DStb, KM
Faden abschneiden und vernähen.
(* vgl. unsichtbares Abnehmen)
18 LM, 1 Wlm anschl
1. R: Auf der Unterseite zurückhäkeln 1 KM, 2 fM, 2 hStb, 2 Stb, 2 DStb, 1 LM, 1 KM in die vord Schlaufe des vorh DStb, 2 DStb, 2 Stb, 2 hStb, 2 fM, 1 KM, 1 Wlm
Die beiden Haarteile, Spitze auf Spitze, aufeinanderlegen.
2. R: In die vord Schlaufen der beiden Haarteile zugleich 20 KM, LM
Faden abschneiden, aus der LM ziehen und vernähen Abb. 3 .

ARME (2x)

Mit Natur beginnen.
1. Rd: 6 fM in Fadenring, KM (= 6 M)
Zu Blau wechseln.
2. Rd: 1 LM, (1x zun, 2 fM) 2x, KM (= 8 M)
3. und 4. Rd: 1 LM, 8 fM, KM (= 8 M)
Faden abschneiden und vernähen.
1 Rd KM zwischen der 2. und 3. Rd in Blau häkeln Abb. 4 .

BEINE (2x)

Mit Braun beginnen.
1. Rd: 6 fM in Fadenring, KM (= 6 M)
Zu Weiß wechseln.
2. Rd: 1 LM, (1x zun, 2 fM) 2x, KM (= 8 M)
Zu Natur wechseln.
3. Rd: 1 LM, in hint Schlaufen 8 fM, KM (= 8 M)
Zu Tanne wechseln.
4. Rd: 8 KM (= 8 M)
Faden abschneiden und vernähen Abb. 5 .

4

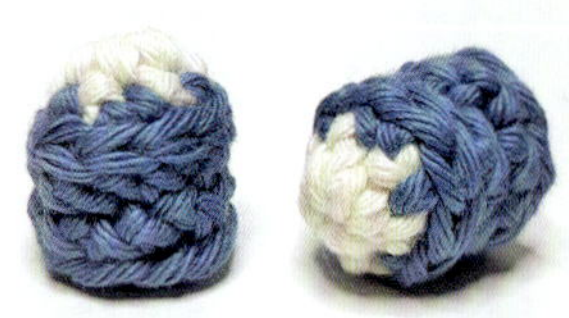

3

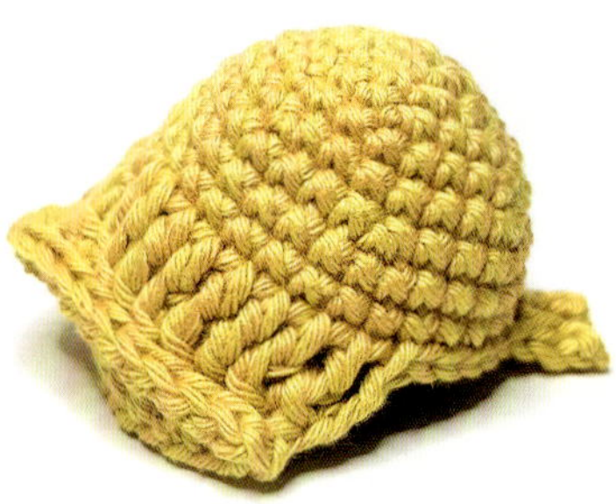

5

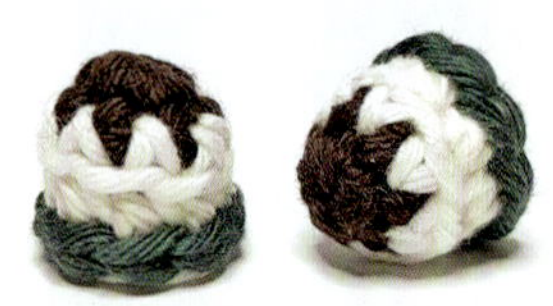

OHREN (2x in Natur häkeln)

1. Rd: (2 LM, 1 hStb, 2 fM, 2 hStb) in Fadenring, LM Faden abschneiden, aus der LM ziehen und durch die Mitte des Fadenrings nach hinten fädeln Abb. 6 .

MÜTZE (in Blau häkeln)

1. Rd: 6 fM in Fadenring, KM (= 6 M)
2. Rd: 1 LM, 6x zun, KM (= 12 M)
3. Rd: 1 LM, (2x zun, 1 fM) 4x, KM (= 20 M)
4. Rd: 1 LM, (1x zun, 1 fM) 10x, KM (= 30 M)
5. Rd: 1 LM, (1x zun, 2 fM) 10x, KM (= 40 M)
6. Rd: 1 LM, (1x zun, 4 fM) 8x, KM (= 48 M)
7. Rd: 1 LM, (4 fM, 1x abn) 8x, KM (= 40 M)
8. Rd: 1 LM, (8 fM, 1x abn) 4x, KM (= 36 M)
9. Rd: 1 LM, 36 fM, KM (= 36 M)
10. Rd: In vord Schlaufen der 10. Rd 11 KM, 6 fM, 1x zun, 5 fM, 1 Wlm, wenden, 1x abn, 4 fM, 1x zun, 4 fM, 1x abn, 1 Wlm, wenden, 1x abn, 8 fM, 1x abn, 14 KM
Faden abschneiden und vernähen Abb. 7 .

EINZELTEILE ZUSAMMENFÜGEN

1. Körper zu etwa einem Drittel mit Styroporkügelchen füllen, dann mit Füllwatte stopfen und an den Kopf nähen.
2. Haare (im Bereich des Gesichts die hint Schlaufen) aufnähen Abb. 8 . Spitzen der 2 längeren Haarsträhnen mit Nähgarn punktuell am Kopf festnähen.
3. Ohren anknoten.
4. Arme und Beine (hint Schlaufen) an den Körper nähen. Die Beine müssen dabei plan mit der Unterseite des Körpers abschließen.
5. Für die Hosenträger jeweils 11 LM in Zimt häkeln Abb. 9 und zwischen der 7. und 8. Rd festknoten.
6. Aus braunem Filz einen kleinen Kreis ausschneiden und auf den Halsausschnitt kleben.
7. Mütze auf den Kopf setzen und ggf. festnähen.

6
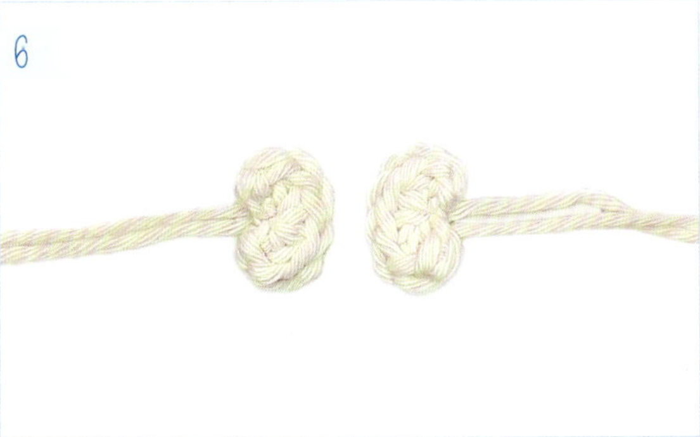

8
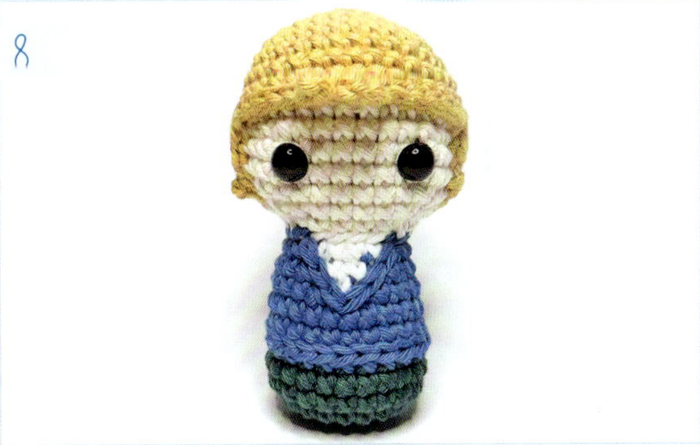

7
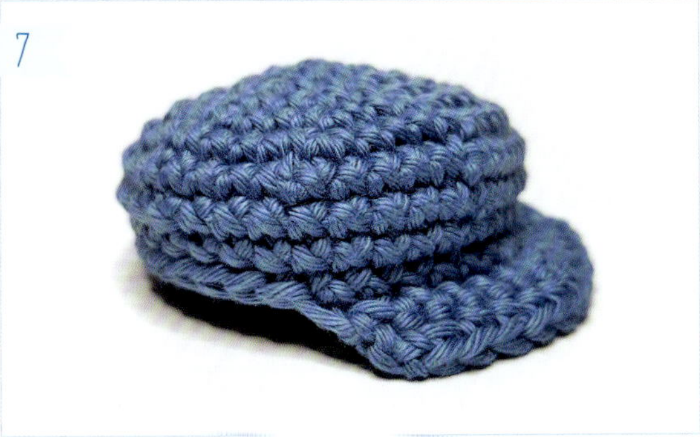

9
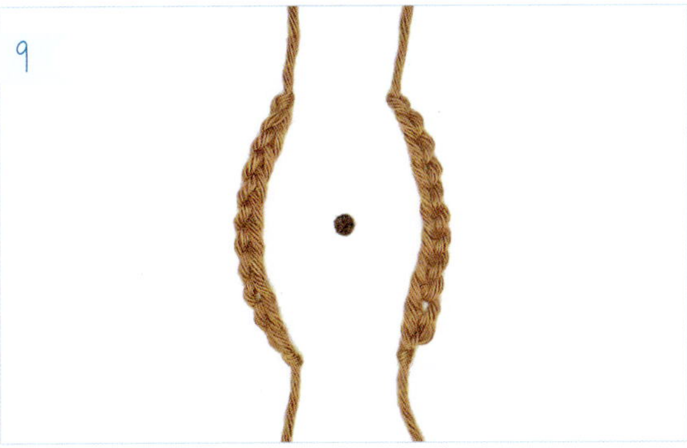

„Kirby"-Spielreihe

Unser junger, ballförmiger Freund hieß anfangs eigentlich Popopo und war nur als Platzhalter für den später geplanten Helden des erstmals 1992 erschienenen Spiels gedacht. Allerdings war die Figur bei den Entwicklern so beliebt, dass sie nicht weiter verändert wurde. Zu Ehren eines amerikanischen Anwalts, der Nintendo erfolgreich in dem Fall „Donkey Kong vs. King Kong" vertrat, wurde er jedoch nach diesem in „Kirby" umbenannt. Die Spielreihe dreht sich hauptsächlich um den sternförmigen Planeten Pop Star. In zahlreichen Abenteuern muss Kirby seine Heimat Traumland gegen unterschiedliche Bedrohungen verteidigen. Die meisten der Spiele gehören zum Jump'n'Run-Genre mit Rätsel- und Kampfelementen. Dabei steuert man den Helden durch unterschiedliche Level, an deren Ende oft ein Endgegner zu besiegen ist. Kirbys Markenzeichen ist das Einsaugen seiner Gegner und anderer Dinge, die er dann entweder isst, als Projektil wieder ausspuckt oder deren Fähigkeit kopiert. Die Spielreihe ist hauptsächlich für Anfänger gedacht. In Japan ist Kirby einer der beliebtesten Charaktere von Nintendo, daher gibt es hier auch eine viel größere Merchandising-Palette als andernorts. Woll-Fans möchte ich das Spiel „Kirby und das (extra) magische Garn" ans Herz legen. Hier besteht Kirby nur aus einer Wollfadenkontur und kann seine Saugfähigkeiten somit nicht einsetzen. Um Stoffland wieder zusammenzuflicken, werden die Gegner daher mit einer Art Fadenpeitsche besiegt. Dieses Spiel ist zugleich auch das von vielen Kirby-Fans am meisten gefeierte der Spielreihe.

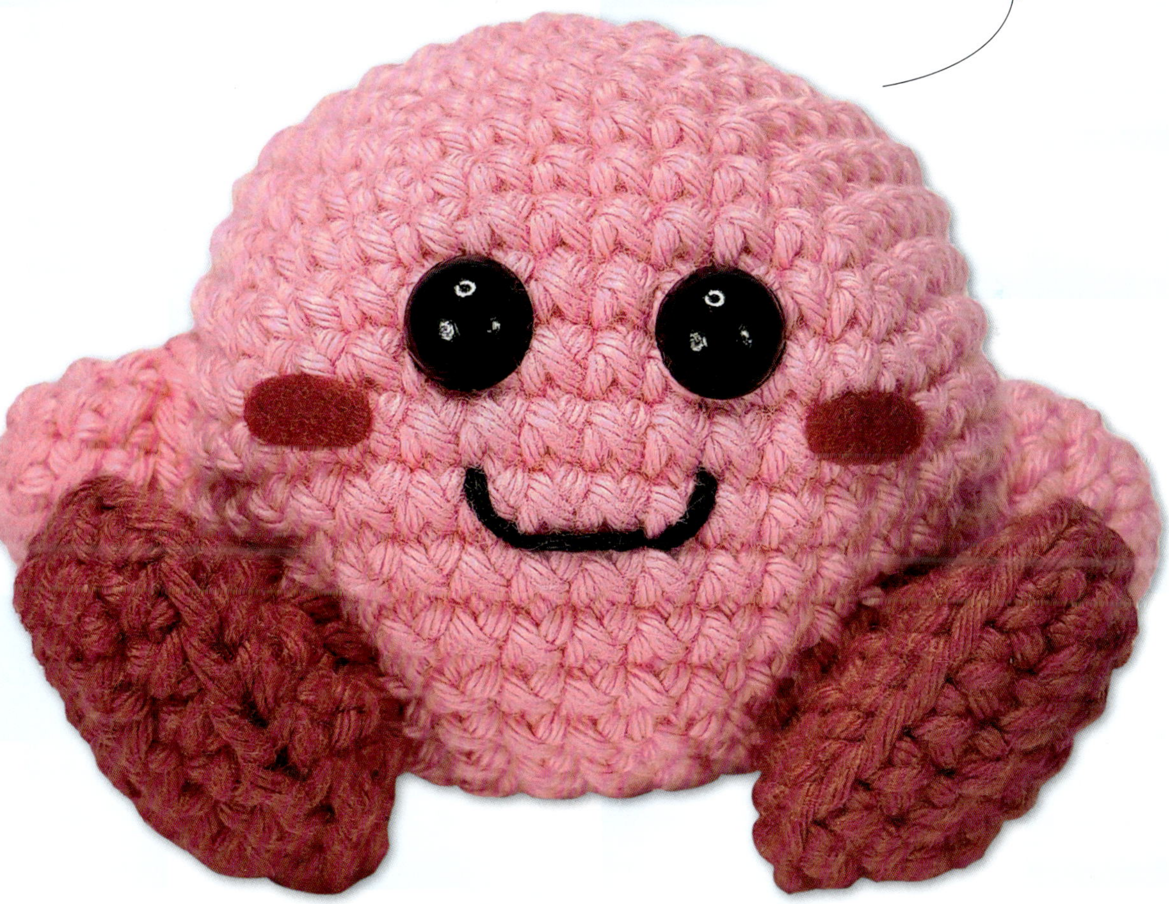

ALLES VERSCHLINGENDER FLUMMI

Alles verschlingender Flummi

DAS KLEINE ALIEN VON EINEM ANDEREN PLANETEN ZEICHNET SICH DURCH EINE ENORME ELASTIZITÄT SEINES BALLFÖRMIGEN KÖRPER AUS.

KÖRPER (in Pink häkeln)

1. Rd: 6 fM in Fadenring, KM (= 6 M)
2. Rd: 1 LM, 6x zun, KM (= 12 M)
3. Rd: 1 LM, (1x zun, 1 fM) 6x, KM (= 18 M)
4. Rd: 1 LM, (1x zun, 2 fM) 6x, KM (= 24 M)
5. Rd: 1 LM, (1x zun, 3 fM) 6x, KM (= 30 M)
6. Rd: 1 LM, (1x zun, 4 fM) 6x, KM (= 36 M)
7. Rd: 1 LM, (1x zun, 8 fM) 4x, KM (= 40 M)
8. Rd: 1 LM, (1x zun, 9 fM) 4x, KM (= 44 M)
9. Rd: 1 LM, (1x zun, 10 fM) 4x, KM (= 48 M)
10.–12. Rd: 1 LM, 48 fM, KM (= 48 M)
13. Rd: 1 LM, (10 fM, 1x abn) 4x, KM (= 44 M)
14. Rd: 1 LM, (9 fM, 1x abn) 4x, KM (= 40 M)
15. Rd: 1 LM, (8 fM, 1x abn) 4x, KM (= 36 M)
16. Rd: 1 LM, (4 fM, 1x abn) 6x, KM (= 30 M)
Augen zwischen der 9. und 10. Rd in einem Abstand von 4 M einsetzen.
Den Mund mit schwarzem Stickgarn über eine Länge von 4 M auf die 12. Rd sticken.
17. Rd: 1 LM, (3 fM, 1x abn) 6x, KM (= 24 M)
18. Rd: 1 LM, (2 fM, 1x abn) 6x, KM (= 18 M)
Körper mit Füllwatte stopfen.
19. Rd: 1 LM, (1 fM, 1x abn) 6x, KM (= 12 M)
20. Rd: 6x abn, KM (= 6 M)
Faden abschneiden, durch vord Schlaufen fädeln, festziehen und vernähen Abb. 1 .

ARME (2x in Pink häkeln)

1. Rd: 6 fM in Fadenring, KM (= 6 M)
2. Rd: 1 LM, (1x zun, 2 fM) 2x, KM (= 8 M)
3. Rd: 1 LM, (1x zun, 3 fM) 2x, KM (= 10 M)
4. Rd: 1 LM, (1x zun, 4 fM) 2x, KM (= 12 M)
Faden abschneiden und vernähen Abb. 2 .

1

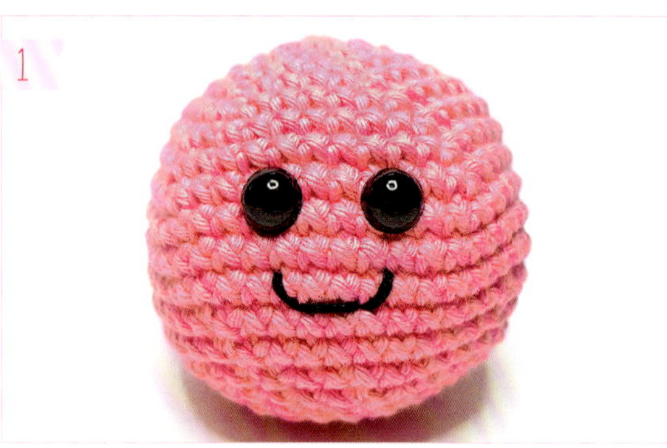

2

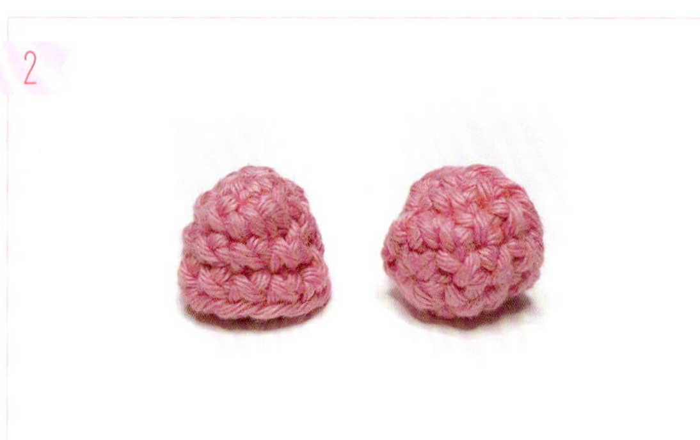

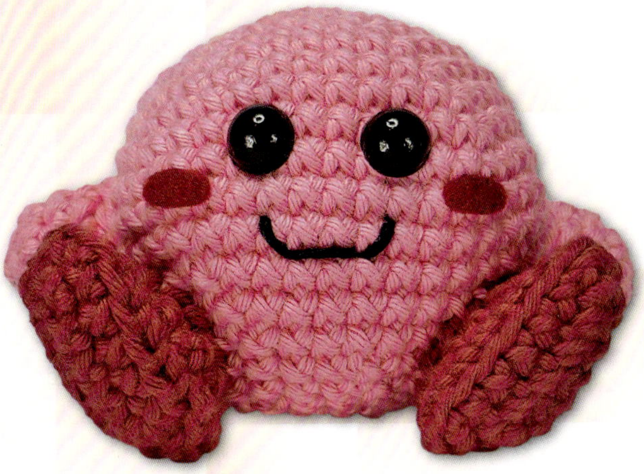

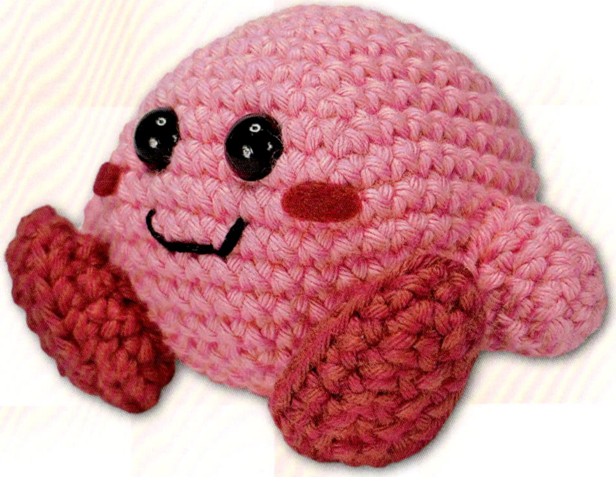

GRÖßE:
CA. 6 CM

MATERIAL

- Kurtenbach „Twister Curly 8 uni"
  (100 % Baumwolle, LL 85 m/50 g),
  in Pink (Fb. 32) und Bordeaux (Fb. 37)
- Häkelnadel 3,5 mm
- Wollnadel zum Vernähen
- 2 Sicherheitsaugen, 9 mm
- Füllwatte
- Styroporkügelchen
- Stickgarn in Schwarz
- Sticknadel
- Filzrest, 1 mm dick, in Pink
- Textilkleber

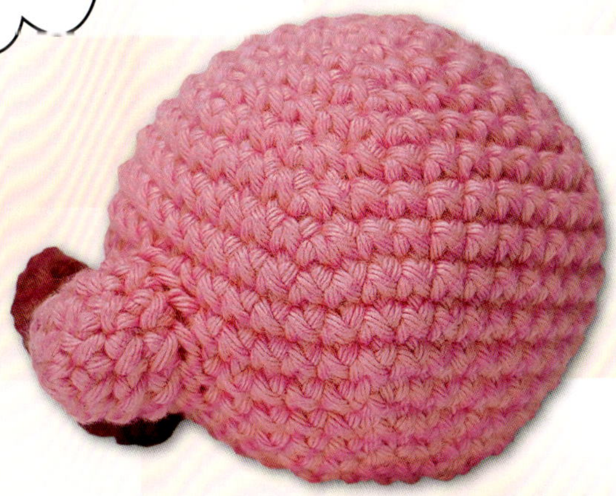

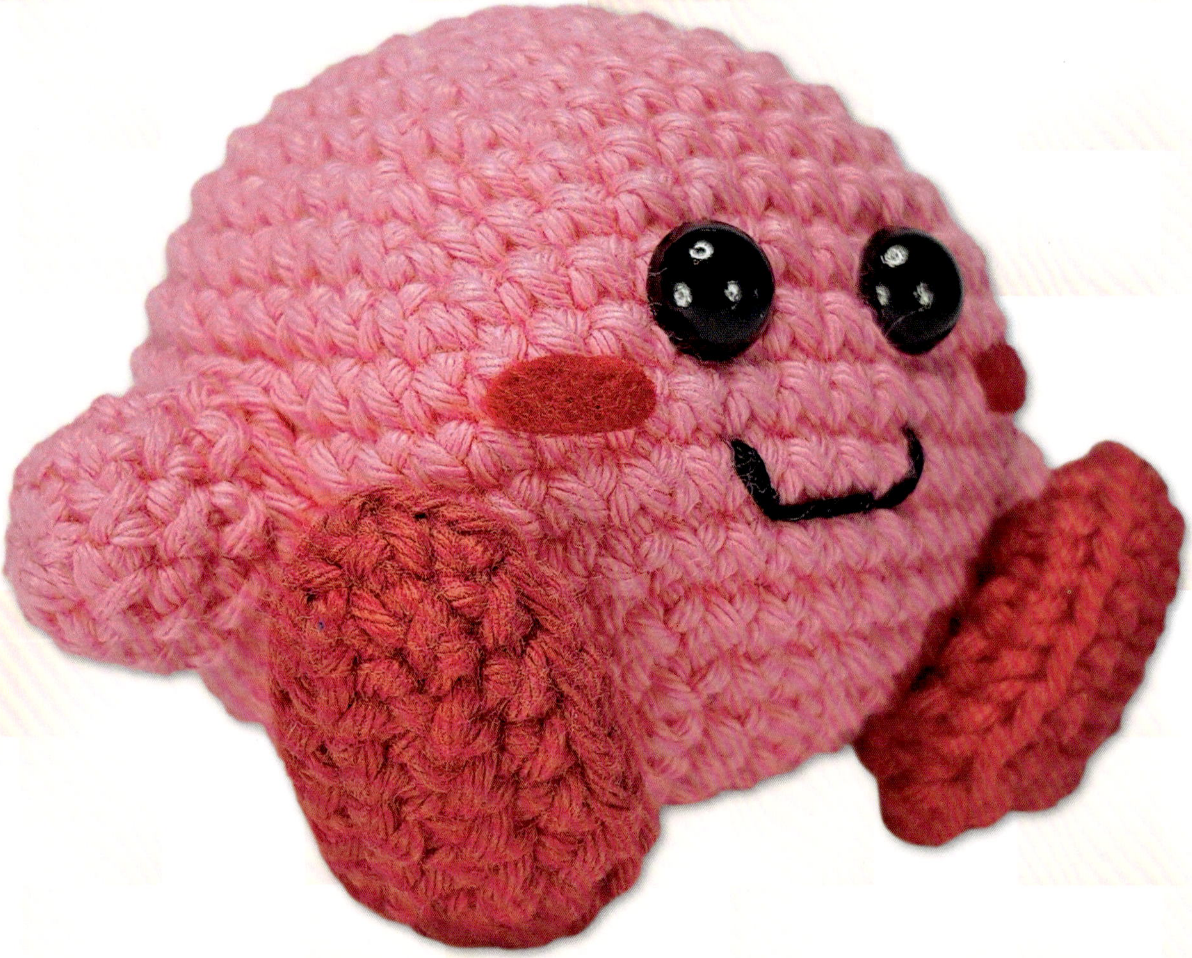

FÜßE (2x in Bordeaux häkeln)

5 LM, 1 Wlm anschl, 5 fM

1. Rd: 1 LM, in hint Schlaufen 1x zun, 3 fM, 1x zun, in vord Schlaufen zurückhäkeln 1x zun, 3 fM, 1x zun, KM (= 14 M)

2. Rd: 1 LM, (5 fM, 2x zun) 2x, KM (= 18 M)

3. Rd: 1 LM, in hint Schlaufen 4 fM, 2x abn, 10 fM, KM (= 16 M)

4. Rd: 1 LM, 1 fM, 3x abn, 3 fM, 2x abn, 2 fM, KM (= 11 M)

Faden abschneiden und vernähen Abb. 3 .

EINZELTEILE ZUSAMMENFÜGEN

1. Arme und Füße leicht mit Füllwatte stopfen und an den Körper nähen. Die Füße müssen dabei plan mit der Unterseite des Körpers abschließen.

2. 2 kleine Ovale aus pinkfarbenem Filz ausschneiden Abb. 4 und auf die Wangen kleben.

3

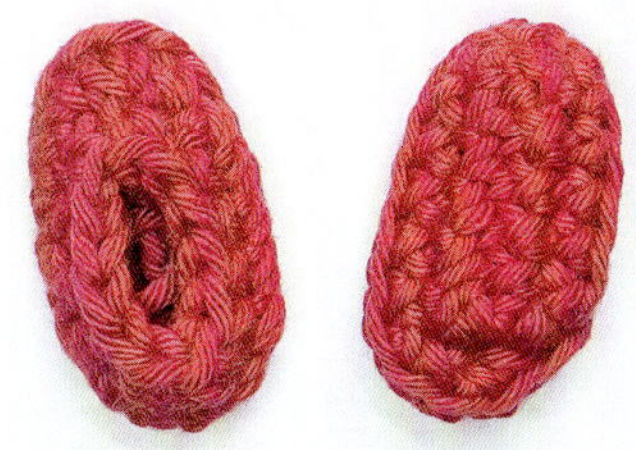

4

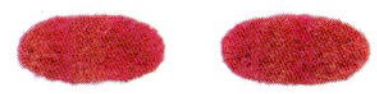

„Yo-kai Watch"-Spielreihe

Yo-kai sind Geister, die hauptsächlich auf traditionellen japanischen (in neueren Spielen auch auf amerikanischen) Yōkai basieren und Menschen beseelen können, wodurch sie oft Chaos verursachen. Sie werden als manchmal niedlich, manchmal unheimlich, aber meist neckisch beschrieben. Zudem werden ihnen Charaktereigenschaften wie schelmisch, charmant, witzig und unverschämt zugeordnet. Bei Yo-kai Watch handelt es sich um ein Fantasy-Rollenspiel von Level-5. Das erste Spiel der Reihe erschien 2013 als Konkurrenz zu Pokémon. Hauptsächlich für Nintendo-Konsolen entwickelt, ist mittlerweile auch ein Spiel für PlayStation erschienen. Der Spieler findet anfangs eine Uhr, mit der er die Yo-kai sehen und, nachdem er sich mit ihnen angefreundet hat, auch beschwören kann. Er kann ein Team von bis zu sechs Yo-kai zusammenstellen. Mit diesen kämpft er dann gegen böse Yo-kai oder hilft Menschen, die in Not geraten sind. Auch können zwei Yo-kai bzw. ein Yo-kai mit einem Item zu einem stärkeren Yo-kai fusionieren. Das Ziel der Spiele ist es, die Geheimnisse der Yo-kai zu lüften, um die Stadt zu beschützen. Zusätzlich zum Haupthandlungsstrang gibt es aber auch Nebenaufgaben, in denen man Erfahrungen gewinnen sowie spezielle Gegenstände bekommen kann. Es gibt mittlerweile über 600 verschiedene Yo-kai.

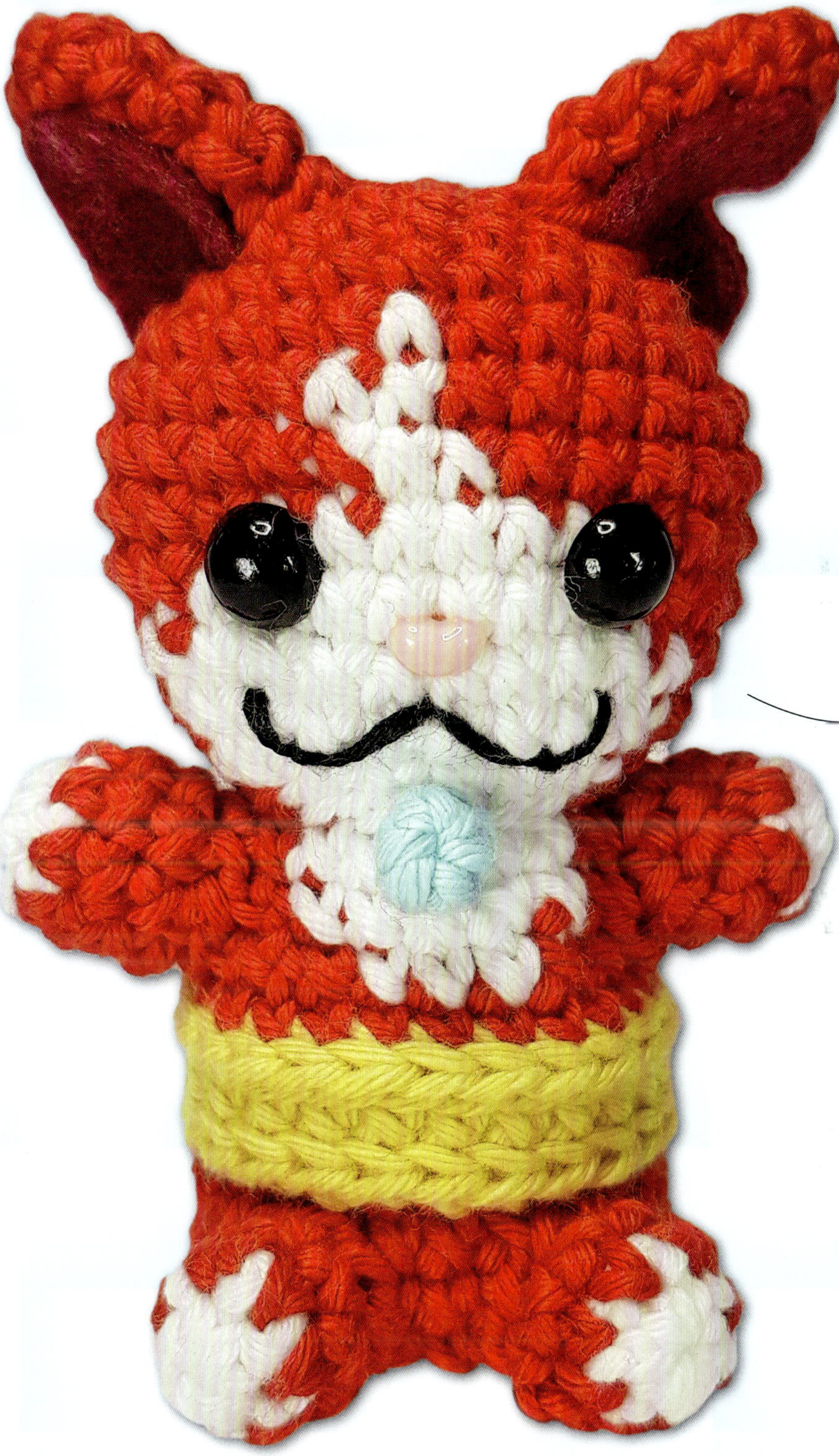

KATZENGEIST

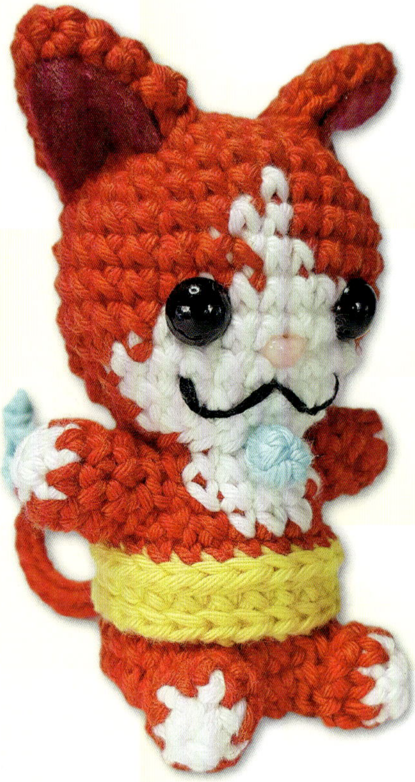

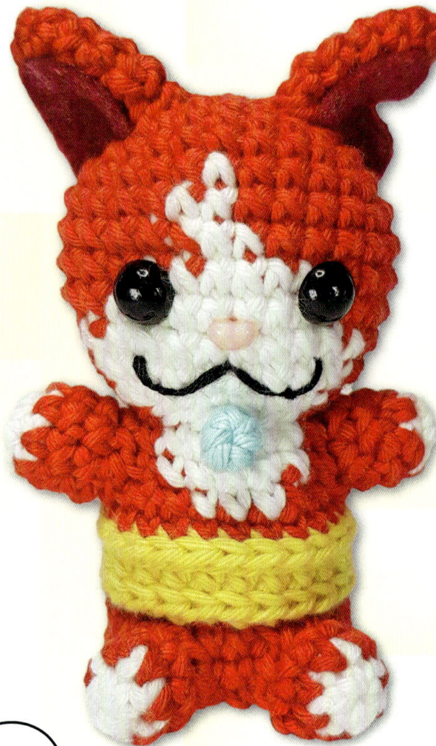

GRÖẞE:
CA. 10 CM

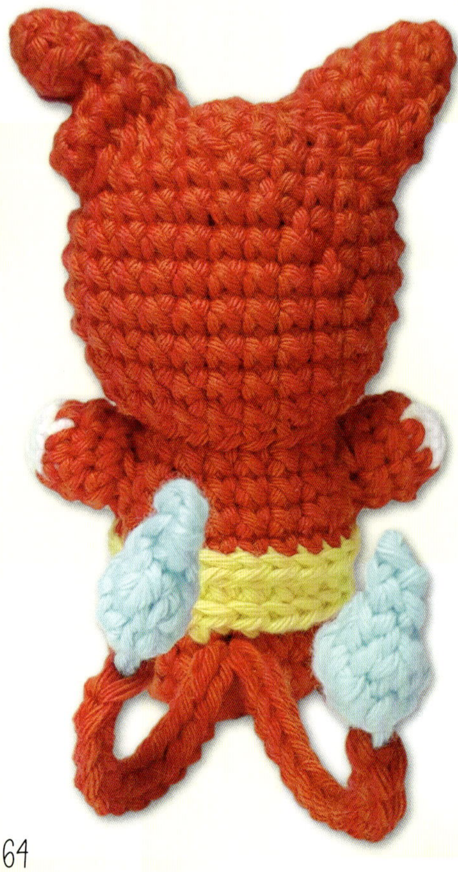

MATERIAL

- Kurtenbach „Twister Curly 8 uni“ (100 % Baumwolle, LL 85 m/50 g), in Rot (Fb. 35) und Helltürkis (Fb. 61)
- Wolle Rödel „Cotton Universal“ (100 % Baumwolle, LL 85 m/50 g), in Weiß (Fb. 38) und Banane (Fb. 34)
- Häkelnadel 3,5 mm
- Wollnadel zum Vernähen
- 2 Sicherheitsaugen, 9 mm
- 1 Sicherheitsnase, 7 x 5 mm, in Rosa
- Füllwatte
- Styroporkügelchen
- Stickgarn in Schwarz
- Sticknadel
- Filzrest, 1 mm dick, in Pink
- Textilkleber

Katzengeist

DER KLEINE FEUERGEIST VERSTECKT BIS ZU 15 SCHOKORIEGEL UNTER SEINEM HÜFTWÄRMER SOWIE ZEITSCHRIFTEN SEINER LIEBLINGSBAND.

KÖRPER

Mit Rot beginnen.
1. Rd: 1 LM, 6 fM in Fadenring, KM (= 6 M)
2. Rd: 1 LM, 6x zun, KM (= 12 M)
3. Rd: 1 LM, (2x zun, 1 fM) 4x, KM (= 20 M)
4. Rd: 1 LM, (1x zun, 4 fM) 4x, KM (= 24 M)
5. und 6. Rd: 1 LM, 24 fM, KM (= 24 M)
Zu Banane wechseln.
7. Rd: 1 LM, in vord Schlaufen 24 fM, KM (= 24 M)
8. Rd: 1 LM, 24 fM, KM (= 24 M)
Zu Rot wechseln.
9. Rd: 1 LM, in hint Schlaufen 24 fM, KM (= 24 M)
Garnfarbe wie angegeben wechseln:
10. Rd: 1 LM, 4 fM, 1x abn in Weiß 3 fM, in Rot 1 fM, 1x abn, (4 fM, 1x abn) 2x, KM (= 20 M)
11. Rd: 1 LM, 3 fM, in Weiß 5 fM, in Rot 1x abn, 8 fM, 1x abn, KM (= 18 M)
12. Rd: 1 LM, 2 fM, in Weiß 5 fM, in Rot 11 fM, KM (= 18 M)
Faden abschneiden und vernähen.
Je 1 Rd KM zwischen der 7. und 8. Rd sowie zwischen der 8. und 9. Rd in Banane häkeln.
Glocke (in Helltürkis häkeln)
1. Rd: 1 LM, 6 fM in Fadenring, KM (= 6 M)
Faden abschneiden, durch vord Schlaufen fädeln und festziehen.
Glocke in der 12. Rd festknoten Abb. 1.

KOPF

Mit Rot beginnen.
1. Rd: 6 fM in Fadenring, KM (= 6 M)
2. Rd: 1 LM, 6x zun, KM (= 12 M)
3. Rd: 1 LM, 2 fM, 3x zun, 4 fM, 2x zun, 1 fM, KM (= 17 M)
4. Rd: 1 LM, 2 fM, 1x zun, 3 fM, 1x zun, 4 fM, 1x zun, 3 fM, 1x zun, 1 fM, KM (= 21 M)
5. Rd: 1 LM, 2 fM, 1x zun, 3 fM, 1x zun, 6 fM, 1x zun, 3 fM, 1x zun, 3 fM, KM (= 25 M)
Garnfarbe wie angegeben wechseln:
6. Rd: 1 LM, 2 fM, 1x zun, 3 fM, 1x zun, 3 fM, in Weiß 1 fM, in Rot 4 fM, 1x zun, 3 fM, 1x zun, 5 fM, KM (= 29 M)
7. und 8. Rd: 1 LM, 10 fM, in Weiß 2 fM, in Rot 17 fM, KM (= 29 M)
9. Rd: 1 LM, 7 fM, in Weiß 6 fM, in Rot 16 fM, KM (= 29 M)
10. Rd: 1 LM, 5 fM, in Weiß 8 fM, in Rot 16 fM, KM (= 29 M)
11. Rd: 1 LM, 2 fM, in Weiß 1x abn, 8 fM, 1x abn, in Rot 3 fM, 1x abn, 8 fM, 1x abn, KM (= 25 M)
Augen zwischen der 9. und 10. Rd in einem Abstand von 6 M einsetzen.
12. Rd: 1 LM, 1 fM, in Weiß 1x abn, 6 fM, 1x abn, in Rot 3 fM, 1x abn, 6 fM, 1x abn, 1 fM, KM (= 21 M)
13. Rd: 1 LM, in Weiß 1x abn, 4 fM, 1x abn, in Rot 3 fM, 1x abn, 4 fM, 1x abn, 2 fM, in Weiß KM (= 17 M)

1

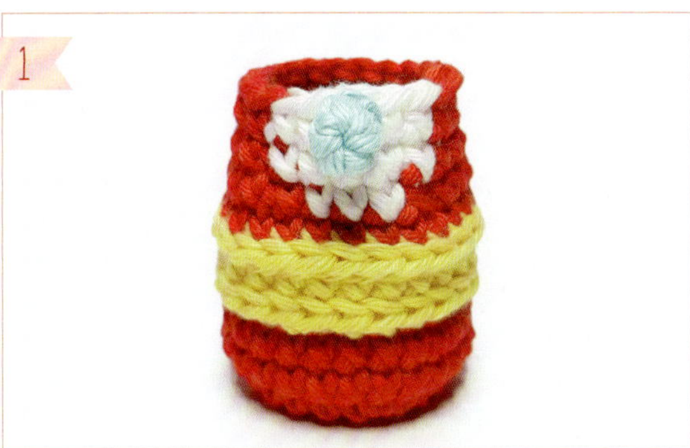

Nase zwischen der 10. und 11. Rd mittig zwischen die Augen einsetzen.
Den Mund mit schwarzem Stickgarn über eine Länge von 6 M wie ein langgezogenes „W" auf die 12. Rd sticken.
Kopf mit Füllwatte stopfen.
14. Rd: 1 LM, 4 fM, 1x abn, in Rot 2x abn, 3 fM, 2x abn, KM (= 12 M)
15. Rd: 6x abn, KM (= 6 M)
Faden abschneiden und vernähen Abb. 2 .

ARME (2x)

Mit Weiß beginnen.
1. Rd: 6 fM in Fadenring, KM (= 6 M)
Zu Rot wechseln.
2. Rd: 1 LM, (1x zun, 2 fM) 2x, KM (= 8 M)
3. und 4. Rd: 1 LM, 8 fM, KM (= 8 M)
Faden abschneiden und vernähen Abb. 3 .

BEINE (2x)

Mit Weiß beginnen.
1. Rd: 6 fM in Fadenring, KM (= 6 M)
Zu Rot wechseln.
2. Rd: 1 LM, (1x zun, 2 fM) 2x, KM (= 8 M)
3. Rd: 1 LM, 8 fM, KM (= 8 M)
Faden abschneiden und vernähen Abb. 4 .

RECHTES OHR (in Rot häkeln)

1. Rd: 4 fM in Fadenring (= 4 M)
2. Rd: (1x zun, 1 fM) 2x (= 6 M)
3. Rd: (1x zun, 2 fM) 2x (= 8 M)
4. Rd: (2x zun, 2 fM) 2x (= 12 M)
5. Rd: (1x zun, 2 fM) 4x, KM (= 16 M)
Faden etwas länger abschneiden.
Ohr halbieren, sodass sich die hint Schlaufen gegenüberliegen, und mit Fadenrest die hint Schlaufen zusammennähen Abb. 5 .

LINKES OHR (in Rot häkeln)

Anfangsfaden etwas länger lassen.
1. Rd: 4 fM in Fadenring (= 4 M)
2. Rd: (1x zun, 1 fM) 2x (= 6 M)
3. Rd: (1x zun, 2 fM) 2x (= 8 M)
4. Rd: 1x zun, 1 fM, 5 LM, 3 M überspr, 1x zun, 2 fM (= 12 M)
5. Rd: (1x zun, 2 fM) 4x, KM (= 16 M)
Faden etwas länger abschneiden.
Ohr halbieren, sodass sich die hint Schlaufen der Kerbe gegenüberliegen, und Ränder der Kerbe mit Anfangsfaden zusammennähen.
Mit Endfaden die hint Schlaufen der 5. Rd zusammennähen.

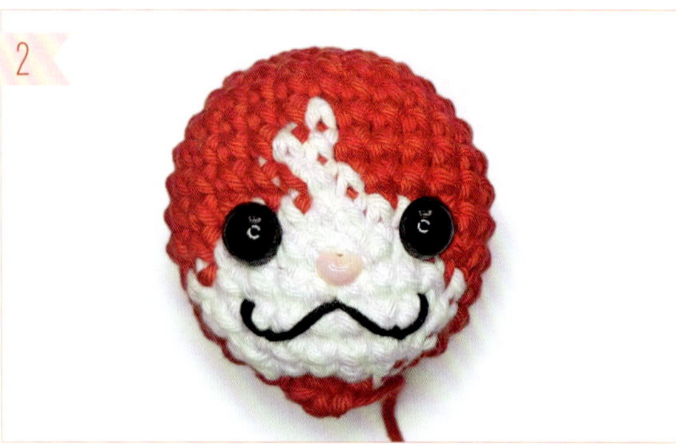
2

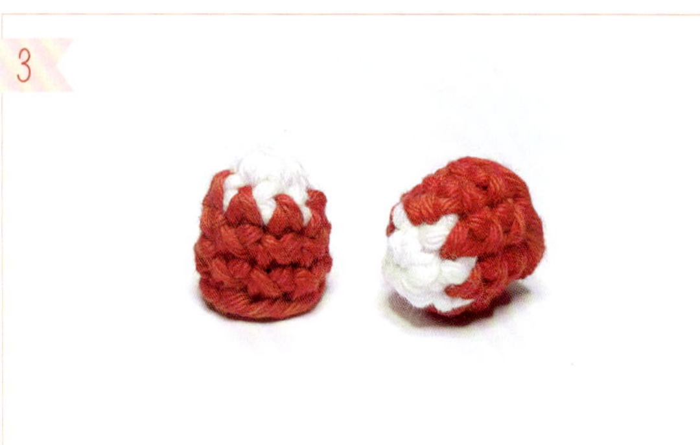
3

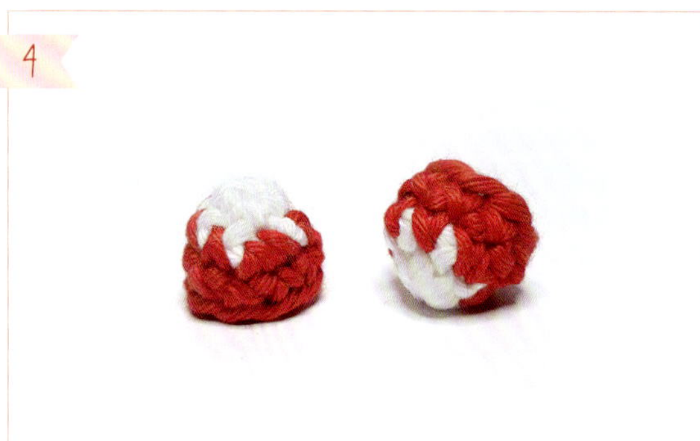
4

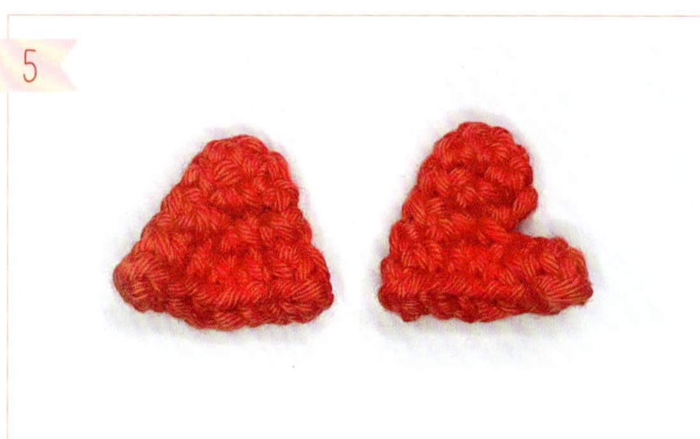
5

SCHWÄNZE (2x)

Flamme (in Helltürkis häkeln)

1. Rd: 6 fM in Fadenring (= 6 M)

2. Rd: (1x zun, 2 fM) 2x (= 8 M)

3. Rd: 4x abn (= 4 M)

4. Rd: 2x abn, LM (= 2 M)

Faden abschneiden, aus der LM ziehen und vernähen.

In Rot häkeln:

13 LM anschl, die Häkelnadel durch 2 Schlaufen der 1. Rd der Flamme stechen und 1 Wlm häkeln

1. R: Auf der Unterseite zurückhäkeln 13 KM, LM Faden abschneiden und aus der LM ziehen Abb. 6 .

EINZELTEILE ZUSAMMENFÜGEN

1. Körper zu etwa einem Drittel mit Styroporkügelchen füllen, dann mit Füllwatte stopfen und an den Kopf nähen Abb. 7 .

2. Arme und Beine an den Körper nähen. Die Beine müssen dabei plan mit der Unterseite des Körpers abschließen.

3. Schwänze anknoten.

4. Ohren annähen.

5. 2 Innenohren aus pinkfarbenen Filz ausschneiden Abb. 8 und auf die Ohren kleben.

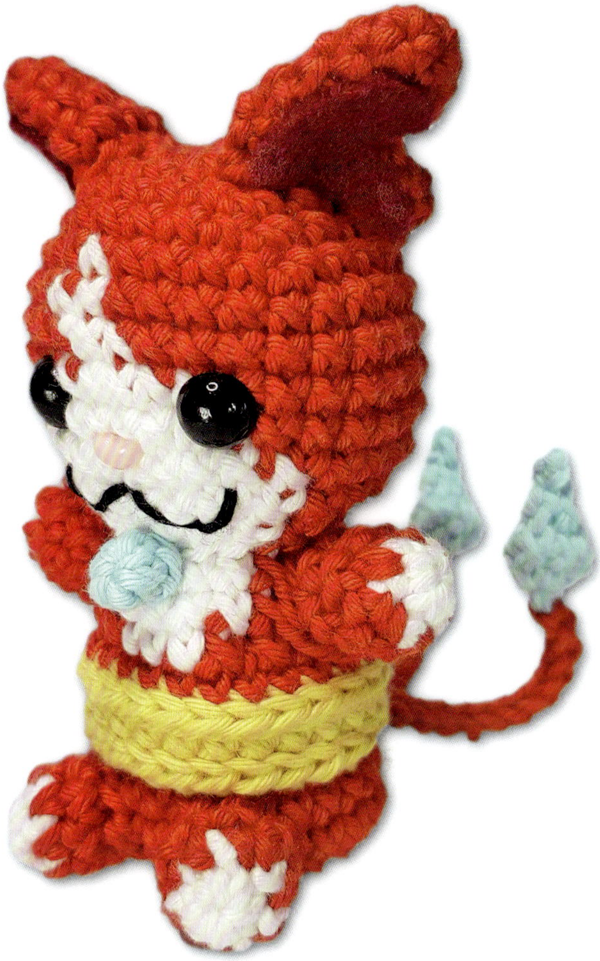

6

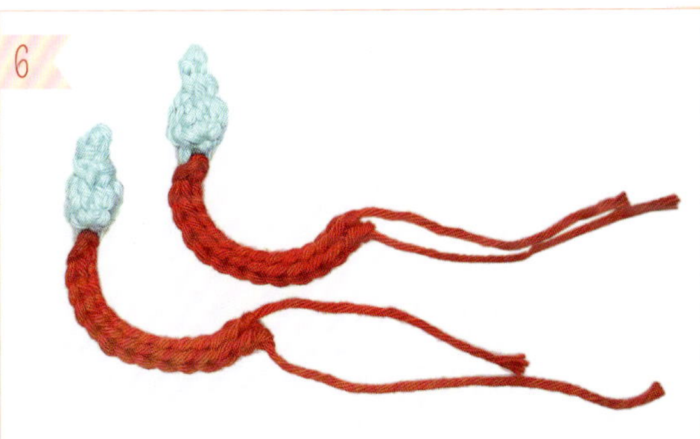

7

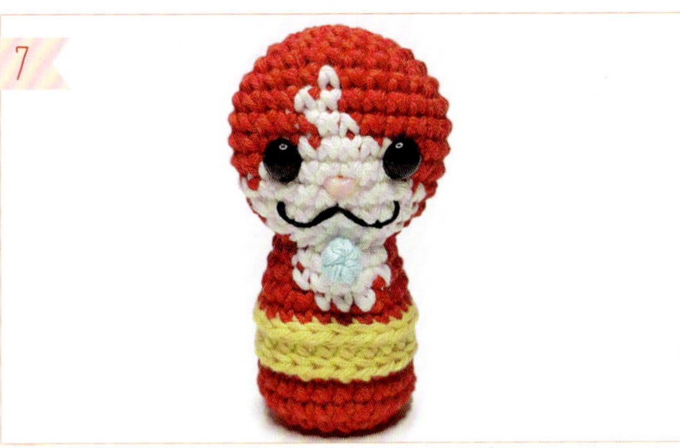

8

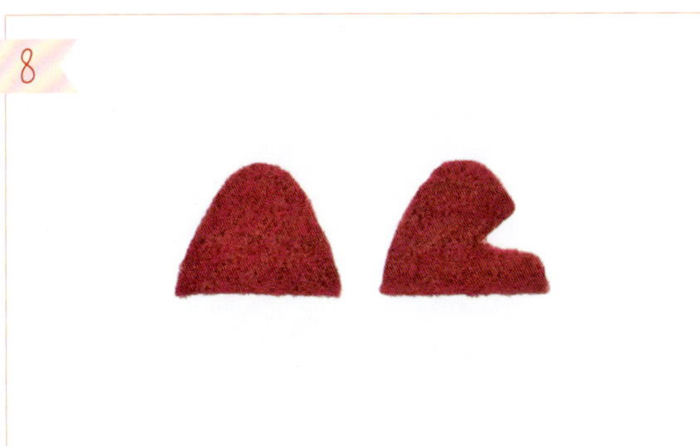

„Mega Man"-Spielreihe

In einer fernen Zukunft erschafft Dr. Light, der als Vater der modernen Robotik gilt, zusammen mit seinem Kollegen Dr. Wily sogenannte „Robot Masters", die als Aufseher für einfache Arbeitsroboter dienen sollen. Vom Wunsch nach Weltherrschaft erfasst, programmiert Dr. Wily diese jedoch zu seinen zerstörerischen Handlangern um. Rock, ebenfalls ein von Dr. Light erschaffener Roboter, bittet seinen Schöpfer daher um ein Kampf-Upgrade und wird so zu Mega Man (Rockman in Japan). Mit seinem treuen Begleiter Rush, einem Roboter-Hund, der sich den verschiedensten Situationen anpassen und z. B. fliegen kann, muss Mega Man nun alles daransetzen, Dr. Wily aufzuhalten. Mega Man ist eine Jump'n'Run-Spielreihe, das erste Spiel wurde bereits 1987 von Capcom herausgebracht. Der blaue Bomber, wie Mega Man wegen seinem „Mega Buster", einer Waffe an seinem Arm, auch genannt wird, muss sich in den Spielen in beliebiger Reihenfolge durch verschiedene Level kämpfen und den jeweiligen Robot Master des Levels besiegen. Im Anschluss erhält er dessen Fähigkeit, eine neue Spezialwaffe, die ihm eine besondere Fähigkeit verleiht, für die wiederum ein anderer Robot Master anfällig ist. In welcher Reihenfolge der Spieler die Level angeht, ist also von strategischer Bedeutung. Mega Man gilt als Ikone von Capcom und einer der besten Capcom-Charaktere aller Zeiten. Die Spiele gibt es für die verschiedensten Konsolen, darunter auch Nintendo-, Sega-, Sony- und Microsoft-Konsolen. Zudem gibt es mehrere Ableger-Reihen, die alle auf der Mega-Man-Geschichte basieren und in noch entfernteren Epochen in der Zukunft spielen.

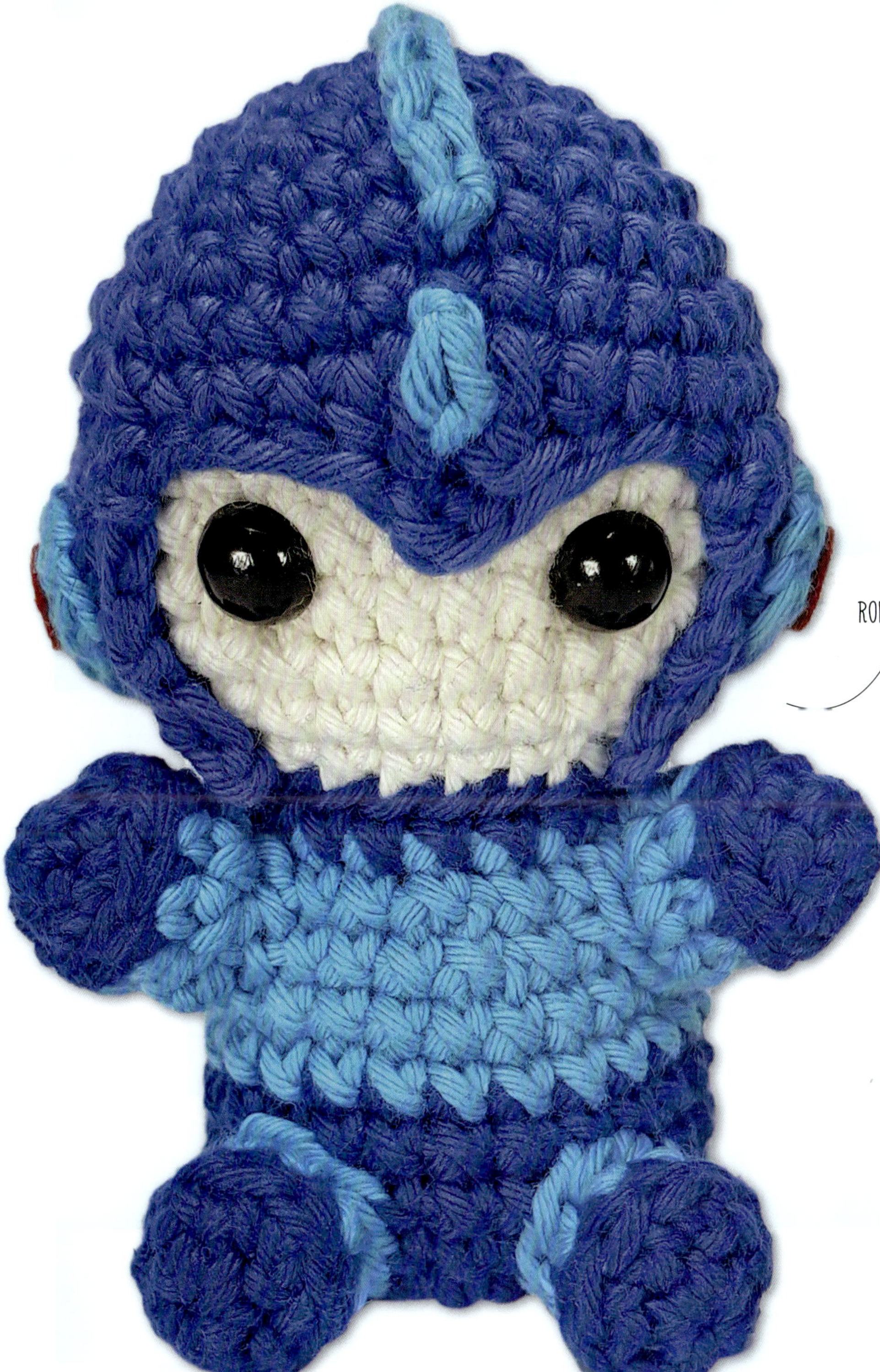

ROBOJUNGE

Robojunge

DER EIGENTLICH FRIEDLIEBENDE ANDROID, DER SEINEM ERSCHAFFER ALS ASSISTENT DIENEN SOLLTE, MUSS NUN ZUM KAMPFROBOTER UMGEBAUT GEGEN ROBOTERSCHURKEN KÄMPFEN.

KÖRPER

Mit Royal beginnen.

1. Rd: 1 LM, 6 fM in Fadenring, KM (= 6 M)

2. Rd: 1 LM, 6x zun, KM (= 12 M)

3. Rd: 1 LM, (2x zun, 1 fM) 4x, KM (= 20 M)

4. Rd: 1 LM, (1x zun, 4 fM) 4x, KM (= 24 M)

5.–7. Rd: 1 LM, 24 fM, KM (= 24 M)

Zu Türkis wechseln.

8. und 9. Rd: 1 LM, 24 fM, KM (= 24 M)

10. Rd: 1 LM, (4 fM, 1x abn) 4x, KM (= 20 M)

11. Rd: 1 LM, (8 fM, 1x abn) 2x, KM (= 18 M)

Zu Royal wechseln.

12. Rd: 1 LM, 18 fM, KM (= 18 M)

Faden abschneiden und vernähen Abb. 1 .

KOPF (in Natur häkeln)

1. Rd: 6 fM in Fadenring, KM (= 6 M)

2. Rd: 1 LM, 6x zun, KM (= 12 M)

3. Rd: 1 LM, 2 fM, 3x zun, 4 fM, 2x zun, 1 fM, KM (= 17 M)

4. Rd: 1 LM, 2 fM, 1x zun, 3 fM, 1x zun, 4 fM, 1x zun, 3 fM, 1x zun, 1 fM, KM (= 21 M)

5. Rd: 1 LM, 2 fM, 1x zun, 3 fM, 1x zun, 6 fM, 1x zun, 3 fM, 1x zun, 3 fM, KM (= 25 M)

6. Rd: 1 LM, 2 fM, 1x zun, 3 fM, 1x zun, 8 fM, 1x zun, 3 fM, 1x zun, 5 fM, KM (= 29 M)

7.–10. Rd: 1 LM, 29 fM, KM (= 29 M)

11. Rd: 1 LM, 2 fM, 1x abn, 8 fM, 1x abn, 3 fM, 1x abn, 8 fM, 1x abn, KM (= 25 M)

Augen zwischen der 9. und 10. Rd in einem Abstand von 6 M einsetzen.

12. Rd: 1 LM, 1 fM, 1x abn, 6 fM, 1x abn, 3 fM, 1x abn, 6 fM, 1x abn, 1 fM, KM (= 21 M)

13. Rd: 1 LM, 1x abn, 4 fM, 1x abn, 3 fM, 1x abn, 4 fM, 1x abn, 2 fM, KM (= 17 M)

Kopf mit Füllwatte stopfen.

14. Rd: 1 LM, 4 fM, 3x abn, 3 fM, 2x abn, KM (= 12 M)

15. Rd: 6x abn, KM (= 6 M)

Faden abschneiden und vernähen Abb. 2 .

1

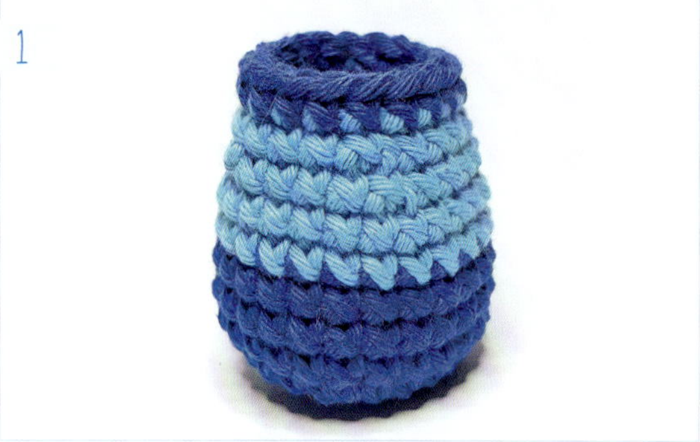

2

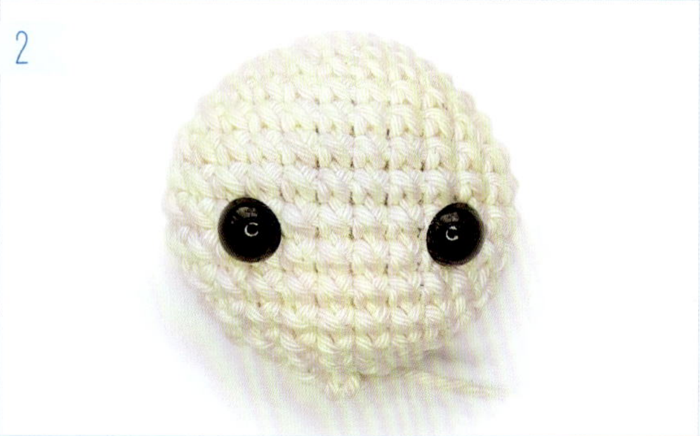

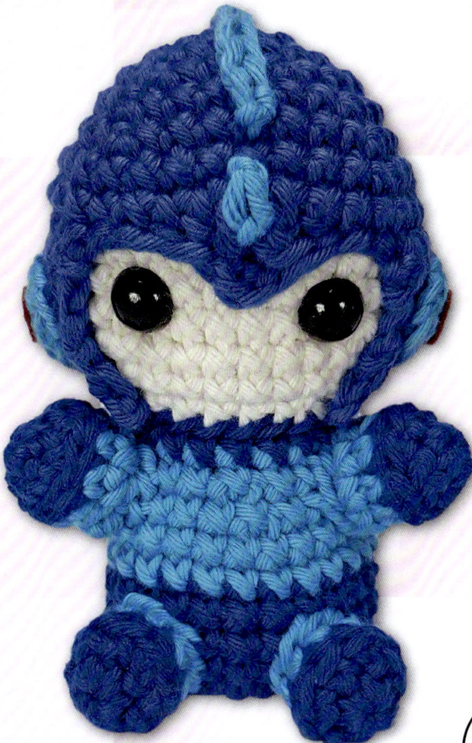

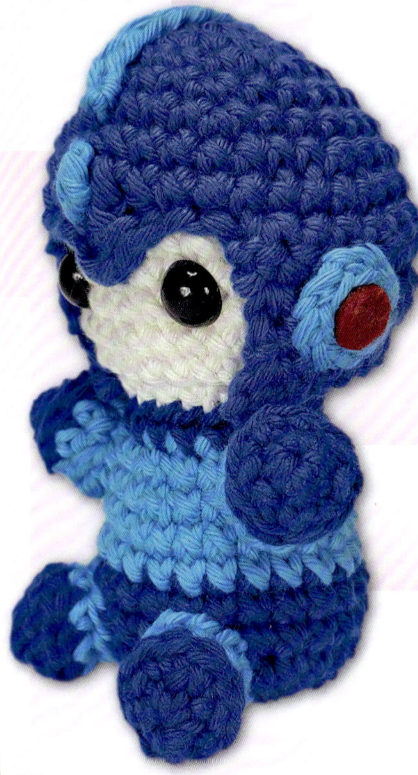

GRÖßE:
CA. 9,5 CM

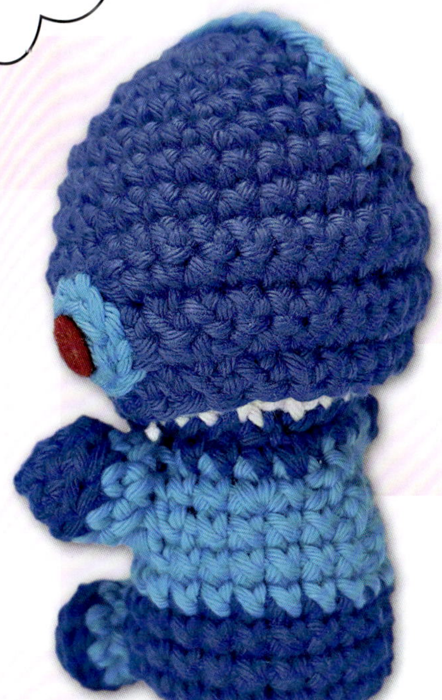

MATERIAL

- Kurtenbach „Twister Curly 8 uni“ (100 % Baumwolle, LL 85 m/50 g), in Türkis (Fb. 65)
- Wolle Rödel „Cotton Universal“ (100 % Baumwolle, LL 85 m/50 g), in Royal (Fb. 24) und Natur (Fb. 31)
- Häkelnadel 3,5 mm
- Wollnadel zum Vernähen
- 2 Sicherheitsaugen, 9 mm
- Füllwatte
- Styroporkügelchen
- Filzrest, 1 mm dick, in Rot
- Textilkleber

HELM (in Royal häkeln)

1. Rd: 6 fM in Fadenring (= 6 M)
2. Rd: 6x zun (= 12 M)
3. Rd: 1 fM, 3x zun, 3 fM, 3x zun, 2 fM (= 18 M)
4. Rd: (1x zun, 2 fM) 6x (= 24 M)
5. Rd: 2 fM, (1x zun, 5 fM) 3x, 1x zun, 3 fM (= 28 M)
6. Rd: 3 fM, (1x zun, 6 fM) 3x, 1x zun, 3 fM (= 32 M)
7. Rd: 7 fM, 1x zun, 15 fM, 1x zun, 8 fM (= 34 M)
8. Rd: 15 fM, 1 hStb, 1 DStb, 1 LM, 1 KM in die vord Schlaufe des vorh DStb, 1 DStb, 1 hStb, 15 fM (= 34 M)
9. R: In vord Schlaufen 13 KM, wenden
10. R: 1 M überspr, 24 fM, in hint Schlaufe 1 KM, wenden
11. R: 1 M überspr, 24 fM, 1 Wlm
12. R: 5 fM, 1x abn, 10 fM, 1x abn, 5 fM, 1 Wlm
13. R: 5 fM, 1x abn, 8 fM, 1x abn, 5 fM, 1 LM, 1 Wlm
14. R: 1 KM, 5 fM, 1x abn, 6 fM, 1x abn, 5 fM, 1 LM, 1 Wlm, 1 KM in die Unterseite der LM
Faden abschneiden und vernähen.
2 LM in Türkis häkeln.
Faden abschneiden und aus der LM ziehen.
Den LM-Strang vorne auf den Helm knoten.
13 LM in Türkis häkeln.
Faden abschneiden und aus der LM ziehen.
Die Unterseite der LM mittig auf den Helm nähen Abb. 3.

ARME (2x)

Mit Royal beginnen.
1. Rd: 6 fM in Fadenring, KM (= 6 M)
2. Rd: 1 LM, (1x zun, 2 fM) 2x, KM (= 8 M)
Zu Türkis wechseln.
3. und 4. Rd: 1 LM, 8 fM, KM (= 8 M)
1 Rd KM zwischen der 2. und 3. Rd in Royal häkeln.
Fäden abschneiden und vernähen Abb. 4.

BEINE (2x)

Mit Royal beginnen.
1. Rd: 6 fM in Fadenring, KM (= 6 M)
2. Rd: 1 LM, (1x zun, 2 fM) 2x, KM (= 8 M)
Zu Türkis wechseln.
3. Rd: 1 LM, 8 fM, KM (= 8 M)
1 Rd KM zwischen der 2. und 3. Rd in Royal häkeln.
Fäden abschneiden und vernähen Abb. 5.

4
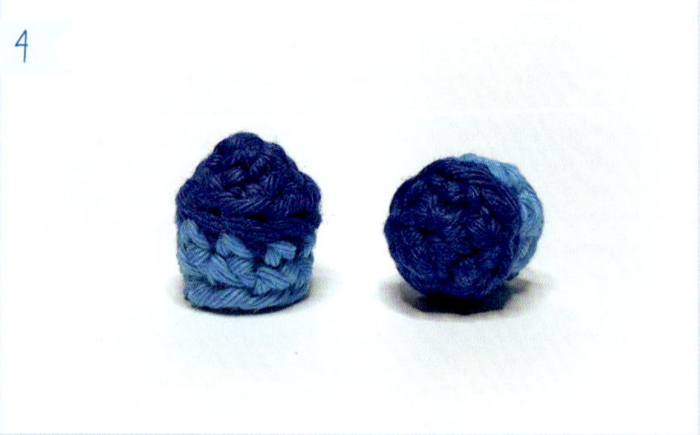

3
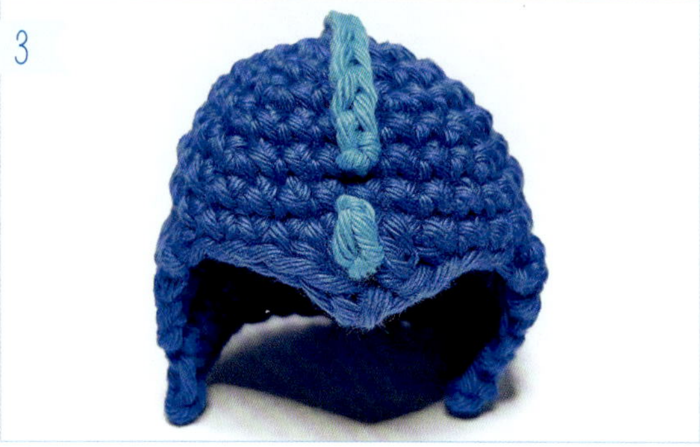

5
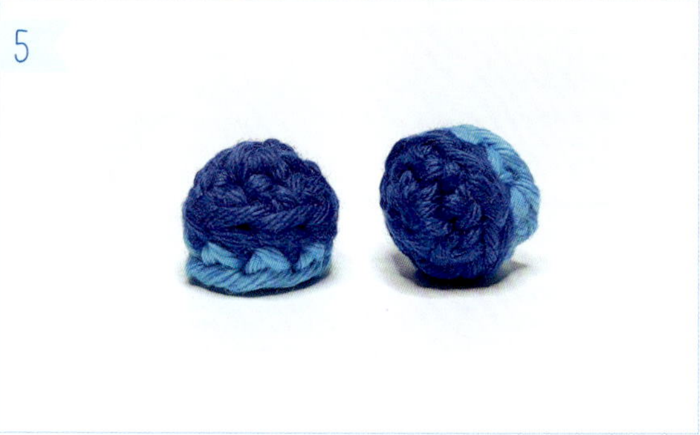

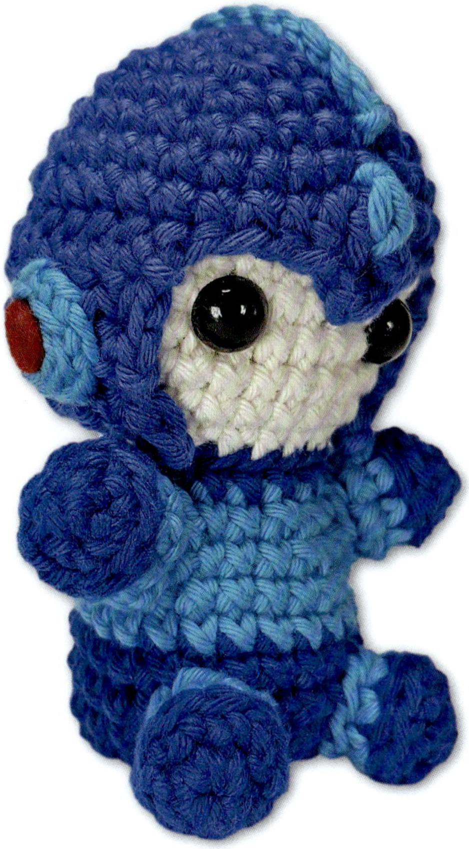

„OHREN“ (2x in Türkis häkeln)

1. Rd: 6 fM in Fadenring, KM (= 6 M)

2. Rd: In hint Schlaufen 6 KM (= 6 M)

Faden abschneiden und vernähen Abb. 6 .

EINZELTEILE ZUSAMMENFÜGEN

1. Körper zu etwa einem Drittel mit Styroporkügelchen füllen, dann mit Füllwatte stopfen und an den Kopf nähen Abb. 7 .

2. Helm annähen. Wollnadel dabei durch beide Schlaufen der letzten Runde stechen.

3. Hint Schlaufen der „Ohren“ auf den Helm nähen.

4. Arme und Beine an den Körper nähen. Die Beine müssen dabei plan mit der Unterseite des Körpers abschließen.

5. 2 ca. 0,75 cm große Kreise aus rotem Filz ausschneiden Abb. 8 und auf die „Ohren“ kleben.

7

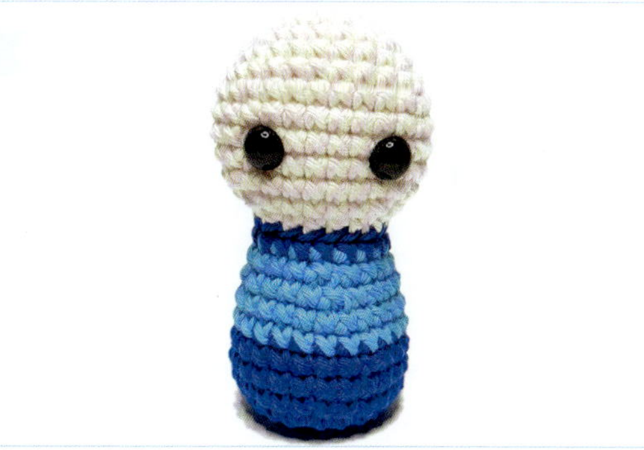

6

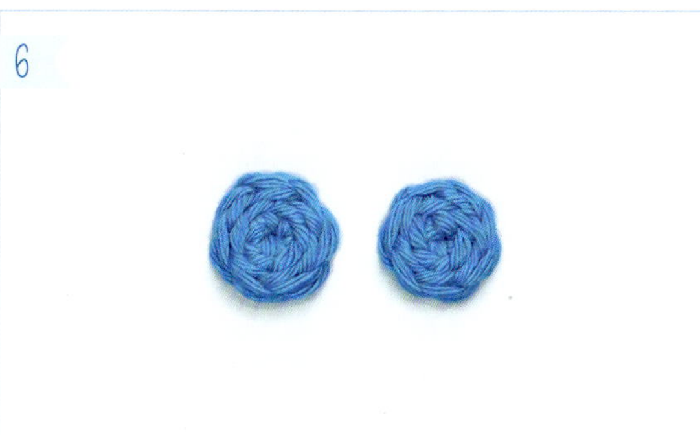

8

„Animal Crossing"-Spielreihe

Animal Crossing ist eine Lebenssimulations-Spielreihe von Nintendo, dessen erster Teil 2001 erschien. In den Spielen schlüpfst du in die Rolle eines menschlichen Chibi-Avatars, der meist in ein Dorf zieht, das von sprechenden, vermenschlichten Tieren bewohnt wird. Das Ziel der Spiele ist es, sein Dorf zum schönsten Wohnort für seine Bewohner zu machen. Dazu lassen sich dein Avatar, dein Haus und die Landschaft individuell gestalten. Die Entscheidung, wo was gebaut wird, liegt bei dir. Zum Bauen kannst du in der Natur viele Ressourcen finden. Außerdem kannst du auf deinen Entdeckungstouren auch Fische und Insekten fangen, Muscheln, Obst und Blumen sammeln oder Fossilen sowie verlorengegangene Dinge finden. Fast alles kann verkauft werden, wofür sich unter anderem Einrichtungsgegenstände und Kleidung erwerben lassen. Mit den Bewohnern im Dorf kannst du dich unterhalten und ihnen bei ihren alltäglichen Problemen helfen. Je nachdem, wie gut du dich mit ihnen verstehst, bleiben sie in deinem Dorf oder ziehen fort. An ihrer Stelle ziehen dann wieder neue Bewohner ein. Insgesamt gibt es etwa 400 verschiedene Bewohner. Weiterhin gibt es im Dorf noch andere Tiere, die eine besondere Rolle einnehmen und stets anzutreffen sind, wie zum Beispiel der Bürgermeister oder verschiedene Ladenbesitzer. Die Zeit in den Spielen verläuft in Echtzeit und entspricht der Tages- und Jahreszeit im echten Leben. Viele Aktionen im Spiel sind daher zeitabhängig. So finden im Spiel auch Feste und Feiertage statt und das Wetter ändert sich. Es gibt allerdings kein festes Spielende – im Gegenteil, die Spiele lassen sich ewig weiter spielen. Im Fokus der Spiele stehen somit das Sammeln von Objekten und das Anfreunden mit den Nachbarn. Am beliebtesten soll die Spielreihe bei Frauen zwischen 19 und 24 Jahren sein.

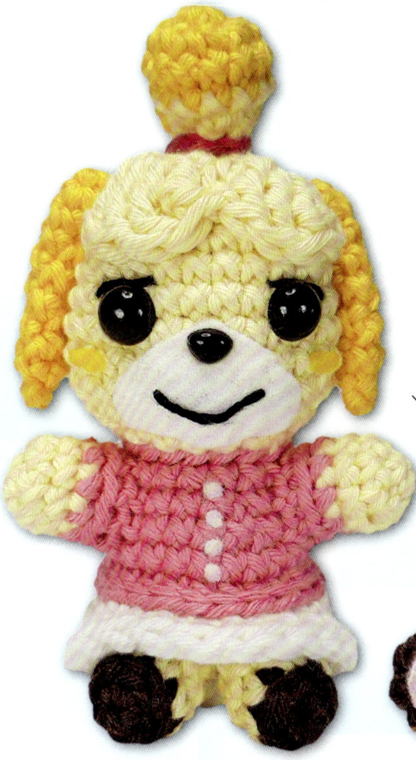

HUNDEASSISTENTIN

MARDERHUNDLEHRLING

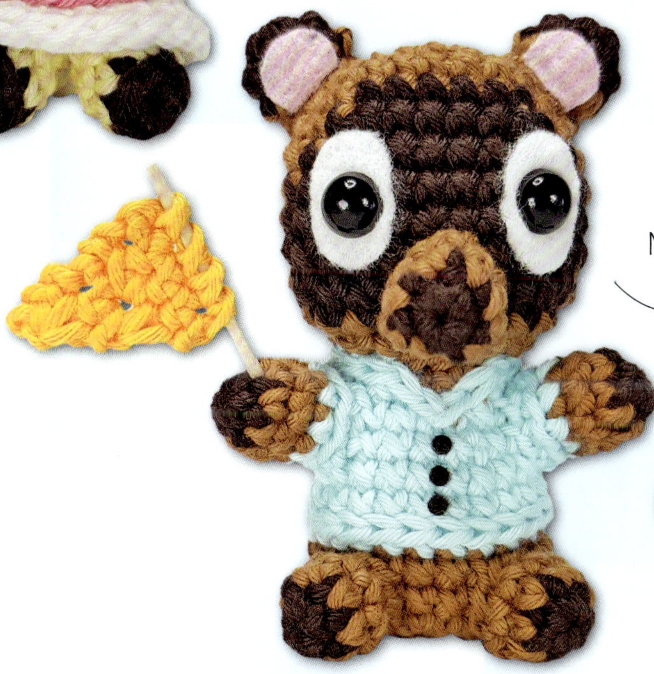

IGELSCHNEIDERIN

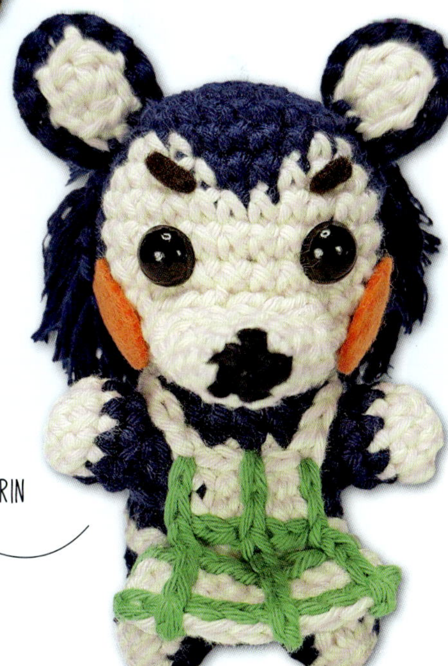

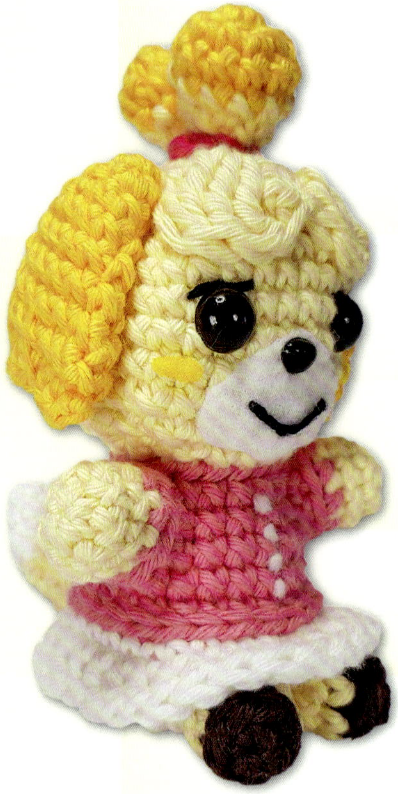

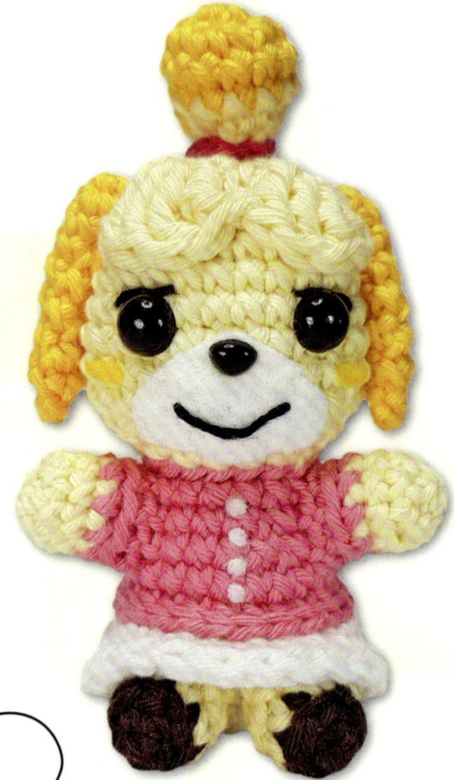

GRÖẞE:
CA. 10,5 CM

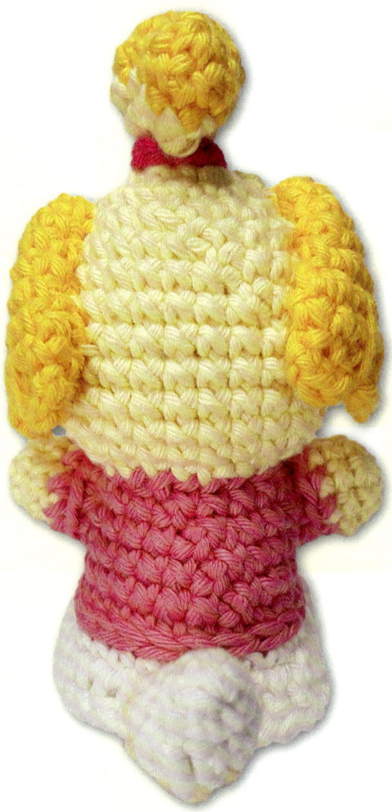

MATERIAL

- Kurtenbach „Twister Curly 8 uni" (100 % Baumwolle, LL 85 m/50 g), in Pink (Fb. 32), Sonne (Fb. 25) und Dunkelpink (Fb. 33)
- Wolle Rödel „Cotton Universal" (100 % Baumwolle, LL 85 m/50 g), in Vanille (Fb. 51), Weiß (Fb. 38) und Braun (Fb. 29)
- Häkelnadel 3,5 mm
- Wollnadel zum Vernähen
- 2 Sicherheitsaugen, 9 mm
- 1 Sicherheitsnase, 7 x 5 mm, in Schwarz
- Stickgarn in Schwarz
- Sticknadel
- Füllwatte
- Styroporkügelchen
- Filzrest, 1 mm dick, in Weiß und Gelb
- Textilkleber

Hundeassistentin

UNTER ANDEREM ALS SEKRETÄRIN DES BÜRGERMEISTERS IST IHR STETS AN EINER VERSCHÖNERUNG DER STADT UND DER ZUFRIEDENHEIT ALLER BEWOHNER GELEGEN.

KÖRPER

Mit Weiß beginnen.

1. Rd: 1 LM, 6 fM in Fadenring, KM (= 6 M)
2. Rd: 1 LM, 6x zun, KM (= 12 M)
3. Rd: 1 LM, (2x zun, 1 fM) 4x, KM (= 20 M)
4. Rd: 1 LM, (1x zun, 4 fM) 4x, KM (= 24 M)
5. und 6. Rd: 1 LM, 24 fM, KM (= 24 M)
Zu Pink wechseln.
7. Rd: 1 LM, 24 fM, KM (= 24 M)
8. Rd: 1 LM, in hint Schlaufen 24 fM, KM (= 24 M)
9. Rd: 1 LM, 24 fM, KM (= 24 M)
10. Rd: 1 LM, (4 fM, 1x abn) 4x, KM (= 20 M)
11. Rd: 1 LM, (8 fM, 1x abn) 2x, KM (= 18 M)
12. Rd: 1 LM, 18 fM, KM (= 18 M)
Faden abschneiden und vernähen.
In vord Schlaufen der 7. Rd in Weiß wie folgt häkeln:
1. Rd: 1 LM, (1x zun, 3 fM) 6x, KM (= 30 M)
2. Rd: 2 LM, 30 Stb, KM (= 30 M)
Faden abschneiden und vernähen.
1 Rd KM zwischen der 7. und 8. Rd in Pink häkeln Abb. 1 .

1

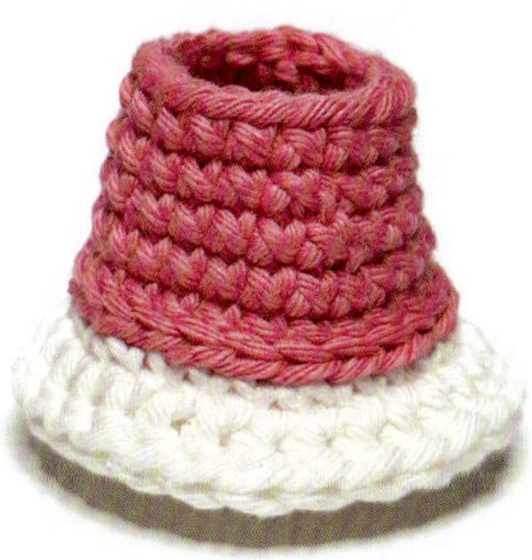

KOPF (in Vanille häkeln)

1. Rd: 6 fM in Fadenring, KM (= 6 M)
2. Rd: 1 LM, 6x zun, KM (= 12 M)
3. Rd: 1 LM, 2 fM, 3x zun, 4 fM, 2x zun, 1 fM, KM (= 17 M)
4. Rd: 1 LM, 2 fM, 1x zun, 3 fM, 1x zun, 4 fM, 1x zun, 3 fM, 1x zun, 1 fM, KM (= 21 M)
5. Rd: 1 LM, 2 fM, 1x zun, 3 fM, 1x zun, 6 fM, 1x zun, 3 fM, 1x zun, 3 fM, KM (= 25 M)
6. Rd: 1 LM, 2 fM, 1x zun, 3 fM, 1x zun, 8 fM, 1x zun, 3 fM, 1x zun, 5 fM, KM (= 29 M)
7.–10. Rd: 1 LM, 29 fM, KM (= 29 M)
11. Rd: 1 LM, 2 fM, 1x abn, 8 fM, 1x abn, 3 fM, 1x abn, 8 fM, 1x abn, KM (= 25 M)
Zwischen der 7. und 8. Rd in einem Abstand von 4 M 2 leicht abgeschrägte Linien über eine Länge von je 2 M mit schwarzem Stickgarn aufsticken.
Augen zwischen der 8. und 9. Rd in einem Abstand von 6 M einsetzen.
12. Rd: 1 LM, 1 fM, 1x abn, 6 fM, 1x abn, 3 fM, 1x abn, 6 fM, 1x abn, 1 fM, KM (= 21 M)
13. Rd: 1 LM, 1x abn, 4 fM, 1x abn, 3 fM, 1x abn, 4 fM, 1x abn, 2 fM, KM (= 17 M)

Schnauze aus weißem Filz ausschneiden Abb. 2 ; Abb. 3 und Mund mit schwarzem Stickgarn aufsticken.
Nase durch den Filz stecken und Kleber auf der Rückseite rings um die Nase aufbringen.
Die Nase zwischen der 9. und 10. Rd mittig zwischen die Augen einsetzen.
Kopf mit Füllwatte stopfen.
14. Rd: 1 LM, 4 fM, 3x abn, 3 fM, 2x abn, KM (= 12 M)
15. Rd: 6x abn, KM (= 6 M)
Faden abschneiden und vernähen.
Restliche Schnauze festkleben Abb. 4 .

ARME (2x)

Mit Vanille beginnen.
1. Rd: 6 fM in Fadenring, KM (= 6 M)
2. Rd: 1 LM, (1x zun, 2 fM) 2x, KM (= 8 M)
3. Rd: 1 LM, 8 fM, KM (= 8 M)
Zu Pink wechseln.
4. Rd: 1 LM, 8 fM, KM (= 8 M)
5. Rd: 8 KM (= 8 M)
Faden abschneiden und vernähen Abb. 5 .

BEINE (2x)

Mit Braun beginnen.
1. Rd: 6 fM in Fadenring, KM (= 6 M)
Zu Vanille wechseln.
2. Rd: 1 LM, (1x zun, 2 fM) 2x, KM (= 8 M)
3. Rd: 1 LM, 8 fM, KM (= 8 M)
1 Rd KM zwischen der 1. und 2. Rd in Braun häkeln.
Fäden abschneiden und vernähen Abb. 6 .

2
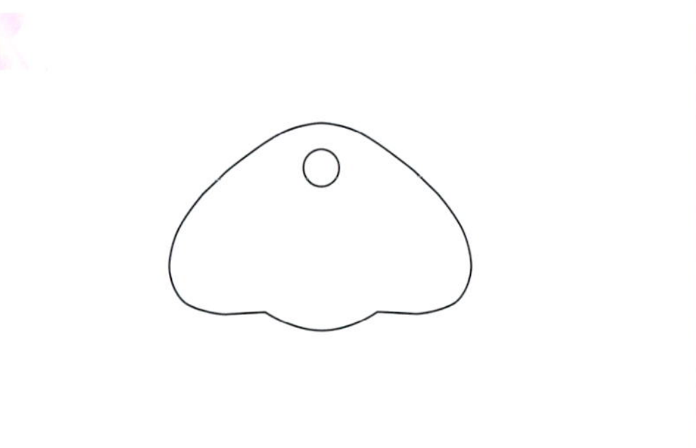

3
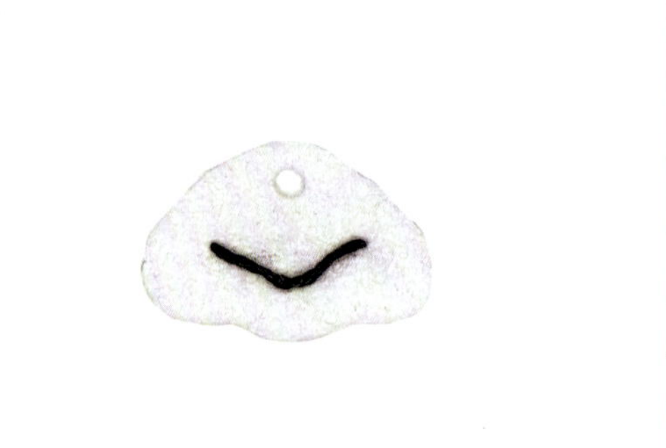

4
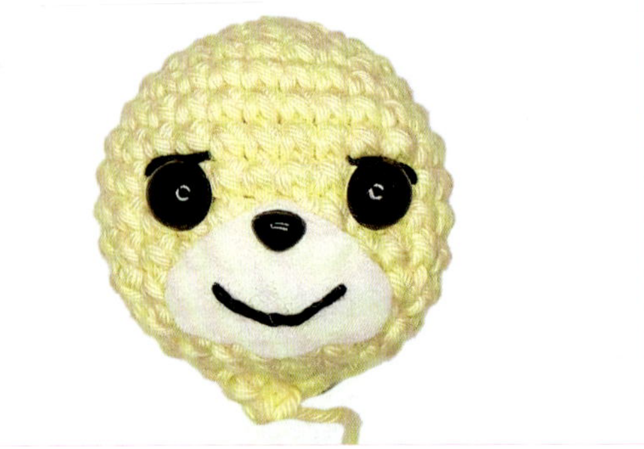

5
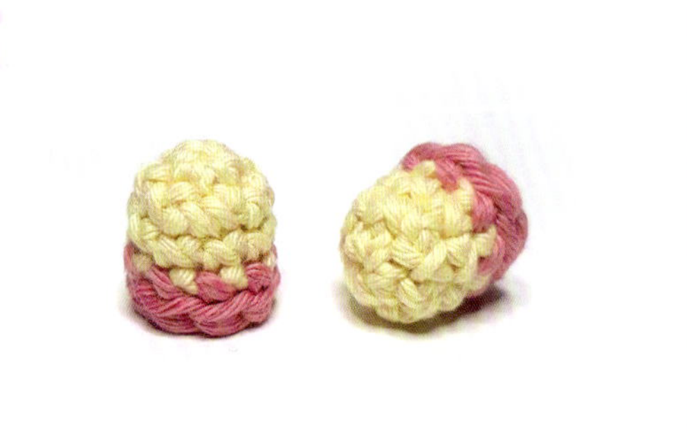

6
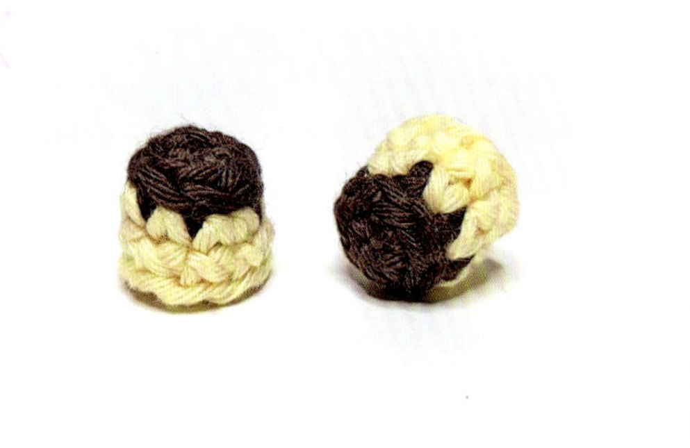

SCHWANZ

Mit Weiß beginnen.
1. Rd: 4 fM in Fadenring, KM (= 4 M)
2. Rd: 1 LM, (1x zun, 1 fM) 2x, KM (= 6 M)
3. Rd: 2 LM, 1 Stb, 2 hStb in 1 M, 2 fM, 2 hStb in 1 M, 1 Stb, KM (= 8 M)
Zu Vanille wechseln.
4. Rd: 2 LM, 2 hStb, 2 fM, 2 hStb, 2 Stb, KM (= 8 M)
5. Rd: 1 LM, (1x abn, 2 fM) 2x, KM (= 6 M)
6. Rd: 1 LM, (1 fM, 1x abn) 2x, KM (= 4 M)
Faden abschneiden und vernähen Abb. 7 .

OHREN (2x in Sonne häkeln)

1. Rd: 4 fM in Fadenring (= 4 M)
2. Rd: (1x zun, 1 fM) 2x (= 6 M)
3. Rd: (1x zun, 2 fM) 2x (= 8 M)
4. Rd: (1x zun, 3 fM) 2x (= 10 M)
5. Rd: (1x zun, 4 fM) 2x (= 12 M)
6. Rd: (1x zun, 5 fM) 2x (= 14 M)
7. Rd: (1x zun, 6 fM) 2x (= 16 M)
8. Rd: 16 fM, 1 KM (= 16 M)
Ohr falten und wie folgt in die vord Schlaufen von je 2 sich gegenüberliegenden M häkeln:
9. R: 1 LM, 8 fM, LM
Faden abschneiden, aus der LM ziehen und vernähen.

Zwischen der 6. und 7. Rd im Abstand von 2 M je einen Faden in Sonne durch das Ohr fädeln, je ein Fadenende unter der 9. Rd entlang auf die Ohrrückseite führen, festziehen und vernähen Abb. 8 .

PONY (in Vanille häkeln)

7 LM, 4 Wlm anschl
1. R: Auf der Unterseite zurückhäkeln 4 DStb in 1 M, 1 M überspr, 1 KM, 1 M überspr, 4 DStb in 1 M, 2 LM, 1 KM
Faden abschneiden und aus der KM ziehen Abb. 9 .

GROSSER DUTT

Mit Sonne beginnen.
1. Rd: 6 fM in Fadenring (= 6 M)
2. Rd: 6x zun (= 12 M)
3. Rd: 12 fM (= 12 M)
Zu Vanille wechseln.
4. Rd: 12 fM (= 12 M)
Mit Füllwatte stopfen.
5. Rd: 6x abn, KM (= 6 M)
Faden abschneiden und vernähen Abb. 10 .

7

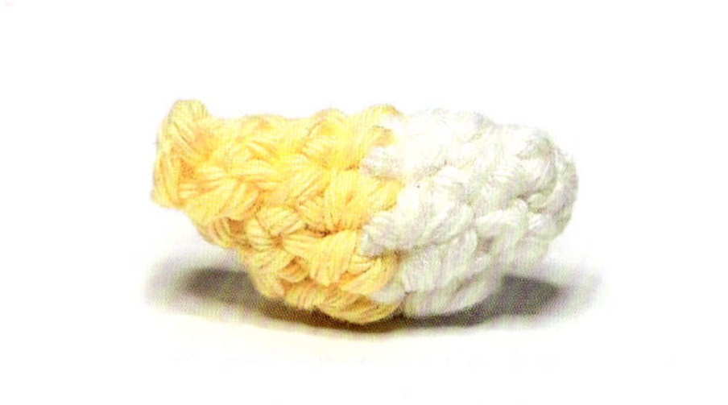

9

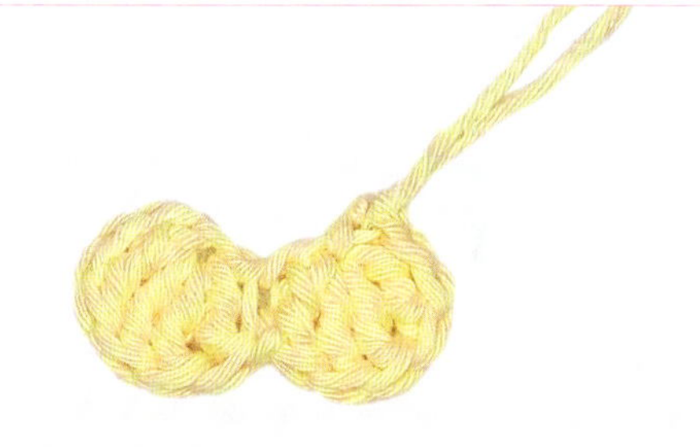

8

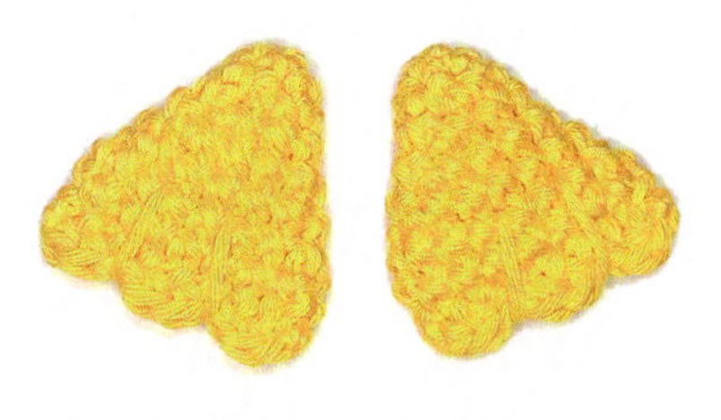

10

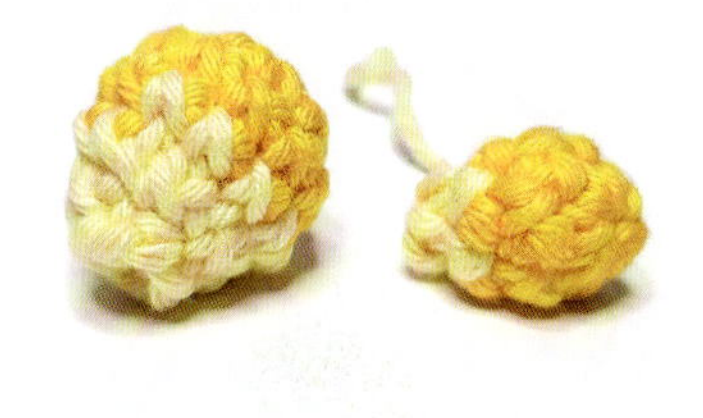

KLEINER DUTT

Mit Sonne beginnen.

1. Rd: 6 fM in Fadenring (= 6 M)

2. Rd: 6 fM (= 6 M)

Zu Vanille wechseln.

3. Rd: 6 fM (= 6 M)

Faden abschneiden und vernähen.

ZOPFGUMMI (in Dunkelpink häkeln)

6 LM anschl

Faden abschneiden und aus der LM ziehen Abb. 11 .

EINZELTEILE ZUSAMMENFÜGEN

1. Körper zu etwa einem Drittel mit Styroporkügelchen füllen, dann mit Füllwatte stopfen und an den Kopf nähen.

2. Arme (hint Schlaufen) und Beine an den Körper nähen. Die Beine müssen dabei plan mit der Unterseite des Körpers abschließen Abb. 12 .

3. Schwanz annähen. Dabei auch den Rock etwas am Po festnähen.

4. Pony annähen. Dabei im Bereich des Gesichts die Nadel durch beide Schlaufen stechen.

5. Großen Dutt mittig auf den Kopf nähen.

6. Kleinen Dutt direkt hinter den großen knoten.

7. Zopfgummi straff um die beiden Dutts legen und vernähen.

8. Ohren annähen.

9. 2 kleine Ovale aus gelbem Filz ausschneiden und auf die Wangen kleben Abb. 13 .

10. 4 kleine Kreise aus weißem Filz ausschneiden und vorne auf den Oberkörper kleben.

11

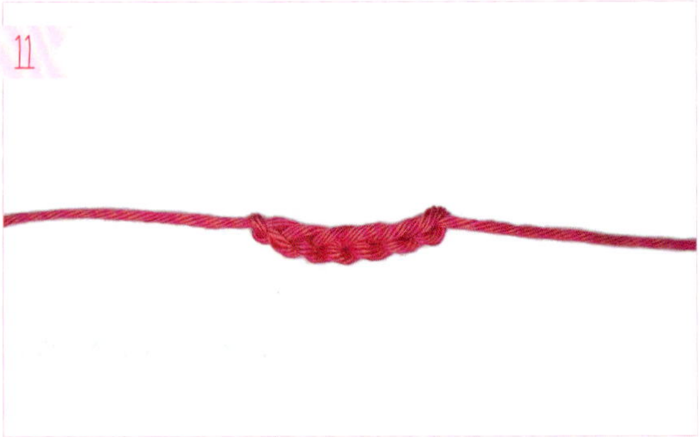

12

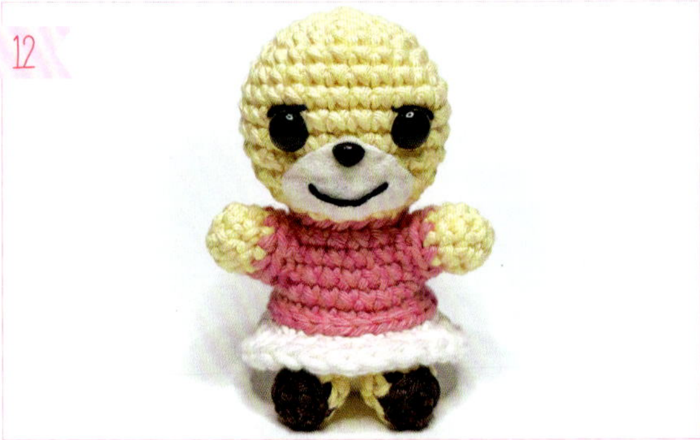

13

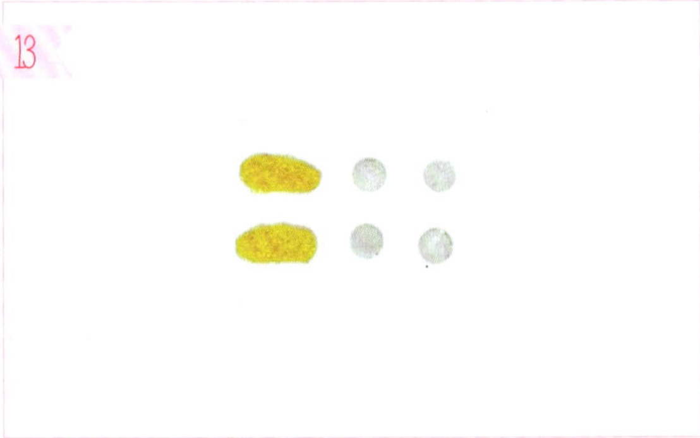

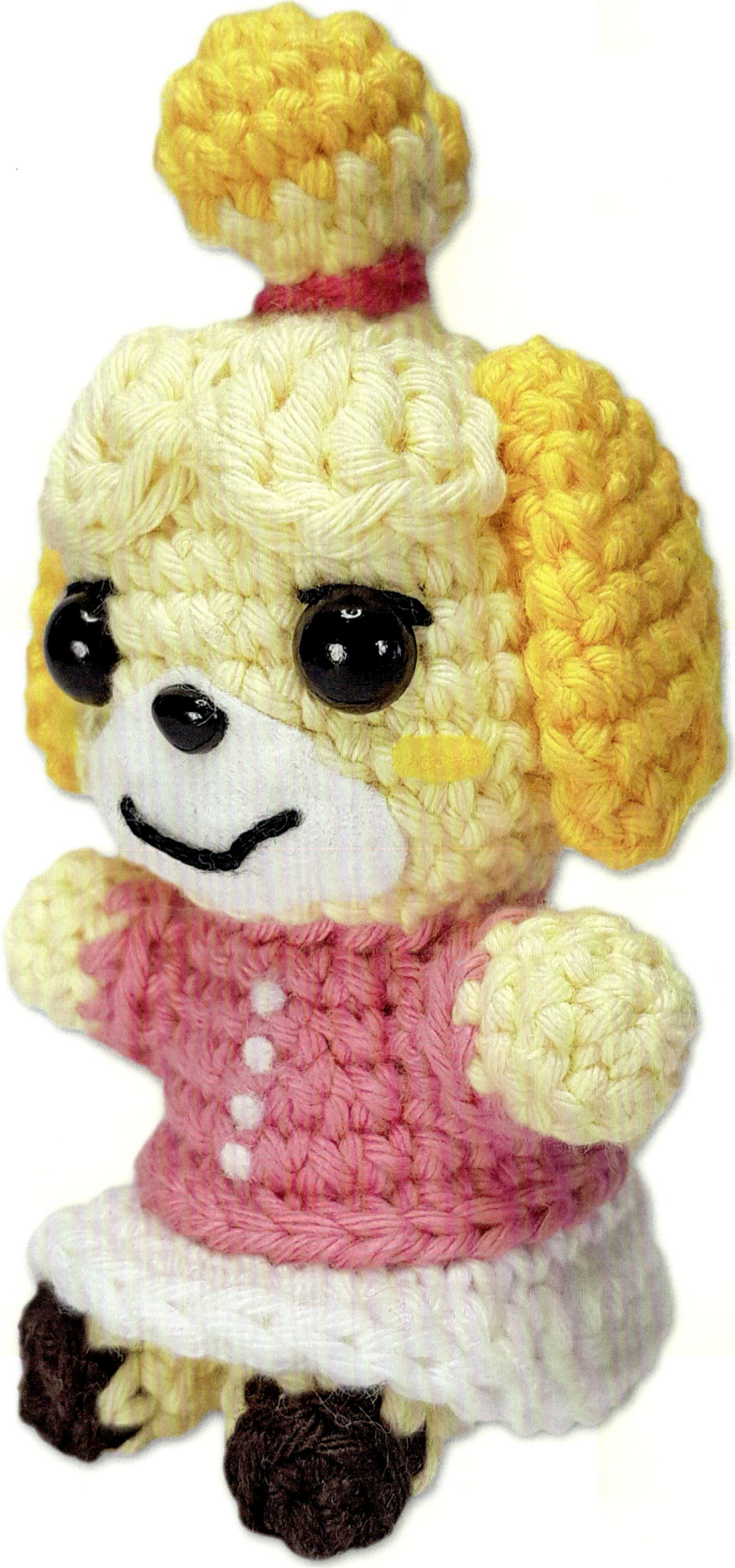

Marderhundlehrlinge

DIE BEIDEN ZWILLINGE KÜMMERN SICH UM DEN LADEN IHRES ZIEHONKELS UND ÜBERNEHMEN SPÄTER DESSEN LEITUNG.

KÖRPER

Mit Zimt beginnen.
1. Rd: 1 LM, 6 fM in Fadenring, KM (= 6 M)
2. Rd: 1 LM, 6x zun, KM (= 12 M)
3. Rd: 1 LM, (2x zun, 1 fM) 4x, KM (= 20 M)
4. Rd: 1 LM, (1x zun, 4 fM) 4x, KM (= 24 M)
5. und 6. Rd: 1 LM, 24 fM, KM (= 24 M)
Zu Helltürkis wechseln.
7.–9. Rd: 1 LM, 24 fM, KM (= 24 M)
10. Rd: 1 LM, (4 fM, 1x abn) 4x, KM (= 20 M)
Garnfarben wie angegeben wechseln:
11. Rd: 1 LM, 8 fM, in Zimt 1x abn, in Helltürkis 8 fM, 1x abn, KM (= 18 M)
12. Rd: 1 LM, 6 fM, in Zimt 3 fM, in Helltürkis 9 fM, KM (= 18 M)
Faden abschneiden und vernähen.
1 Rd KM zwischen der 7. und 8. Rd in Helltürkis häkeln.
KM entlang des Kragens sowie um den Hals herum in Helltürkis häkeln Abb. 1 .

KOPF

Mit Zimt beginnen.
1. Rd: 6 fM in Fadenring, KM (= 6 M)
2. Rd: 1 LM, 6x zun, KM (= 12 M)
3. Rd: 1 LM, 2 fM, 3x zun, 4 fM, 2x zun, 1 fM, KM (= 17 M)
4. Rd: 1 LM, 2 fM, 1x zun, 3 fM, 1x zun, 4 fM, 1x zun, 3 fM, 1x zun, 1 fM, KM (= 21 M)
Garnfarbe wie angegeben wechseln:
5. Rd: 1 LM, 2 fM, 1x zun, 3 fM, 1x zun, in Braun 6 fM, in Zimt 1x zun, 3 fM, 1x zun, 3 fM, KM (= 25 M)
6. Rd: 1 LM, 2 fM, 1x zun, 3 fM, 1x zun, in Braun 8 fM, in Zimt 1x zun, 3 fM, 1x zun, 5 fM, KM (= 29 M)
7. Rd: 1 LM, 7 fM, in Braun 10 fM, in Zimt 12 fM, KM (= 29 M)
8. Rd: 1 LM, 5 fM, in Braun 12 fM, in Zimt 12 fM, KM (= 29 M)
9. Rd: 1 LM, 4 fM, in Braun 12 fM, in Zimt 13 fM, KM (= 29 M)
10. Rd: 1 LM, 3 fM, in Braun 12 fM, in Zimt 14 fM, KM (= 29 M)
11. Rd: 1 LM, 2 fM, in Braun 1x abn, 8 fM, 1x abn, in Zimt 3 fM, 1x abn, 8 fM, 1x abn, KM (= 25 M)
Für die Augen zwei ca. 1 cm x 2 cm große Ovale aus weißem Filz ausschneiden Abb. 2 und zusammen mit den Sicherheitsaugen zwischen der 8. und 9. Rd in einem Abstand von 6 M einsetzen. Dabei den Filz festkleben.

1
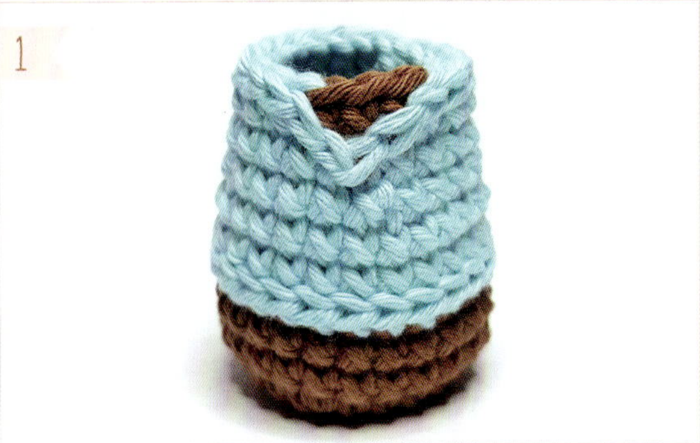

2
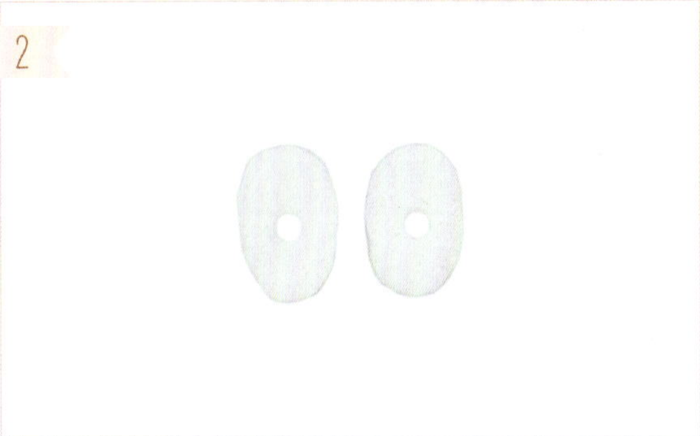

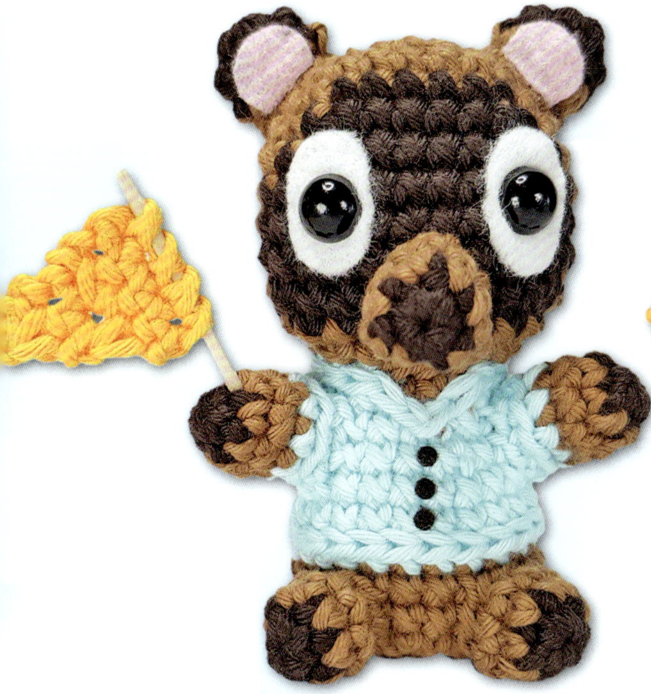

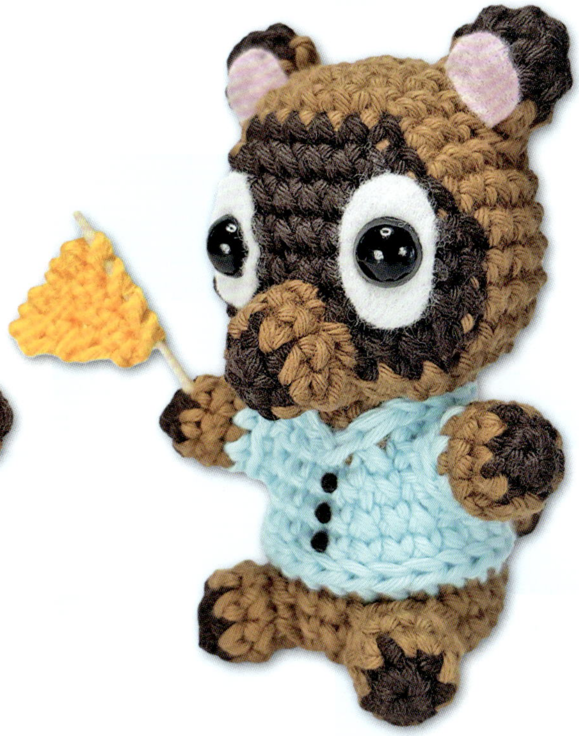

GRÖßE:
CA. 9,5 CM

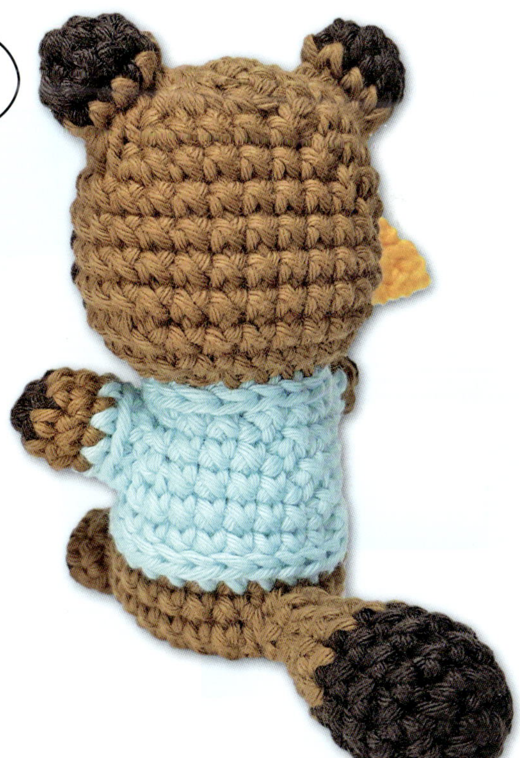

MATERIAL

- Kurtenbach „Twister Curly 8 uni“ (100 % Baumwolle, LL 85 m/50 g), in Helltürkis (Fb. 61)
- Wolle Rödel „Cotton Universal“ (100 % Baumwolle, LL 85 m/50 g), in Zimt (Fb. 57), Braun (Fb. 29) und Kürbis (Fb. 37)
- Häkelnadel 3,5 mm
- Wollnadel zum Vernähen
- 2 Sicherheitsaugen, 9 mm
- Füllwatte
- Styroporkügelchen
- Filzrest, 1 mm dick, in Weiß, Rosa und Braun
- Textilkleber
- 1 Zahnstocher

12. Rd: 1 LM, 1 fM, 1x abn, 6 fM, 1x abn, 3 fM, 1x abn, 6 fM, 1x abn, 1 fM, KM (= 21 M)
13. Rd: 1 LM, 1x abn, 4 fM, 1x abn, 3 fM, 1x abn, 4 fM, 1x abn, 2 fM, KM (= 17 M)
Kopf mit Füllwatte stopfen.
14. Rd: 1 LM, 4 fM, 3x abn, 3 fM, 2x abn, KM (= 12 M)
15. Rd: 6x abn, KM (= 6 M)
Faden abschneiden und vernähen Abb. 3 .

ARME (2x)

Mit Braun beginnen.
1. Rd: 6 fM in Fadenring, KM (= 6 M)
Zu Zimt wechseln.
2. Rd: 1 LM, (1x zun, 2 fM) 2x, KM (= 8 M)
3. Rd: 1 LM, 8 fM, KM (= 8 M)
Zu Helltürkis wechseln.
4. Rd: 1 LM, 8 fM, KM (= 8 M)
5. Rd: 8 KM (= 8 M)
Faden abschneiden und vernähen Abb. 4 .

BEINE (2x)

Mit Braun beginnen.
1. Rd: 6 fM in Fadenring, KM (= 6 M)
Zu Zimt wechseln.
2. Rd: 1 LM, (1x zun, 2 fM) 2x, KM (= 8 M)
3. Rd: 1 LM, 8 fM, KM (= 8 M)
Faden abschneiden und vernähen Abb. 5 .

OHREN (2x)

Mit Braun beginnen.
1. Rd: 6 fM in Fadenring, KM (= 6 M)
2. Rd: 1 LM, (1x zun, 2 fM) 2x, KM (= 8 M)
Zu Zimt wechseln.
3. Rd: 1 LM, 8 fM, KM (= 8 M)
Faden etwas länger abschneiden.
Ohren halbieren, sodass sich die hint Schlaufen gegenüberliegen, und mit Fadenrest die hint Schlaufen zusammennähen Abb. 6 .

SCHWANZ

Mit Braun beginnen.
1. Rd: 6 fM in Fadenring, KM (= 6 M)
2. Rd: 6x zun (= 12 M)
3.–5. Rd: 12 fM (= 12 M)
Zu Zimt wechseln.
6. Rd: (4 fM, 1x abn) 2x (= 10 M)
7. Rd: (3 fM, 1x abn) 2x (= 8 M)
Schwanz mit Füllwatte stopfen.
8. Rd: (2 fM, 1x abn) 2x (= 6 M)
9. Rd: 6 fM, KM (= 6 M)
Faden abschneiden und vernähen Abb. 7 .

3
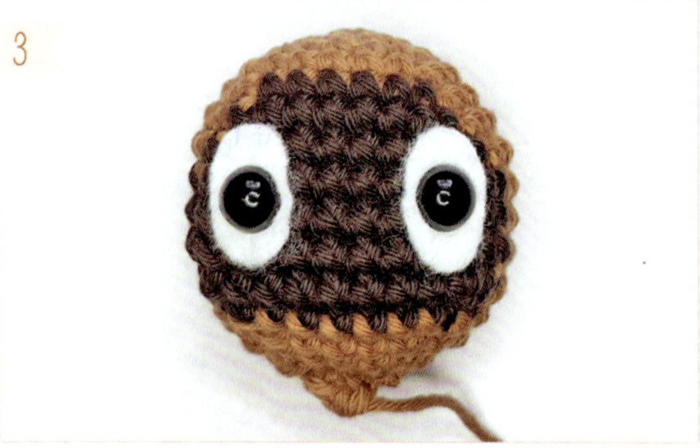

5
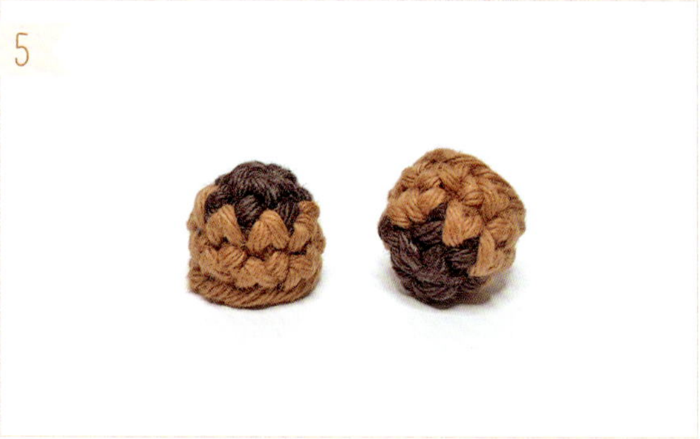

4
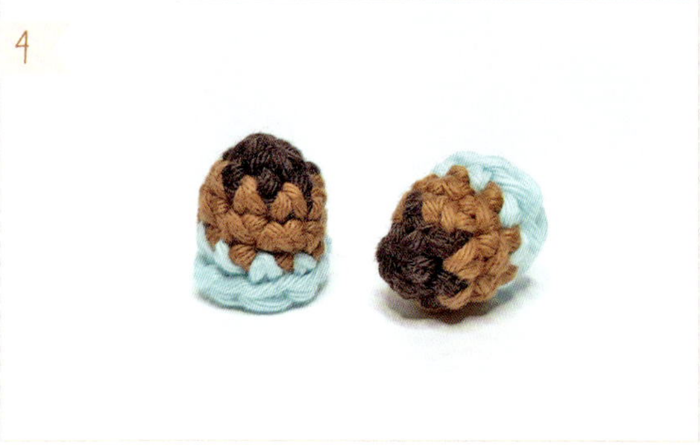

6
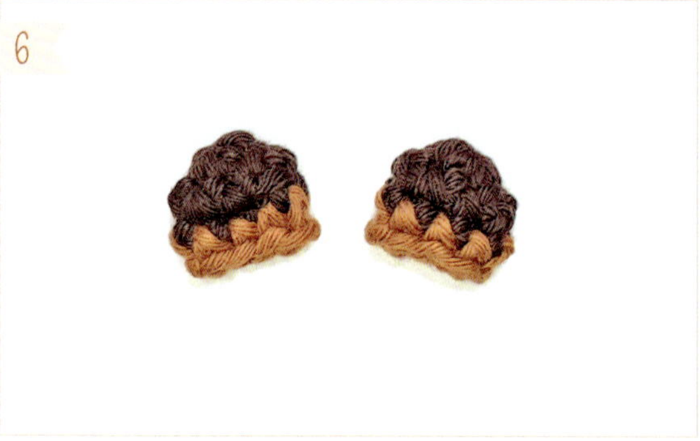

SCHNAUZE

Mit Braun beginnen.
1. Rd: 6 fM in Fadenring, KM (= 6 M)
Zu Zimt wechseln.
2. Rd: 1 LM, (1x zun, 1 fM) 3x, KM (= 9 M)
3. Rd: 1 LM, 9 fM, KM (= 9 M)
Faden abschneiden und vernähen Abb. 8 .

FÄHNCHEN (in Kürbis häkeln)

Zahnstocher auf ca. 4,5 cm Länge kürzen.
1 LM anschl
1. R: um den Zahnstocher herum 4 fM, 1 Wlm
2. R: 4 fM, 1 Wlm
3. R: 2x abn, 1 Wlm
4. R: 2 fM, 1 Wlm
5. R: 1x abn, LM
Faden abschneiden, aus der LM ziehen und vernähen Abb. 9 .

EINZELTEILE ZUSAMMENFÜGEN

1. Körper zu etwa einem Drittel mit Styroporkügelchen füllen, dann mit Füllwatte stopfen und 12. Rd an den Kopf nähen.
2. Arme (hint Schlaufen) und Beine an den Körper nähen. Die Beine müssen dabei plan mit der Unterseite des Körpers abschließen Abb. 10 .
3. Schwanz annähen.
4. Schnauze annähen.
5. Ohren annähen.
6. 2 Innenohren aus rosafarbenen Filz ausschneiden Abb. 11 und auf die Ohren kleben.
7. 3 kleine Kreise aus braunem Filz ausschneiden und vorne auf den Oberkörper kleben.
8. Fähnchen in die Hand stecken und ggf. festkleben.

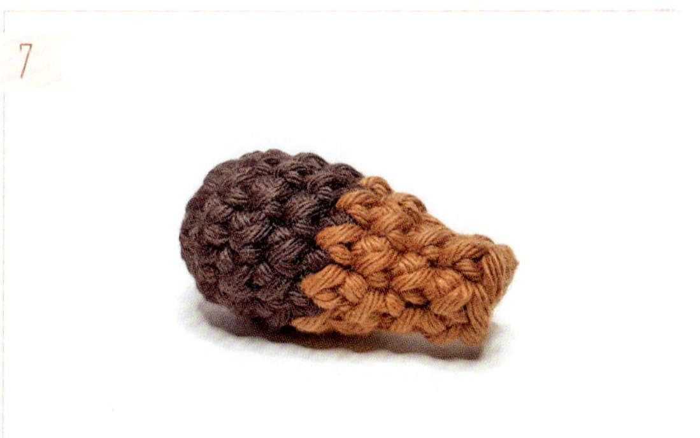
7

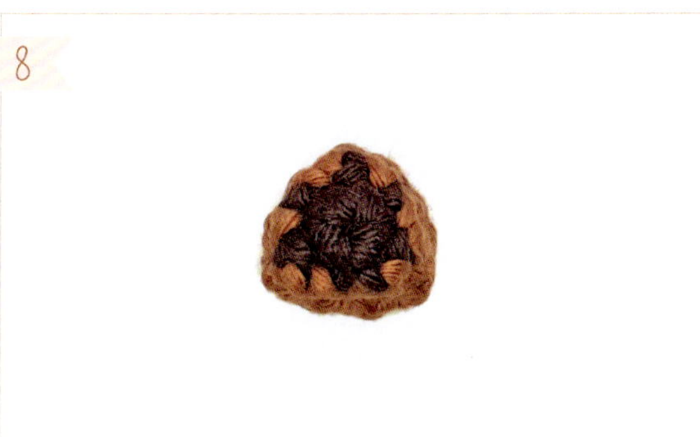
8

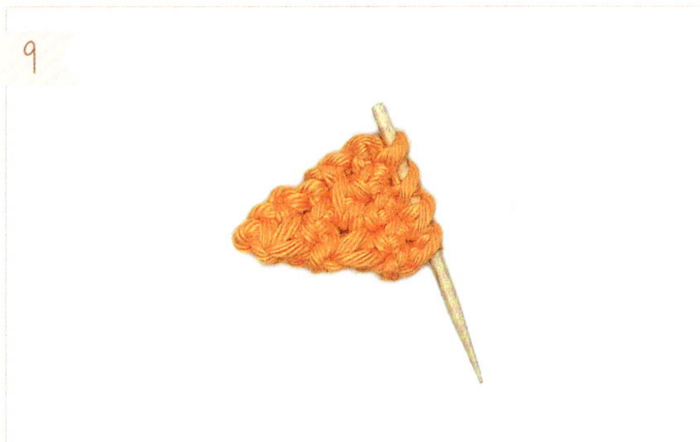
9

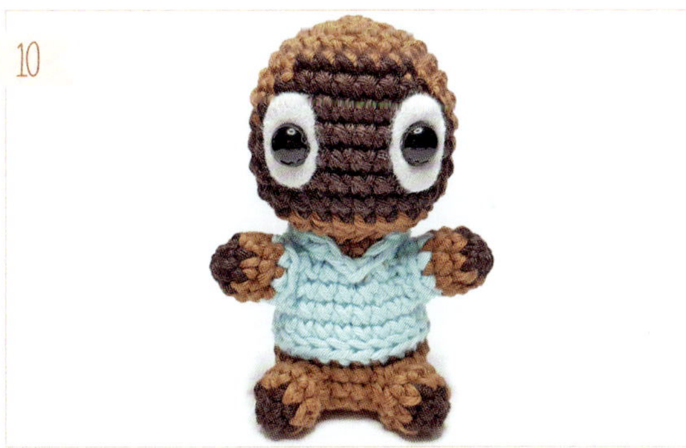
10

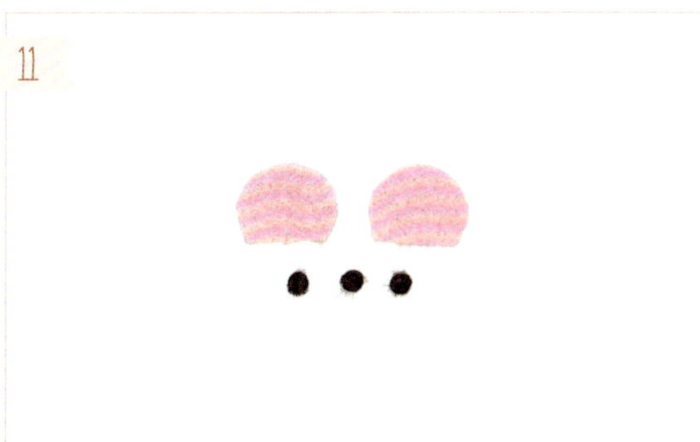
11

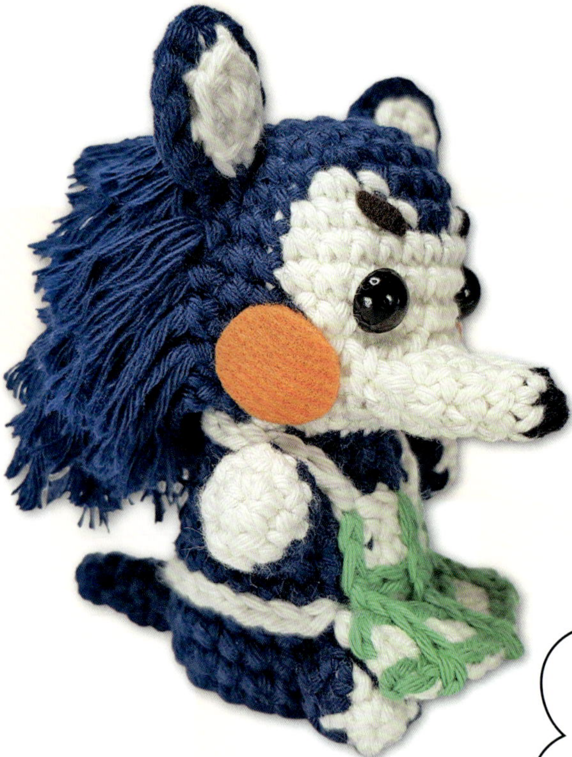

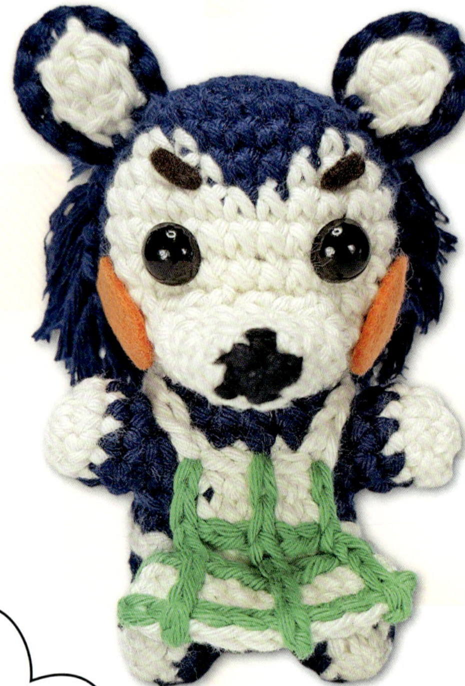

GRÖßE:
CA. 9,5 CM

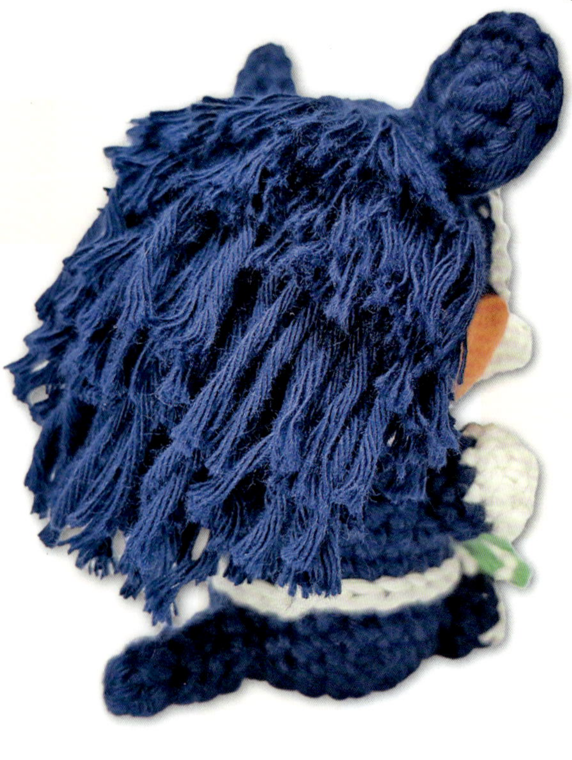

MATERIAL

- Kurtenbach „Twister Curly 8 uni“ (100 % Baumwolle, LL 85 m/50 g), in Apfel (Fb. 74)
- Wolle Rödel „Cotton Universal“ (100 % Baumwolle, LL 85 m/50 g), in Dunkelblau (Fb. 52), Natur (Fb. 31) und Schwarz (Fb. 39)
- Häkelnadel 3,5 mm
- Wollnadel zum Vernähen
- 2 Sicherheitsaugen, 9 mm
- Füllwatte
- Styroporkügelchen
- Filzrest, 1 mm dick, in Orange und Braun
- Textilkleber

Igelschneiderin

DIE KUNDENFREUNDLICHE VERKÄUFERIN IN DER FAMILIEN-SCHNEIDEREI IST DIE JÜNGSTE DER DREI SCHWESTERN, DEREN ELTERN FRÜH GESTORBEN SIND.

KÖRPER

Mit Dunkelblau beginnen.
1. Rd: 1 LM, 6 fM in Fadenring, KM (= 6 M)
2. Rd: 1 LM, 6x zun, KM (= 12 M)
3. Rd: 1 LM, (2x zun, 1 fM) 4x, KM (= 20 M)
4. Rd: 1 LM, (1x zun, 4 fM) 4x, KM (= 24 M)
5. und 6. Rd: 1 LM, 24 fM, KM (= 24 M)
Garnfarben wie angegeben wechseln:
7. Rd: 1 LM, 12 fM, in Natur 5 fM, in Dunkelblau 7 fM, KM (= 24 M)
8. Rd: 1 LM, 10 fM, in hint Schlaufen 1 fM, in Natur 5 fM, in Dunkelblau 1 fM, wieder in beide Schlaufen 7 fM, KM (= 24 M)
9. Rd: 1 LM, 10 fM, in Natur 5 fM, in Dunkelblau 9 fM, KM (= 24 M)
10. Rd: 1 LM, 4 fM, 1x abn, 3 fM, in Natur 1 fM, 1x abn, 2 fM, in Dunkelblau 2 fM, 1x abn, 4 fM, 1x abn, KM (= 20 M)
11. Rd: 1 LM, (8 fM, 1x abn) 2x, KM (= 18 M)
12. Rd: 1 LM, 18 fM, KM (= 18 M)
Faden abschneiden und vernähen.
In vord Schlaufen der 7. Rd in Natur wie folgt häkeln:
1. R: 3 fM, 1x zun, 3 fM, 1 Wlm
2. R: 8 fM, 1 Wlm
3. R: 8 fM, LM
Faden abschneiden, aus der LM ziehen und vernähen.
Zwischen der 7. und 8. Rd von der einen Seite der Schürze, hinterm Rücken entlang bis zur anderen Seite der Schürze KM in Natur häkeln.
Zwischen der 10. und 11. Rd entlang der Schürze 4 KM in Natur häkeln.
Karomuster mit KM in Apfel auf die Schürze häkeln/sticken Abb. 1 .

KOPF

Mit Dunkelblau beginnen.
1. Rd: 6 fM in Fadenring, KM (= 6 M)
2. Rd: 1 LM, 6x zun, KM (= 12 M)
3. Rd: 1 LM, 2 fM, 3x zun, 4 fM, 2x zun, 1 fM, KM (= 17 M)
4. Rd: 1 LM, 2 fM, 1x zun, 3 fM, 1x zun, 4 fM, 1x zun, 3 fM, 1x zun, 1 fM, KM (= 21 M)
Garnfarbe wie angegeben wechseln:
5. Rd: 1 LM, 2 fM, 1x zun, 3 fM, in Natur 1x zun, 1 fM, in Dunkelblau 4 fM, in Natur 1 fM, 1x zun, in Dunkelblau 3 fM, 1x zun, 3 fM, KM (= 25 M)
6. Rd: 1 LM, 2 fM, 1x zun, 3 fM, in Natur 1x zun, 3 fM, in Dunkelblau 2 fM, in Natur 3 fM, 1x zun, in Dunkelblau 3 fM, 1x zun, 5 fM, KM (= 29 M)
7. Rd: 1 LM, 6 fM, in Natur 12 fM, in Dunkelblau 11 fM, KM (= 29 M)
8. Rd: 1 LM, 5 fM, in Natur 12 fM, in Dunkelblau 12 fM, KM (= 29 M)
9. Rd: 1 LM, 5 fM, in Natur 10 fM, in Dunkelblau 14 fM, KM (= 29 M)
10. Rd: 1 LM, 4 fM, in Natur 10 fM, in Dunkelblau 15 fM, KM (= 29 M)

1

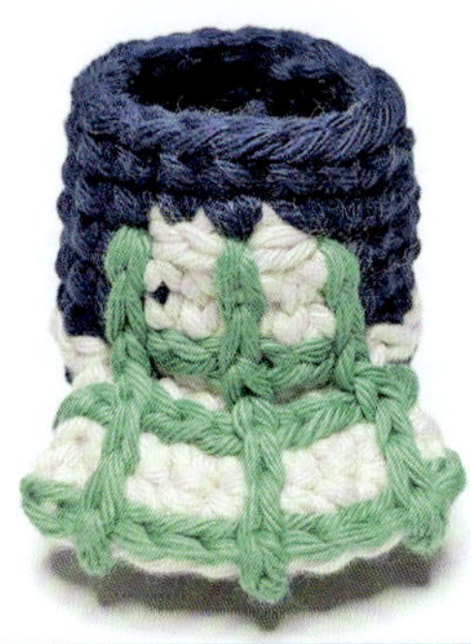

Augen zwischen der 8. und 9. Rd in einem Abstand von 6 M einsetzen.

11. Rd: 1 LM, 2 fM, in Natur 1x abn, 8 fM, 1x abn, in Dunkelblau 3 fM, 1x abn, 8 fM, 1x abn, KM (= 25 M)

12. Rd: 1 LM, in Natur 1 fM, 1x abn, 6 fM, 1x abn, 1 fM, in Dunkelblau 2 fM, 1x abn, 6 fM, 1x abn, 1 fM, in Natur KM (= 21 M)

13. Rd: 1 LM, 1x abn, 4 fM, 1x abn, 1 fM, in Dunkelblau 2 fM, 1x abn, 4 fM, 1x abn, 1 fM, in Natur 1 fM, KM (= 17 M)

Zu Dunkelblau wechseln.

Kopf mit Füllwatte stopfen.

14. Rd: 1 LM, 4 fM, 3x abn, 3 fM, 2x abn, KM (= 12 M)

15. Rd: 6x abn, KM (= 6 M)

Faden abschneiden und vernähen Abb. 2.

ARME (2x)

Mit Natur beginnen.

1. Rd: 6 fM in Fadenring, KM (= 6 M)

2. Rd: 1 LM, (1x zun, 2 fM) 2x, KM (= 8 M)

Zu Dunkelblau wechseln.

3. und 4. Rd: 1 LM, 8 fM, KM (= 8 M)

Faden abschneiden und vernähen Abb. 3.

BEINE (2x)

Mit Natur beginnen.

1. Rd: 6 fM in Fadenring, KM (= 6 M)

Zu Dunkelblau wechseln.

2. Rd: 1 LM, (1x zun, 2 fM) 2x, KM (= 8 M)

3. Rd: 1 LM, 8 fM, KM (= 8 M)

Faden abschneiden und vernähen Abb. 4.

OHREN (2x)

Vordere Hälfte (in Natur häkeln)

1. Rd: 1 fM, 1 hStb, 2 Stb, 1 hStb, 1 fM in Fadenring, KM (= 6 M)

Faden abschneiden und vernähen.

Hintere Hälfte (in Dunkelblau häkeln)

1. Rd: 1 fM, 1 hStb, 2 Stb, 1 hStb, 1 fM in Fadenring, KM (= 6 M)

Vordere und hintere Hälfte aufeinanderlegen und wie folgt in jeweils beide Schlaufen der dunkelblauen Hälfte und hint Schlaufen der naturfarbenen Hälfte gleichzeitig häkeln:

2. Rd: 1 LM, 5x zun, KM

Faden abschneiden und vernähen Abb. 5.

2

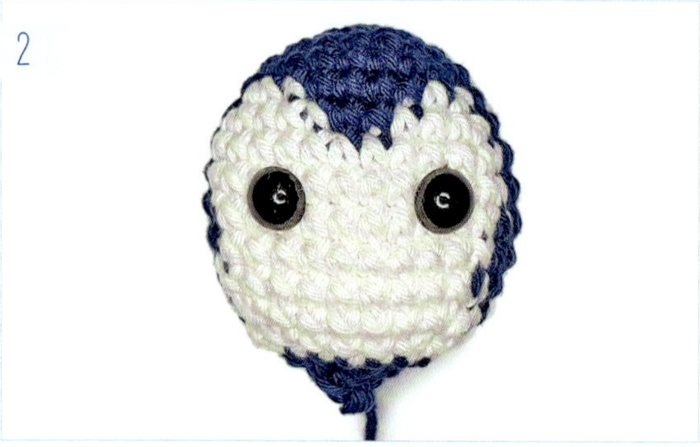

4

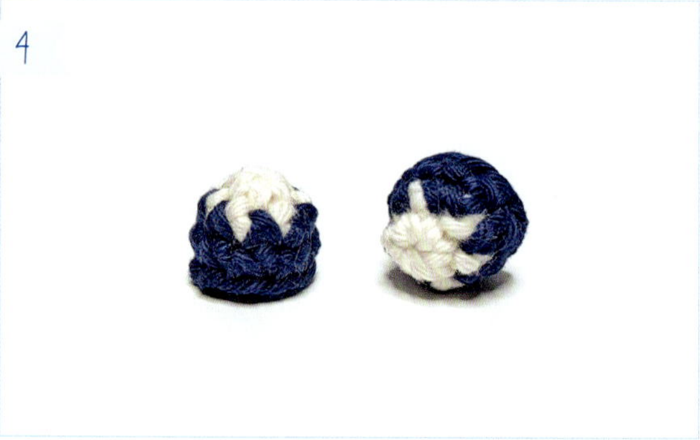

3

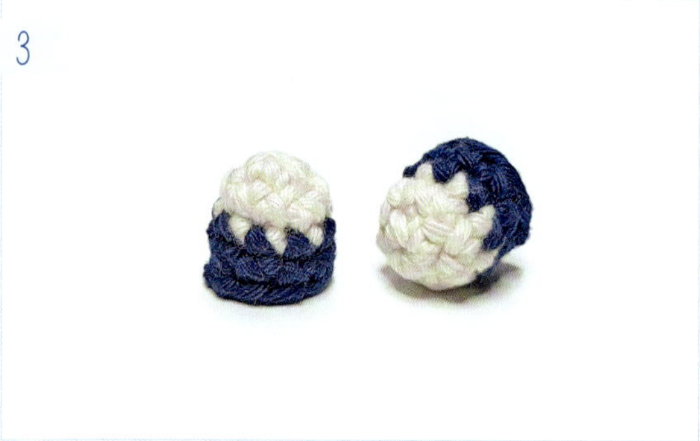

5

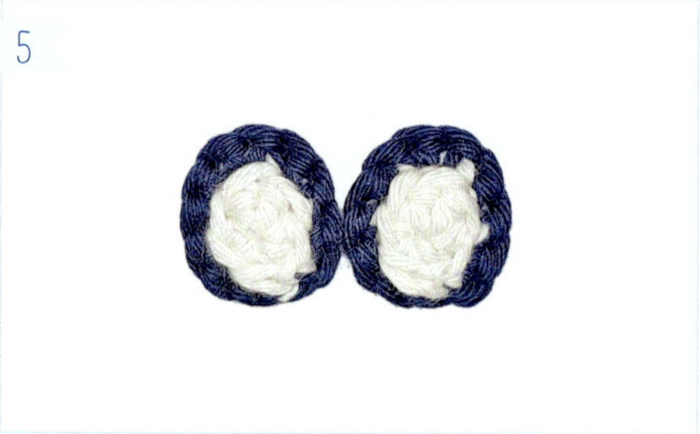

SCHWANZ (in Dunkelblau häkeln)

1. Rd: 4 fM in Fadenring (= 4 M)
2. Rd: 4 fM (= 4 M)
3. Rd: 1x zun, 3 fM (= 5 M)
4. Rd: 5 fM (= 5 M)
5. Rd: 1x zun, 4 fM, KM (= 6 M)
Faden abschneiden und vernähen Abb. 6 .

SCHNAUZE

Mit Schwarz beginnen.
1. Rd: 4 fM in Fadenring (= 4 M)
Zu Natur wechseln.
2. Rd: (1x zun, 1 fM) 2x (= 6 M)
3. Rd: (1x zun, 2 fM) 2x (= 8 M)
4. Rd: (1x zun, 3 fM) 2x (= 10 M)
5. Rd: (1x zun, 4 fM) 2x (= 12 M)
6. Rd: (1x zun, 5 fM) 2x, KM (= 14 M)
Faden abschneiden und vernähen Abb. 7 .

EINZELTEILE ZUSAMMENFÜGEN

1. Körper zu etwa einem Drittel mit Styroporkügelchen füllen, dann mit Füllwatte stopfen und an den Kopf nähen.
2. Arme und Beine an den Körper nähen. Die Beine müssen dabei plan mit der Unterseite des Körpers abschließen Abb. 8 .
3. Schwanz annähen.
4. In Natur 16 LM häkeln, um den Hals legen und Enden jeweils an den vorderen oberen Ecken der Schürze vernähen.
5. Schnauze annähen.
6. Ohren annähen.
7. Für die Haare ganz viele Fäden in 7 cm, 10 cm und 12 cm Länge abschneiden und auf den Hinterkopf knüpfen. Dabei mit den kurzen Strähnen außen beginnen Abb. 9 und im Verlauf zur Mitte des Hinterkopfs (= weiße Stecknadel) hin längere Strähnen benutzen.
8. 2 ca. 2 cm große Kreise aus orangem Filz ausschneiden Abb. 10 und auf die Wangen kleben.
9. 2 Augenbrauen aus braunem Filz ausschneiden und über die Augen kleben.

6
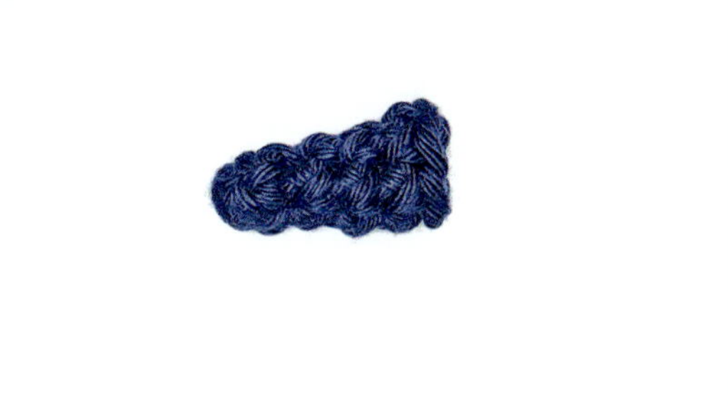

7
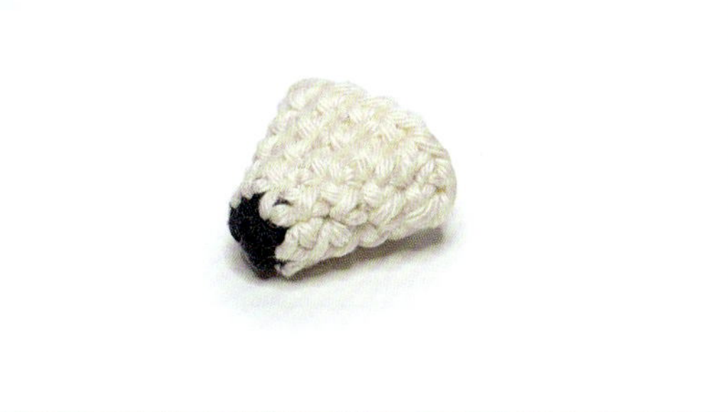

8
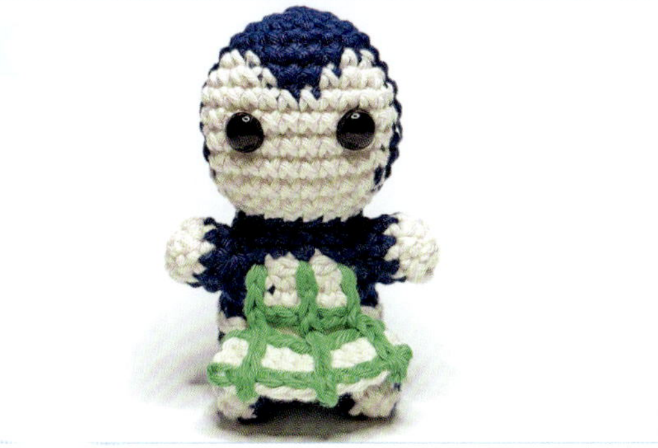

9
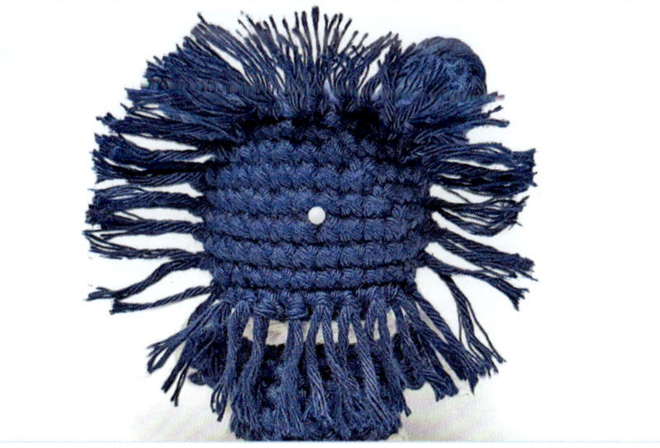

10

„The Legend of Zelda"-Spielreihe

Es wird erzählt, dass die Welt von drei Göttinnen erschaffen wurde. Diese erschufen auch das „Triforce", ein magisches Objekt bestehend aus drei goldenen Dreiecken, die jeweils für die Tugenden der Göttinnen, Kraft, Weisheit und Mut, stehen. Wer all diese Tugenden besitzt, dem erfüllt das Triforce einen Wunsch. Andernfalls zerfällt es in seine drei Einzelteile. Über die Zeit hat sich das Triforce verschiedene Träger seiner einzelnen Dreiecke gesucht, wie Prinzessin Zelda von Hyrule als Verkörperung der Weisheit, den Helden Link als Verkörperung des Mutes sowie den dämonischen Hexenmeister Ganondorf, König der Gerudo, als Verkörperung der Kraft. In den Nintendo-Spielen schlüpft man in die Rolle des mutigen Helden Link, dem oft ein Begleiter mit Rat und Info zur Seite steht. Link muss mit Hilfe von Schwert und Schild Hyrule, ein magisches Mittelalter-Königreich, und weitere Länder vor verschiedenen Bedrohungen retten, die sich meist um das Triforce drehen. Dabei ist es oft seine Aufgabe Zelda aus Ganons Gewalt zu retten. The Legend of Zelda ist ein Action-basiertes Spiel mit Rollenspiel-Elementen, in dem man Dungeons voller Rätsel erkundet, Bösewichte bekämpft und Geheimnisse aufdeckt. Die verschiedenen Teile der Spielreihe spielen zu unterschiedlichen Zeitepochen, weshalb es sich bei den Protagonisten meist um Reinkarnationen handelt. Jedes Spiel erzählt einen Teil der Geschichte von Hyrule. Das erste Spiel der Reihe erschien bereits 1986. Bis heute führt der Teil „Ocarina of Time" die Liste der besten Videospiele aller Zeiten an und die Spielreihe selbst gilt als bisher erfolgreichste Action-Adventure-Reihe.

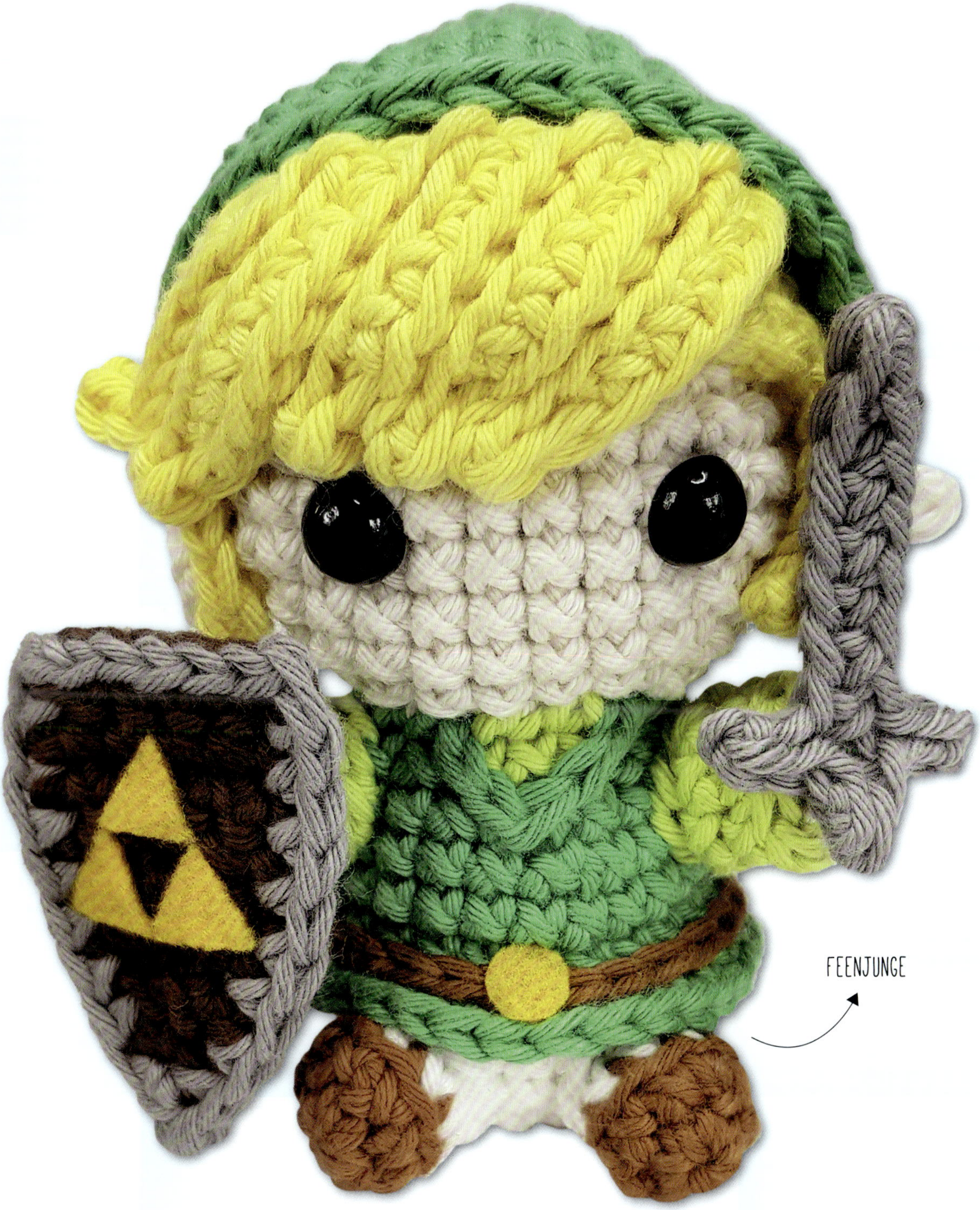
FEENJUNGE

Feenjunge

DAS AUSSEHEN DES VON DER GÖTTIN AUSERWÄHLTEN HELDEN VARIIERT VON SPIEL ZU SPIEL LEICHT, JEDOCH IST ER STETS MIT SCHWERT UND SCHILD AUSGERÜSTET.

KÖRPER

Mit Weiß beginnen.
1. Rd: 1 LM, 6 fM in Fadenring, KM (= 6 M)
2. Rd: 1 LM, 6x zun, KM (= 12 M)
3. Rd: 1 LM, (2x zun, 1 fM) 4x, KM (= 20 M)
4. Rd: 1 LM, (1x zun, 4 fM) 4x, KM (= 24 M)
5. und 6. Rd: 1 LM, 24 fM, KM (= 24 M)
Zu Apfel wechseln.
7. Rd: 1 LM, 24 fM, KM (= 24 M)
8. Rd: 1 LM, in hint Schlaufen 24 fM, KM (= 24 M)
9. Rd: 1 LM, 24 fM, KM (= 24 M)
10. Rd: 1 LM, (4 fM, 1x abn) 4x, KM (= 20 M)
Garnfarben wie angegeben wechseln:
11. Rd: 1 LM, 8 fM, in Pistazie 1x abn, in Apfel 8 fM, 1x abn, KM (= 18 M)
12. Rd: 1 LM, 6 fM, in Pistazie 3 fM, in Apfel 9 fM, KM (= 18 M)
Faden abschneiden und vernähen.
1 LM anschl und KM entlang des Kragens in Apfel häkeln.
In vord Schlaufen der 7. Rd in Apfel häkeln:
1. Rd: 1 LM, (1x zun, 3 fM) 6x, KM (= 30 M)
Faden abschneiden und vernähen.
1 Rd KM zwischen der 7. und 8. Rd in Zimt häkeln Abb. 1 .

KOPF (in Natur häkeln)

1. Rd: 6 fM in Fadenring, KM (= 6 M)
2. Rd: 1 LM, 6x zun, KM (= 12 M)
3. Rd: 1 LM, 2 fM, 3x zun, 4 fM, 2x zun, 1 fM, KM (= 17 M)
4. Rd: 1 LM, 2 fM, 1x zun, 3 fM, 1x zun, 4 fM, 1x zun, 3 fM, 1x zun, 1 fM, KM (= 21 M)
5. Rd: 1 LM, 2 fM, 1x zun, 3 fM, 1x zun, 6 fM, 1x zun, 3 fM, 1x zun, 3 fM, KM (= 25 M)
6. Rd: 1 LM, 2 fM, 1x zun, 3 fM, 1x zun, 8 fM, 1x zun, 3 fM, 1x zun, 5 fM, KM (= 29 M)
7.–10. Rd: 1 LM, 29 fM, KM (= 29 M)
11. Rd: 1 LM, 2 fM, 1x abn, 8 fM, 1x abn, 3 fM, 1x abn, 8 fM, 1x abn, KM (= 25 M)
Augen zwischen der 9. und 10. Rd in einem Abstand von 6 M einsetzen.
12. Rd: 1 LM, 1 fM, 1x abn, 6 fM, 1x abn, 3 fM, 1x abn, 6 fM, 1x abn, 1 fM, KM (= 21 M)
13. Rd: 1 LM, 1x abn, 4 fM, 1x abn, 3 fM, 1x abn, 4 fM, 1x abn, 2 fM, KM (= 17 M)
Kopf mit Füllwatte stopfen.
14. Rd: 1 LM, 4 fM, 3x abn, 3 fM, 2x abn, KM (= 12 M)
15. Rd: 6x abn, KM (= 6 M)
Faden abschneiden und vernähen Abb. 2 .

1

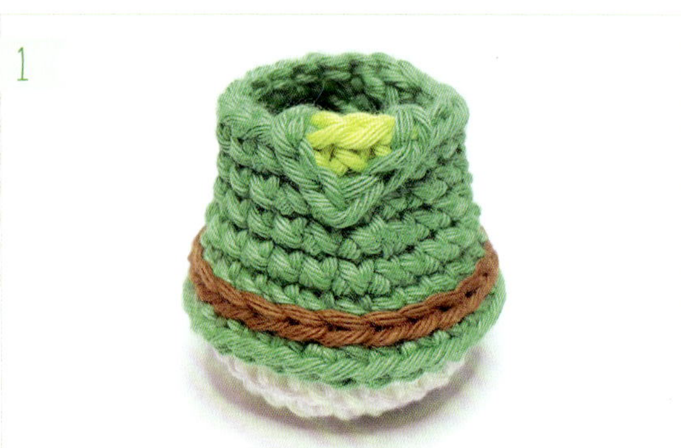

2

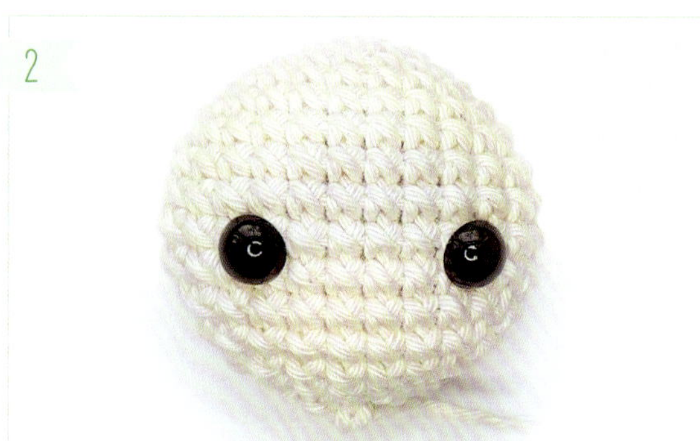

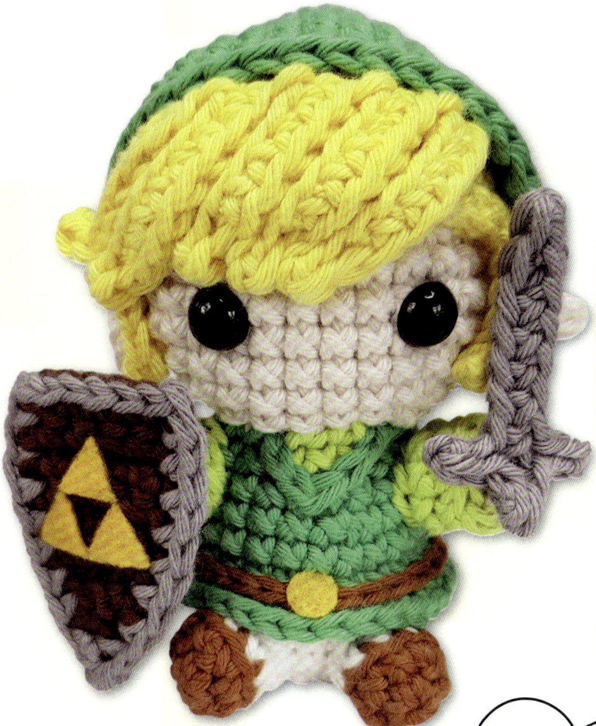

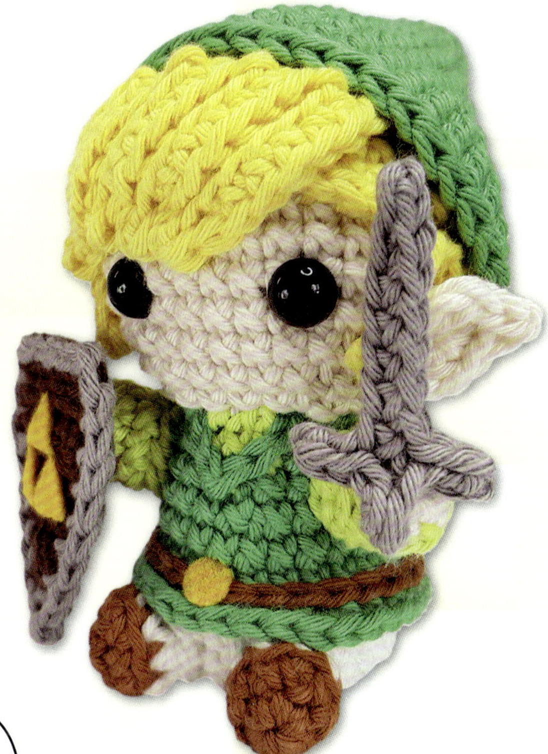

GRÖßE:
CA. 10,5 CM

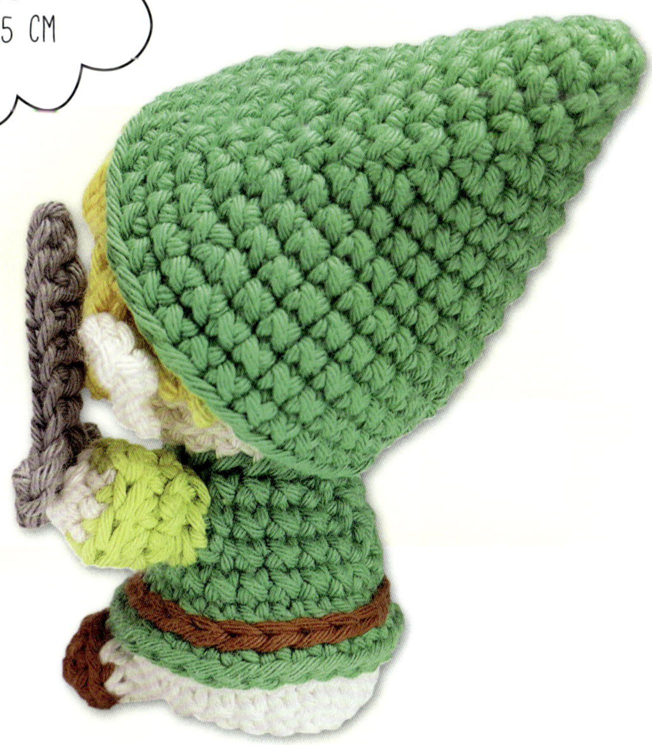

MATERIAL

- Kurtenbach „Twister Curly 8 uni“ (100 % Baumwolle, LL 85 m/50 g), in Apfel (Fb. 74), Pistazie (Fb. 71), Braun (Fb. 88) und Mausgrau (Fb. 18)
- Wolle Rödel „Cotton Universal“ (100 % Baumwolle, LL 85 m/50 g), Natur (Fb. 31), Banane (Fb. 34), Zimt (Fb. 57) und Weiß (Fb. 38)
- Häkelnadel 3,5 mm
- Wollnadel zum Vernähen
- 2 Sicherheitsaugen, 9 mm
- Füllwatte
- Styroporkügelchen
- Nähgarn in Gelb
- Nähnadel
- Filzrest, 1 mm dick, in Gelb
- Textilkleber

HAARE (in Banane häkeln)

1. Rd: 6 fM in Fadenring (= 6 M)
2. Rd: 6x zun (= 12 M)
3. Rd: 1 fM, 3x zun, 3 fM, 3x zun, 2 fM (= 18 M)
4. Rd: (1x zun, 2 fM) 6x (= 24 M)
5. Rd: 2 fM, (1x zun, 5 fM) 3x, 1x zun, 3 fM (= 28 M)
6. Rd: 3 fM, (1x zun, 6 fM) 3x, 1x zun, 3 fM (= 32 M)
7. Rd: 7 fM, 1x zun, 3 fM, in hint Schlaufen 10 fM, wieder in beide Schlaufen 2 fM, 1x zun, 8 fM (= 34 M)
8. Rd: 34 fM (= 34 M)
9. Rd: 34 fM, KM (= 34 M)
Im Folgenden immer auf der Unterseite der LM zurückhäkeln:
10. Rd: In vord Schlaufen der 9. Rd. 1 LM, 1 Wlm, 1 KM, 1 KM in 2 M gleichzeitig*, 2 LM, 1 Wlm, 2 KM, 1 KM in 2 M gleichzeitig*, (3 LM, 1 Wlm, 3 KM, 1 KM in 2 M gleichzeitig*) 2x, 5 LM, 1 Wlm, 5 KM, 1 KM in 2 M gleichzeitig*, 12 KM, 5 LM, 1 Wlm, 5 KM, 1 KM in 2 M gleichzeitig*, (3 LM, 1 Wlm, 3 KM, 1 KM in 2 M gleichzeitig*) 2x, 2 LM, 1 Wlm, 2 KM, 1 KM in 2 M gleichzeitig*, (1 LM, 1 Wlm, 1 KM, 1 KM in 2 M gleichzeitig*) 2x
Faden abschneiden und vernähen.
In die 10 vord Schlaufen der 6. Rd. häkeln:
8 LM, 1 Wlm, 1 KM, 7 fM, 1 KM in 2 M gleichzeitig*,
9 LM, 1 Wlm, 1 KM, 8 fM, 1 KM in 2 M gleichzeitig*,
7 LM, 1 Wlm, 1 KM, 6 fM, 1 KM in 2 M gleichzeitig*,
8 LM, 1 Wlm, 1 KM, 7 fM, 1 KM in 2 M gleichzeitig*,
8 LM, 1 Wlm, 1 KM, 7 fM
Faden abschneiden und vernähen.
(* vgl. unsichtbares Abnehmen) Abb. 3

ARME (2x)

Mit Natur beginnen.
1. Rd: 6 fM in Fadenring, KM (= 6 M)
Zu Pistazie wechseln.
2. Rd: 1 LM, (1x zun, 2 fM) 2x, KM (= 8 M)
3. und 4. Rd: 1 LM, 8 fM, KM (= 8 M)
Faden abschneiden und vernähen.
1 Rd KM zwischen der 2. und 3. Rd in Pistazie häkeln Abb. 4 .

BEINE (2x)

Mit Zimt beginnen.
1. Rd: 6 fM in Fadenring, KM (= 6 M)
2. Rd: 1 LM, (1x zun, 2 fM) 2x, KM (= 8 M)
Zu Weiß wechseln.
3. Rd: 1 LM, in hint Schlaufen 8 fM, KM (= 8 M)
Faden abschneiden und vernähen Abb. 5 .

RECHTES OHR (in Natur häkeln)

1. Rd: (2 LM, 1 Stb, 1 LM, 1 KM in vord Schlaufe des vorh Stb, 1 Stb, 1 fM, 2 hStb) in Fadenring, LM Faden abschneiden, aus der LM ziehen und durch die Mitte des Fadenrings nach hinten fädeln Abb. 6 .

3

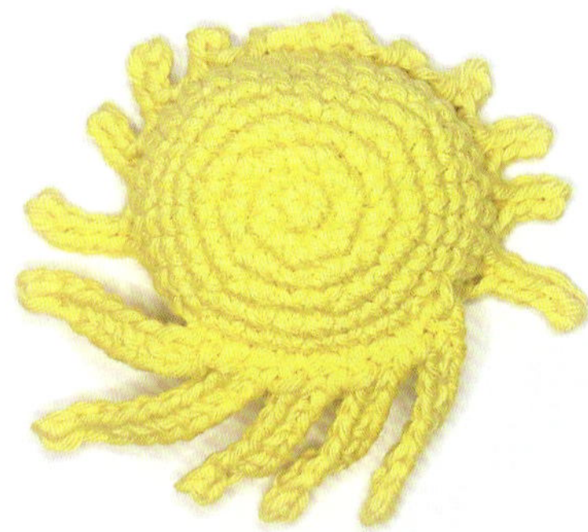

4

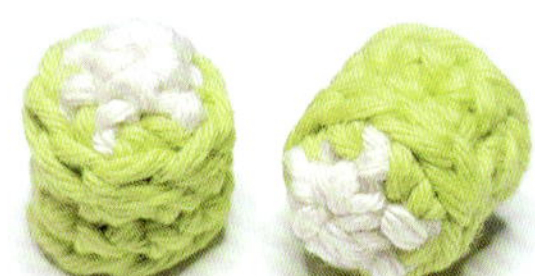

5

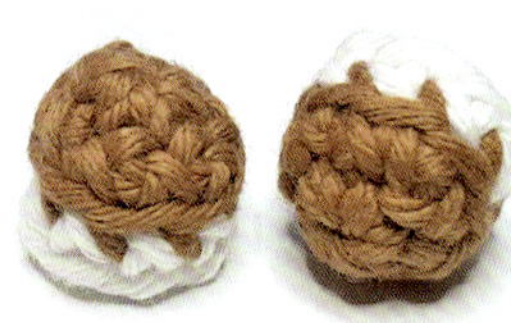

LINKES OHR (in Natur häkeln)

1. Rd: (2 LM, 1 hStb, 1 fM, 1 Stb, 1 LM, 1 KM in vord Schlaufe des vorh Stb, 1 Stb, 1 hStb) in Fadenring, LM
Faden abschneiden, aus der LM ziehen und durch die Mitte des Fadenrings nach hinten fädeln.

MÜTZE (in Apfel häkeln)

1. Rd: 4 fM in Fadenring (= 4 M)
2. Rd: (1x zun, 1 fM) 2x (= 6 M)
3. Rd: (1x zun, 1 fM) 3x (= 9 M)
4. Rd: (1x zun, 2 fM) 3x (= 12 M)
5. Rd: (1x zun, 3 fM) 3x (= 15 M)
6. Rd: (1x zun, 4 fM) 3x (= 18 M)
7. Rd: (1x zun, 5 fM) 3x (= 21 M)
8. Rd: (1x zun, 6 fM) 3x (= 24 M)
9. Rd: (1x zun, 7 fM) 3x (= 27 M)
10. Rd: (1x zun, 8 fM) 3x (= 30 M)
11. Rd: (1x zun, 9 fM) 3x (= 33 M)
12. Rd: (1x zun, 10 fM) 3x (= 36 M)
13. Rd: 9 fM, 1x zun, 17 fM, 1x zun, 8 fM (= 38 M)
14. Rd: 38 fM (= 38 M)
15. Rd: 38 fM, KM (= 38 M)
Faden abschneiden und vernähen Abb. 7 .

SCHILD

Wichtig für das unsichtbare Abn: Beim Häkeln der ungeraden Reihen schaut man auf die Schildinnenseite, bei den geraden auf die Schildaußenseite.
Mit Braun beginnen.
5 LM, 1 Wlm anschl
1. R: Auf der Unterseite zurückhäkeln 5 fM, 1 Wlm
2.–5. R: 5 fM, 1 Wlm
6. R: 1 fM, 1x abn, 2 fM, 1 Wlm
7. R: 1 fM, 1x abn, 1 fM, 1 Wlm
8. R: 1 fM in 3 M gleichzeitig, LM
Faden abschneiden und aus der LM ziehen.
Mit Mausgrau beim braunen Anfangsfaden beginnen und entlang der Schrägen einmal um das Schild wie folgt herumhäkeln:
1 LM, 7 fM, 1x zun, 1 LM, 1 KM in vord Schlaufe der vorh fM, 9 fM, 5 KM
Faden abschneiden und vernähen Abb. 8 .

SCHWERT (in Mausgrau häkeln)

Im Folgenden immer auf der Unterseite der LM zurückhäkeln:
4 LM, 1 Wlm anschl, wenden, 2 KM, 7 LM, 1 Wlm, wenden, 1 KM, 6 fM, 2 LM, 1 Wlm, wenden, 4 KM, LM
Faden abschneiden, aus der LM ziehen und vernähen.

6
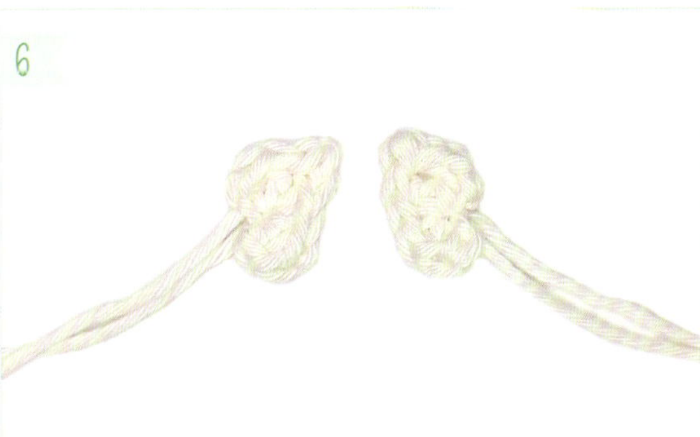

7
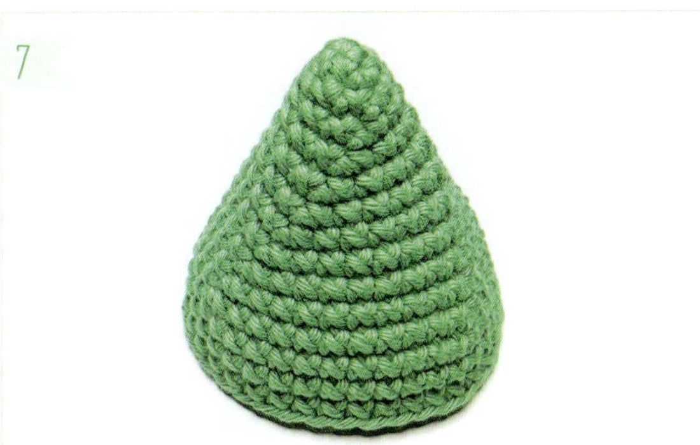

8
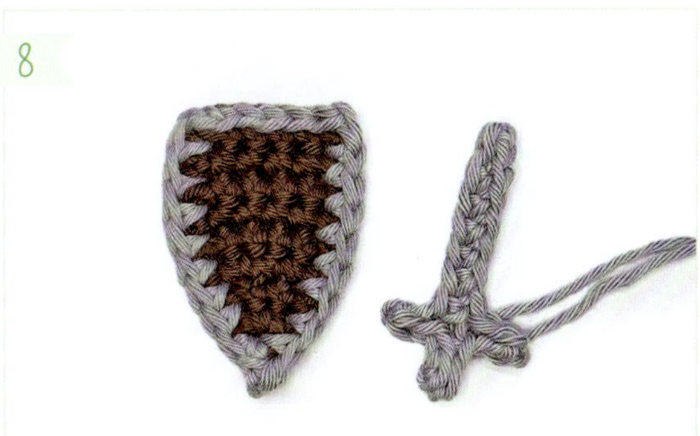

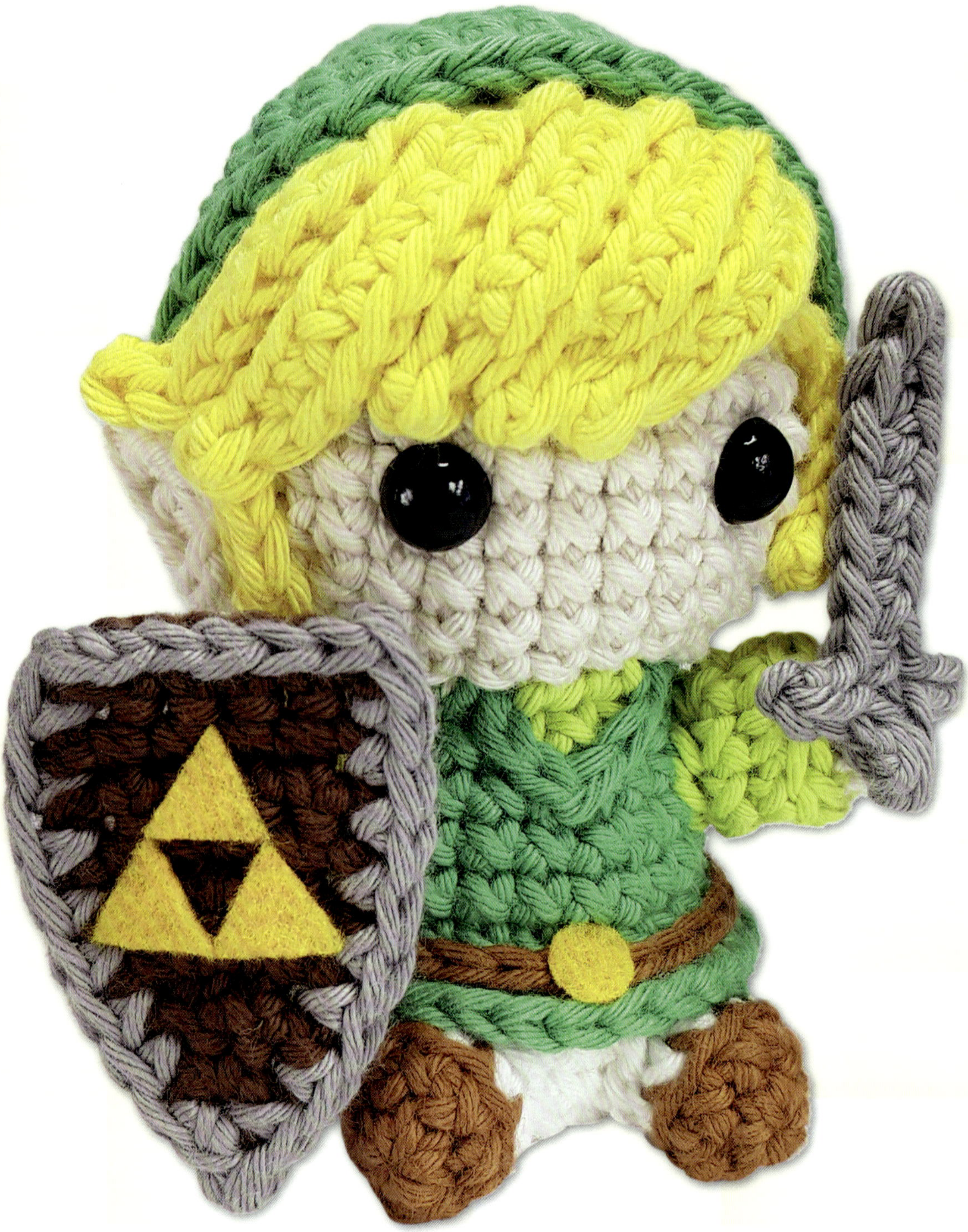

EINZELTEILE ZUSAMMENFÜGEN

1. Körper zu etwa einem Drittel mit Styroporkügelchen füllen, dann mit Füllwatte stopfen und an den Kopf nähen.

2. Hint Schlaufen der 9. Rd der Haare aufnähen Abb. 9 . Spitzen der Haarsträhnen mit Nähgarn punktuell am Kopf festnähen. Dabei für die Ohren etwas Platz lassen.

3. Ohren anknoten.

4. Arme und Beine an den Körper nähen. Die Beine müssen dabei plan mit der Unterseite des Körpers abschließen.

5. Mütze auf den Kopf setzen und festnähen. Wollnadel dabei durch beide Schlaufen der letzten Runde stechen.

6. Schwert und Schild anknoten.

7. Aus gelbem Filz einen kleinen Kreis ausschneiden Abb. 10 und vorne auf den Gürtel kleben.

8. Aus gelbem Filz 3 gleichseitige Dreiecke mit einer Seitenlänge von je 1 cm ausschneiden und auf den Schild kleben.

9

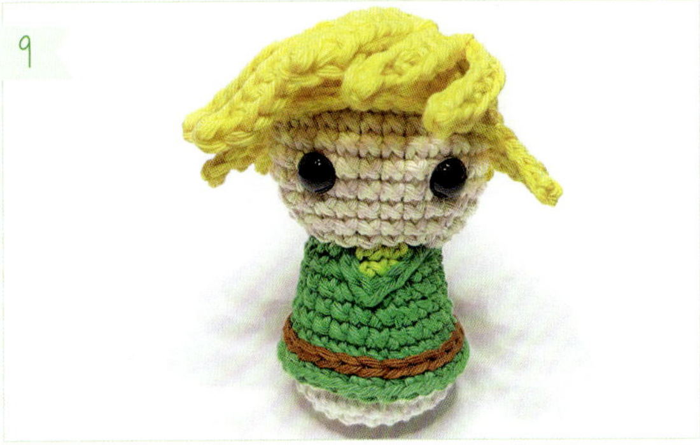

10

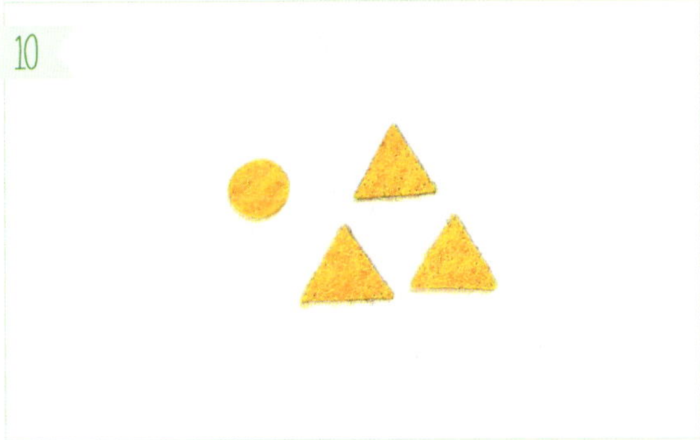

„Pokémon"-Spielreihe

Poketto Monsuta (jap.), kurz Pokémon, sind fiktive Wesen, die auf Tieren und Gegenständen basieren und sich in Aussehen und Größe unterscheiden. Es gibt mittlerweile über 800 verschiedene von ihnen, dazu kommen noch äußerliche Unterschiede zwischen Männchen und Weibchen einiger Pokémon-Arten sowie regionale Unterschiede. Pokémon leben in der Wildnis oder werden gezüchtet. In den meisten Spielen übernimmt man die Rolle eines jungen Trainers, der umherreist, um Pokémon zu fangen und zu trainieren.
In den Spielen verfolgt man zwei Ziele: Zum einen alle im Spiel vorkommenden Pokémon zu fangen und in seinem Pokédex zu registrieren sowie der neue Champion der Pokémon-Liga und somit der stärkste Kämpfer der Region zu werden. Hierfür stellt der Spieler sich ein Team aus maximal sechs Pokémon zusammen, das er aufzieht und durch Kämpfe mit Teams anderer Trainer trainiert, damit seine Pokémon im Level aufsteigen und sich, wenn möglich, zu stärkeren Pokémon weiterentwickeln. Zudem kann man während des Spiels mit seinen Pokémon auch an Talent- und Schönheitswettbewerben sowie Turnieren teilnehmen und sich auf Angelwettbewerben neue Pokémon fangen.
Die Spiele sollen Kinder zum Lesen und strategischen Denken anregen sowie grundlegende mathematische Fähigkeiten fördern. Dadurch, dass verschiedene Spieler gegeneinander kämpfen und Pokémon miteinander tauschen können, sollen Werte wie Fairness und Teilen vermittelt werden. Die Pokémon-Spiele wurden von Game Freak entwickelt und ausschließlich von Nintendo veröffentlicht. Das erste Pokémon-Rollenspiel erschien 1996. Die Videospielreihe mit diversen Ablegern ist nach Tetris die meistverkaufte weltweit. Vom Editionen-Duo Pokémon Gold/Silber wurden in Europa kurz nach Verkaufsstart so viele Exemplare wie von keinem anderen Spiel verkauft.
Es gilt dort als das schnellste je verkaufte Spiel.

PFLANZENKRÖTE

FEUERECHSE

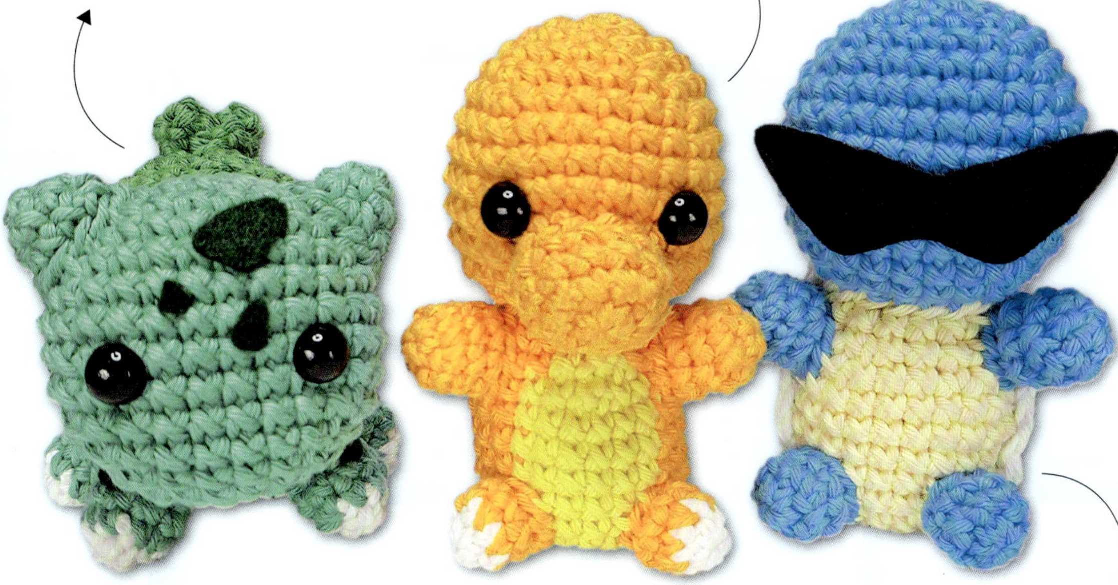

WASSERSCHILDKRÖTE

ELEKTROMAUS

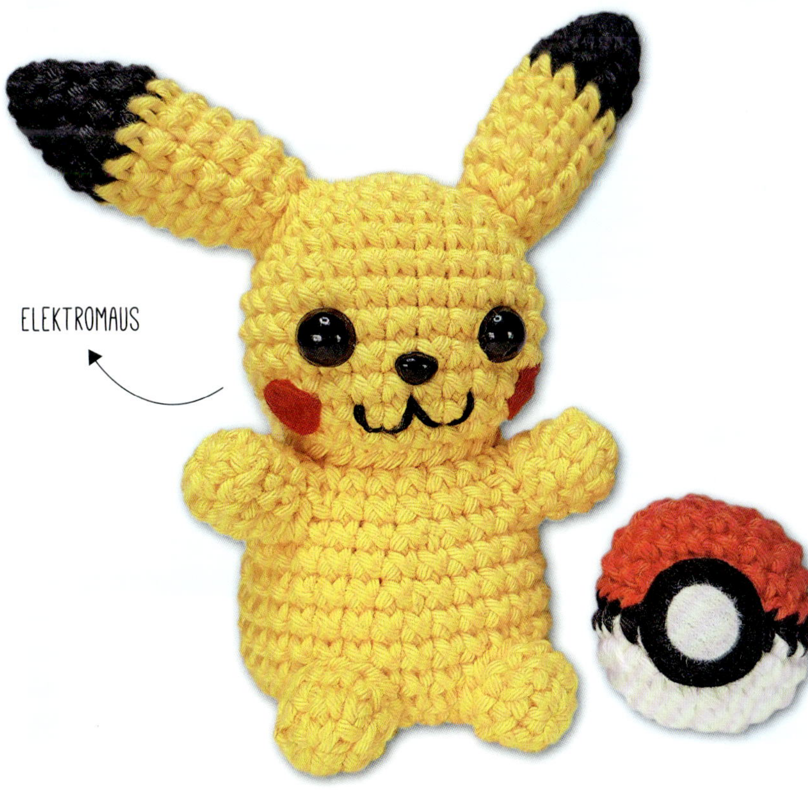

MONSTERBALL

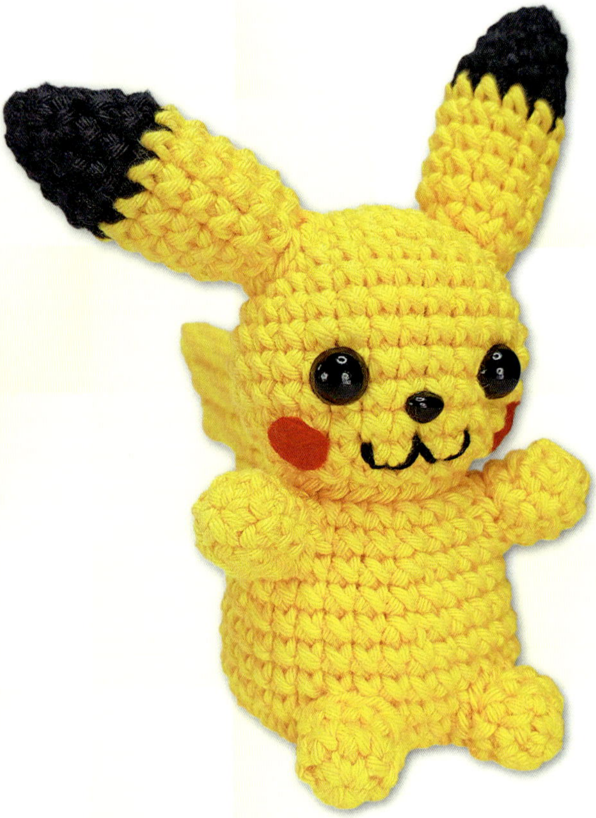

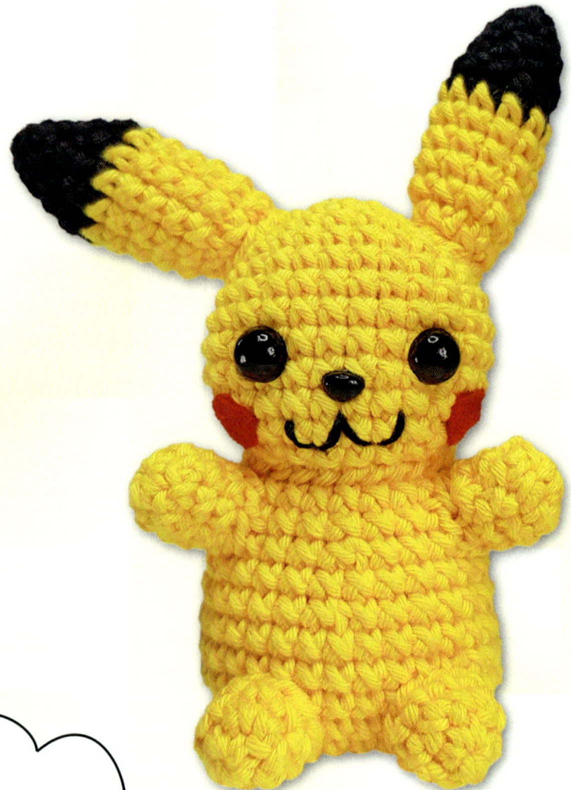

GRÖSSE:
CA. 12 CM

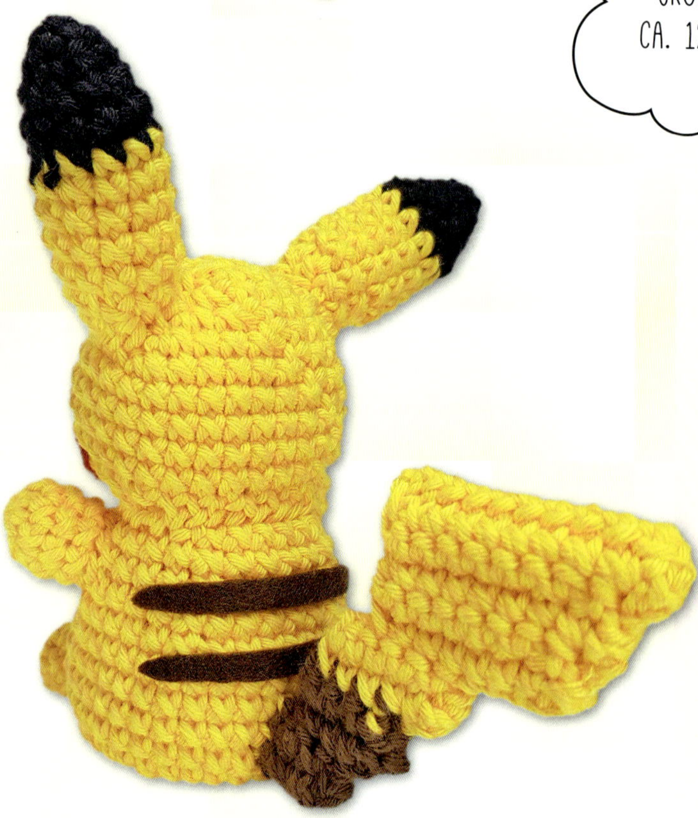

MATERIAL

- Kurtenbach „Twister Curly 8 uni" (100 % Baumwolle, LL 85 m/50 g), in Sonne (Fb. 25) und Braun (Fb. 88)
- Wolle Rödel „Cotton Universal" (100 % Baumwolle, LL 85 m/50 g), in Schwarz (Fb. 39)
- Häkelnadel 3,5 mm
- Wollnadel zum Vernähen
- 2 Sicherheitsaugen, 9 mm
- 1 Sicherheitsnase, 7 x 5 mm, in Schwarz
- Füllwatte
- Styroporkügelchen
- Stickgarn in Schwarz
- Sticknadel
- Filzreste, 1 mm dick, in Rot und Braun
- Textilkleber

Elektromaus

DAS BEKANNTESTE TASCHENMONSTER SPEICHERT IN SEINEN WANGEN ELEKTRIZITÄT, UM DIESE AUF EINEN SCHLAG FREIZUSETZEN, WAS EINEM BLITZ GLEICHT.

KÖRPER (in Sonne häkeln)

1. Rd: 6 fM in Fadenring (= 6 M)
2. Rd: 6x zun (= 12 M)
3. Rd: (2x zun, 1 fM) 4x (= 20 M)
4. Rd: (1x zun, 1 fM) 10x (= 30 M)
5. Rd: (1x zun, 5 fM) 5x (= 35 M)
6.–9. Rd: 35 fM (= 35 M)
10. Rd: (5 fM, 1x abn) 5x (= 30 M)
11. Rd: 30 fM (= 30 M)
12. Rd: (4 fM, 1x abn) 5x (– 25 M)
13. Rd: 25 fM (= 25 M)
14. Rd: 25 fM, KM (= 25 M)
Faden abschneiden und vernähen Abb. 1 .

KOPF (in Sonne häkeln)

1. Rd: 6 fM in Fadenring, KM (= 6 M)
2. Rd: 1 LM, 6x zun, KM (= 12 M)
3. Rd: 1 LM, 2 fM, 3x zun, 4 fM, 2x zun, 1 fM, KM (= 17 M)
4. Rd: 1 LM, 2 fM, 1x zun, 3 fM, 1x zun, 4 fM, 1x zun, 3 fM, 1x zun, 1 fM, KM (= 21 M)
5. Rd: 1 LM, 2 fM, 1x zun, 3 fM, 1x zun, 6 fM, 1x zun, 3 fM, 1x zun, 3 fM, KM (= 25 M)
6. Rd: 1 LM, 2 fM, 1x zun, 3 fM, 1x zun, 8 fM, 1x zun, 3 fM, 1x zun, 5 fM, KM (= 29 M)
7.–10. Rd: 1 LM, 29 fM, KM (= 29 M)
11. Rd: 1 LM, 2 fM, 1x abn, 8 fM, 1x abn, 3 fM, 1x abn, 8 fM, 1x abn, KM (= 25 M)
Augen zwischen der 9. und 10. Rd in einem Abstand von 6 M einsetzen.
12. Rd: 1 LM, 1 fM, 1x abn, 6 fM, 1x abn, 3 fM, 1x abn, 6 fM, 1x abn, 1 fM, KM (= 21 M)
13. Rd: 1 LM, 1x abn, 4 fM, 1x abn, 3 fM, 1x abn, 4 fM, 1x abn, 2 fM, KM (= 17 M)
Den Mund mit schwarzem Stickgarn über eine Länge von 4 M wie ein „W" auf die 12. Rd sticken. Die Nase zwischen der 10. und 11. Rd mittig zwischen den Augen einsetzen.
Kopf mit Füllwatte stopfen Abb. 2 .

1
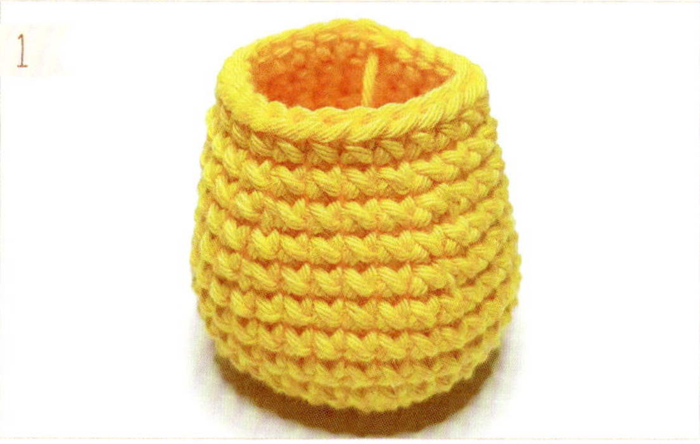

2
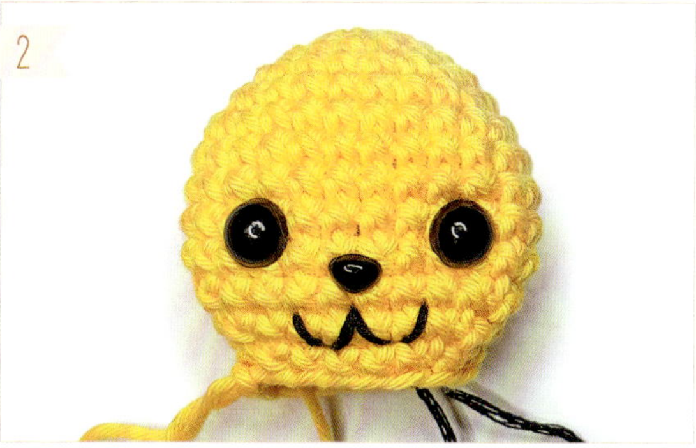

14. Rd: 1 LM, 4 fM, 3x abn, 3 fM, 2x abn, KM (= 12 M)
15. Rd: 6x abn, KM (= 6 M)
Faden abschneiden und vernähen Abb. 3 .

ARME (2x in Sonne häkeln)

1. Rd: 6 fM in Fadenring, KM (= 6 M)
2. Rd: 1 LM, (1x zun, 2 fM) 2x, KM (= 8 M)
3. und 4. Rd: 1 LM, 8 fM, KM (= 8 M)
Faden abschneiden und vernähen Abb. 4 .

BEINE (2x in Sonne häkeln)

1. Rd: 6 fM in Fadenring, KM (= 6 M)
2. Rd: 1 LM, (1x zun, 2 fM) 2x, KM (= 8 M)
3. Rd: 1 LM, 8 fM, KM (= 8 M)
Faden abschneiden und vernähen Abb. 5 .

OHREN (2x)

Mit Schwarz beginnen.
1. Rd: 4 fM in Fadenring (= 4 M)
2. Rd: (1x zun, 1 fM) 2x (= 6 M)
3. Rd: (1x zun, 2 fM) 2x (= 8 M)
4. Rd: (2x zun, 2 fM) 2x (= 12 M)
5. Rd: 10 fM, 2 KM (= 12 M)
Zu Sonne wechseln.
6.–10. Rd: 12 fM (= 12 M)
11. Rd: (1x abn, 2 fM) 3x, KM (= 9 M)
Faden abschneiden und vernähen Abb. 6 .

3
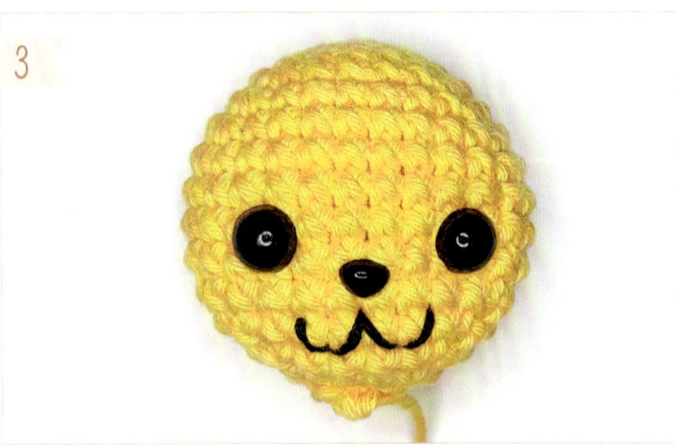

5
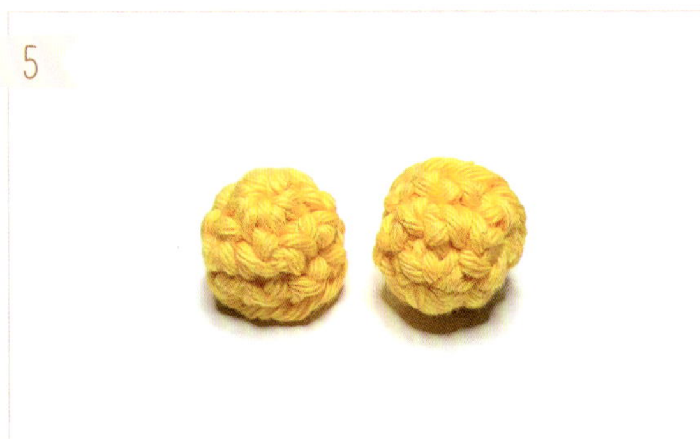

4
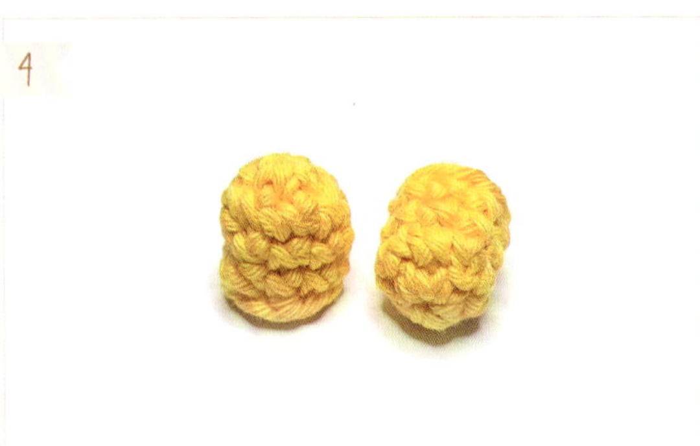

6
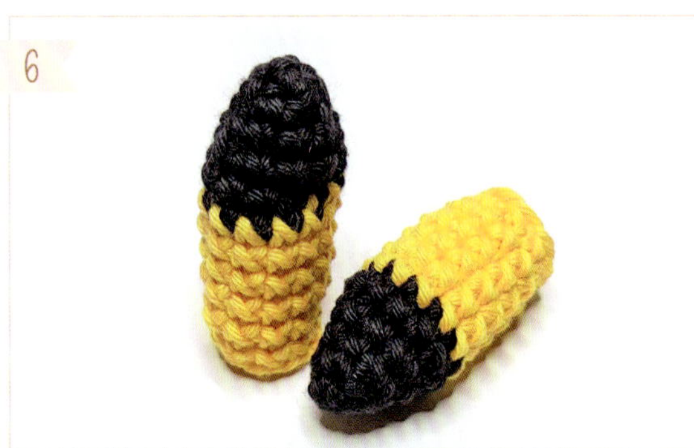

SCHWANZ (2x)

Mit Braun beginnen.
3 LM, 1 Wlm anschl
1. R: 3 fM, 1 Wlm
2. R: 3 fM, 2 LM, 1 Wlm
3. R: 4 fM, 1 Wlm
4. R: 4 fM, zu Sonne wechseln, 2 LM, 1 Wlm
5. R: 5 fM, 1 Wlm
6. R: 5 fM, 4 LM, 1 Wlm
7. R: 7 fM, 1 Wlm
8. R: 6 fM, 1x zun, 1 Wlm
9. R: 8 fM, 1 Wlm
10. R: 7 fM, 1x zun, 1 Wlm
11. R: 1x zun, 8 fM, LM
Faden abschneiden, aus der LM ziehen und vernähen Abb. 7 .

EINZELTEILE ZUSAMMENFÜGEN

1. Körper zu etwa einem Drittel mit Styroporkügelchen füllen, dann mit Füllwatte stopfen und an den Kopf nähen Abb. 8 .
2. Arme und Beine an den Körper nähen. Die Beine müssen dabei plan mit der Unterseite des Körpers abschließen.
3. Die beiden Schwanzhälfte aufeinanderlegen und zusammennähen Abb. 9 . Den Schwanz an den Körper nähen. Darauf achten, dass er wie die Beine plan mit der Unterseite des Körpers abschließt.
4. Ohren mit etwas Füllwatte stopfen und annähen.
5. 2 ca. 1 cm große Kreise aus rotem Filz ausscheiden Abb. 10 und auf die Wangen kleben.
6. 2 ca. 5,5 x 0,5 cm lange Streifen aus braunem Filz ausschneiden, die Ecken abrunden Abb. 11 und auf den Rücken kleben.

7
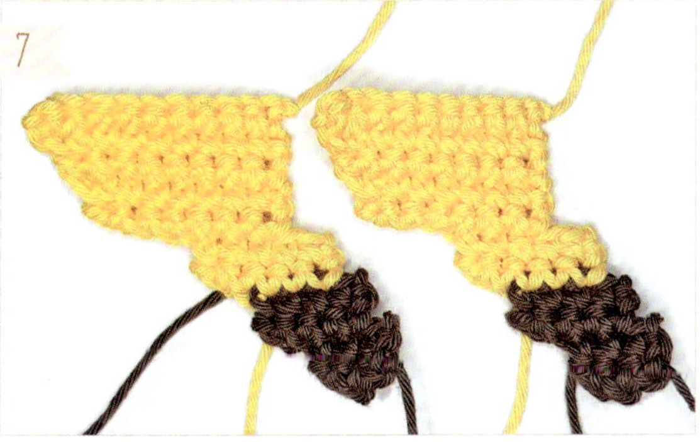

8
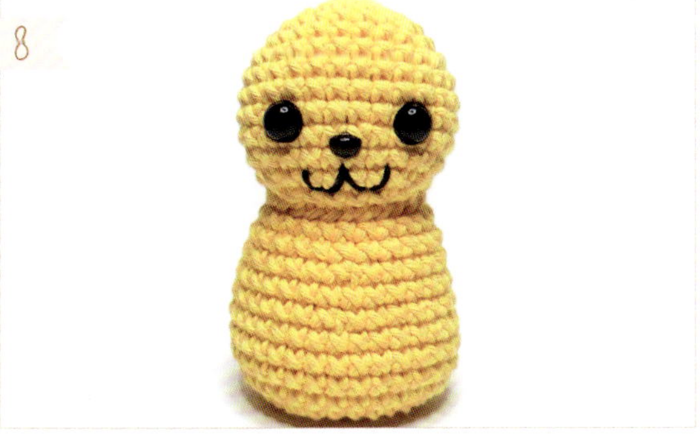

10
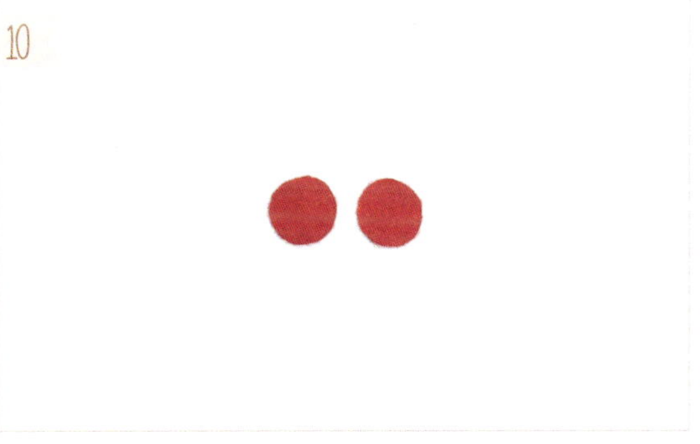

9
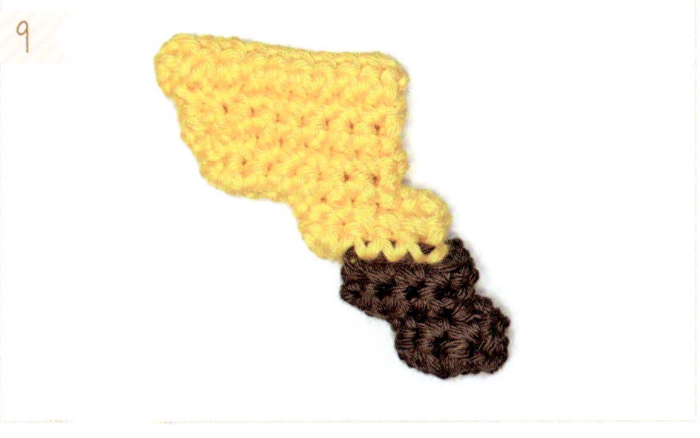

11
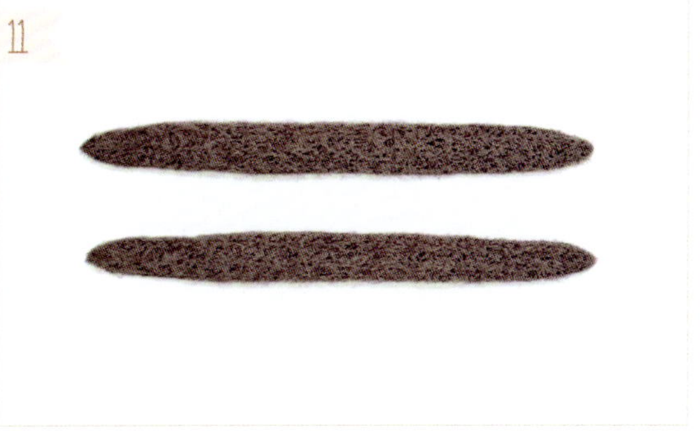

Pflanzenkröte

DIE NR. 1 DÖST GERN IN DER SONNE UND BETREIBT DABEI PHOTOSYNTHESE. DIE DABEI GEWONNENE ENERGIE SPEICHERT SIE IN IHRER KNOSPE.

KÖRPER (in Grasgrün häkeln)

5 LM anschl, wenden, 5 fM
1. Rd: In hint Schlaufen 2x zun, 2 fM, 1x zun, in vord Schlaufen zurückhäkeln 2x zun, 2 fM, 1x zun (= 16 M)
2. Rd: (1 fM, 2x zun, 3 fM, 2x zun) 2x (= 24 M)
3. Rd: (2x zun, 10 fM) 2x (= 28 M)
4.–8. Rd: 28 fM (= 28 M)
9. Rd: (4 fM, 1x abn, 6 fM, 1x abn) 2x (= 24 M)
10. Rd: (1 fM, 1x abn, 9 fM) 2x (= 22 M)
11. Rd: 22 fM, KM (= 22 M)
Faden abschneiden und vernähen Abb. 1 .

KOPF (in Grasgrün häkeln)

1. Rd: 6 fM in Fadenring, KM (= 6 M)
2. Rd: 1 LM, 6x zun, KM (= 12 M)
3. Rd: 1 LM, 2 fM, 3x zun, 4 fM, 2x zun, 1 fM, KM (= 17 M)
4. Rd: 1 LM, 2 fM, 1x zun, 3 fM, 1x zun, 4 fM, 1x zun, 3 fM, 1x zun, 1 fM, KM (= 21 M)
5. Rd: 1 LM, 2 fM, 1x zun, 3 fM, 1x zun, 6 fM, 1x zun, 3 fM, 1x zun, 3 fM, KM (= 25 M)
6. Rd: 1 LM, 2 fM, 1x zun, 3 fM, 1x zun, 8 fM, 1x zun, 3 fM, 1x zun, 5 fM, KM (= 29 M)
7.–10. Rd: 1 LM, 29 fM, KM (= 29 M)
11. Rd: 1 LM, 2 fM, 1x abn, 8 fM, 1x abn, 3 fM, 1x abn, 8 fM, 1x abn, KM (= 25 M)
Augen zwischen der 9. und 10. Rd in einem Abstand von 6 M einsetzen.
12. Rd: 1 LM, 1 fM, 1x abn, 6 fM, 1x abn, 3 fM, 1x abn, 6 fM, 1x abn, 1 fM, KM (= 21 M)
13. Rd: 1 LM, 1x abn, 4 fM, 1x abn, 3 fM, 1x abn, 4 fM, 1x abn, 2 fM, KM (= 17 M)
Kopf mit Füllwatte stopfen.
14. Rd: 1 LM, 4 fM, 3x abn, 3 fM, 2x abn, KM (= 12 M)
15. Rd: 6x abn, KM (= 6 M)
Faden abschneiden und vernähen Abb. 2 .

1

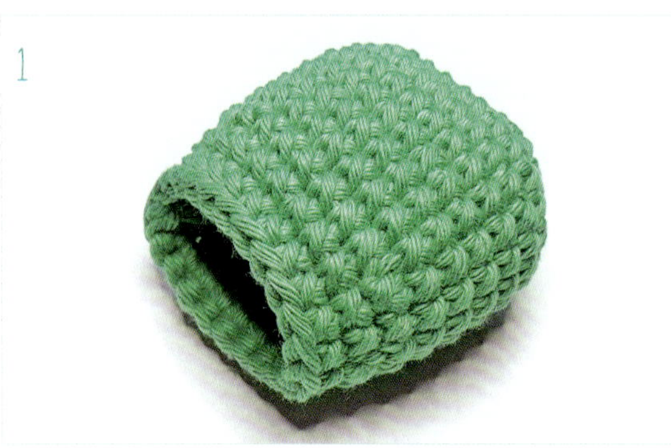

2

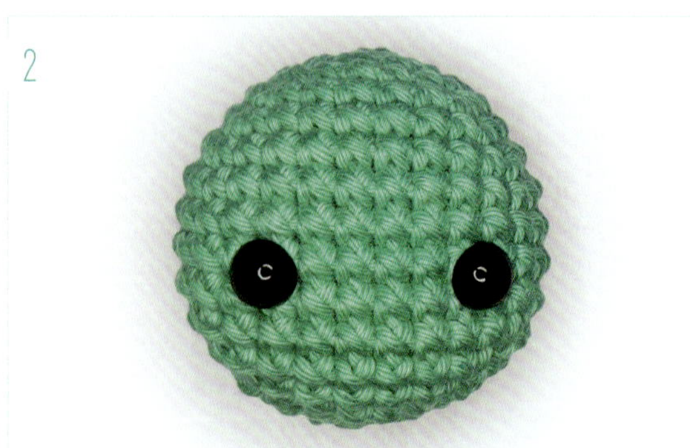

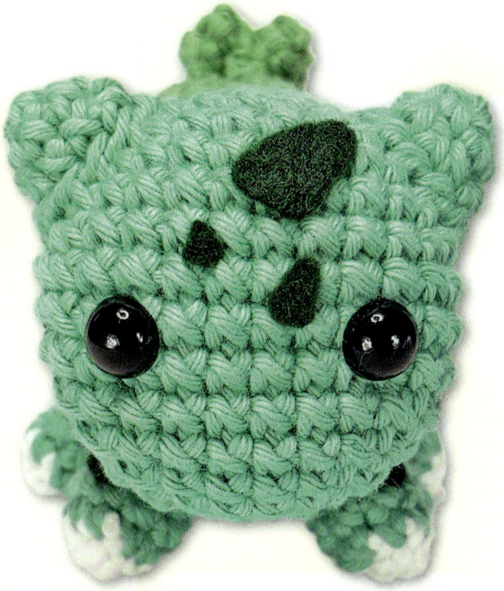

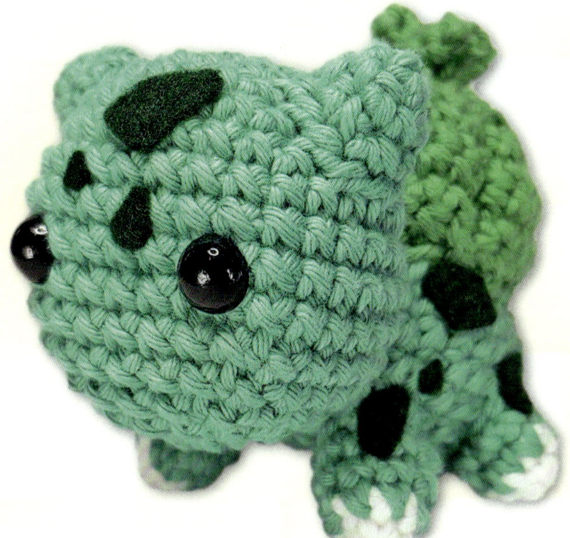

GRÖßE:
CA. 7,5 CM

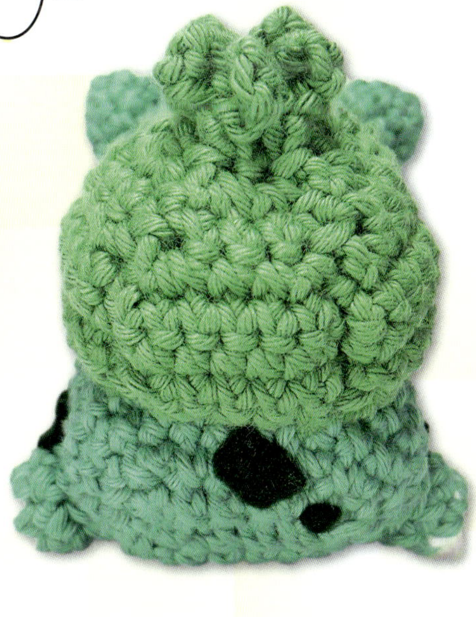

MATERIAL

- Kurtenbach „Twister Curly 8 uni" (100 % Baumwolle, LL 85 m/50 g), in Apfel (Fb. 74)
- Wolle Rödel „Cotton Universal" (100 % Baumwolle, LL 85 m/50 g), in Grasgrün (Fb. 56) und Weiß (Fb. 38)
- Häkelnadel 3,5 mm
- Wollnadel zum Vernähen
- 2 Sicherheitsaugen, 9 mm
- Füllwatte
- Styroporkügelchen
- Filzrest, 1 mm dick, in Dunkelgrün
- Textilkleber

ARME (2x)

Mit Weiß beginnen.

1. Rd: 6 fM in Fadenring, KM (= 6 M)

Zu Grasgrün wechseln.

2. Rd: 1 LM, (1x zun, 2 fM) 2x, KM (= 8 M)

3. und 4. Rd: 1 LM, 8 fM, KM (= 8 M)

Faden abschneiden und vernähen Abb. 3 .

BEINE (2x)

Mit Weiß beginnen.

1. Rd: 6 fM in Fadenring, KM (= 6 M)

Zu Grasgrün wechseln.

2. Rd: 1 LM, (1x zun, 2 fM) 2x, KM (= 8 M)

3. Rd: 1 LM, 8 fM, KM (= 8 M)

Faden abschneiden und vernähen Abb. 4 .

OHREN (2x in Grasgrün häkeln)

1. Rd: 4 fM in Fadenring (= 4 M)

2. Rd: (1x zun, 1 fM) 2x (= 6 M)

3. Rd: (2x zun, 1 fM) 2x, KM (= 10 M)

Faden abschneiden und vernähen Abb. 5 .

KNOSPE (5x in Apfel häkeln)

Wichtig fürs unsichtbare Zun und Abn: Beim Häkeln der ungeraden Reihen schaut man auf die Blattaußenseite, bei den geraden auf die Blattinnenseite.

1 LM, 1 Wlm anschl

1. R: 1 fM, 1 Wlm

2. R: 1 fM, 1 Wlm

3. R: 1x zun, 1 Wlm

4. R: 2 fM, 1 Wlm

5. R: 2x zun, 1 Wlm

6. R: 4 fM, 1 Wlm

7. R: 1x zun, 2 fM, 1x zun, 1 Wlm

8. R: 1x zun, 4 fM, 1x zun, 1 Wlm

9. R: 8 fM, 1 Wlm

10. R: 1x abn, 4 fM, 1x abn, 1 Wlm

11. R: 1x abn, 2 fM, 1x abn, LM

Faden abschneiden und aus der LM ziehen Abb. 6 .

Die 5 Einzelteile auf links nicht ganz bis zur Spitze zusammenhäkeln Abb. 7 . Knospe auf rechts ziehen und obere Öffnung zunähen Abb. 8 .

3

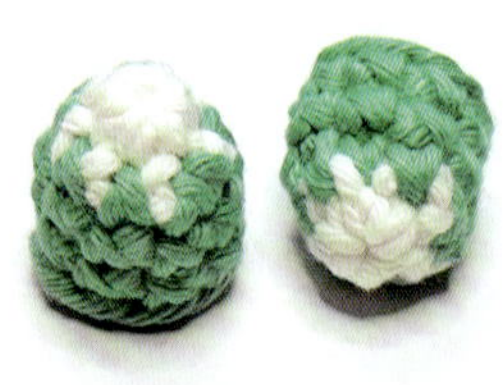

5

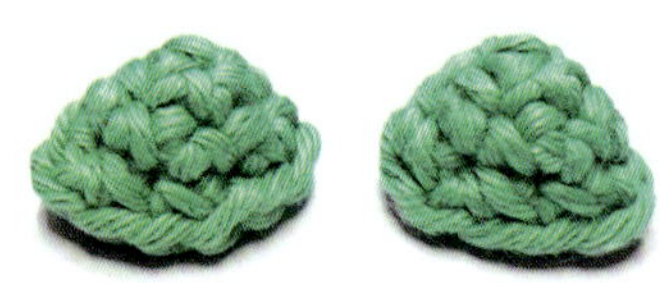

4

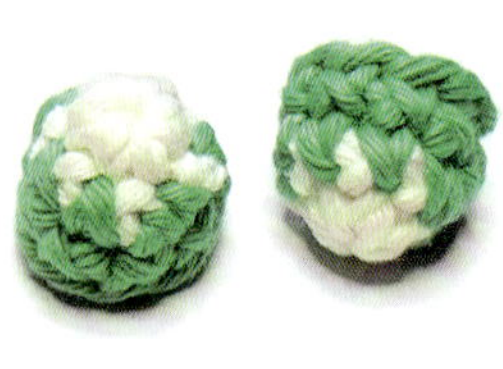

6

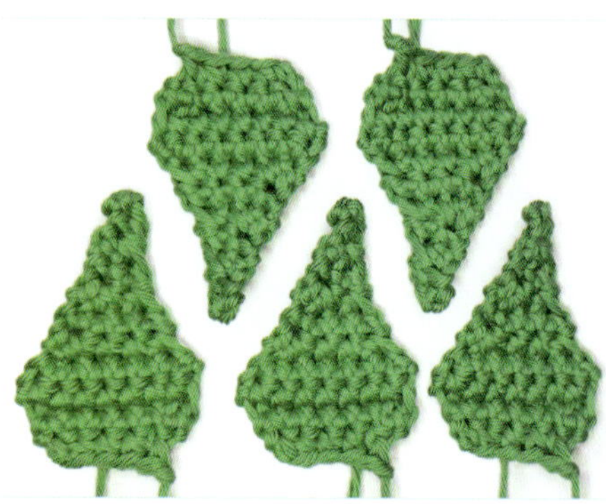

EINZELTEILE ZUSAMMENFÜGEN

1. Körper zu etwa einem Drittel mit Styroporkügelchen füllen, dann mit Füllwatte stopfen und an den Kopf nähen Abb. 9 .

2. Arme und Beine an den Körper nähen, sodass alle Extremitäten den Boden berühren.

3. Ohren annähen.

4. Knospe mit Füllwatte stopfen und auf den Rücken nähen.

5. Aus dunkelgrünem Filz kleine Flecken ausschneiden Abb. 10 und willkürlich auf Kopf, Körper und Extremitäten kleben.

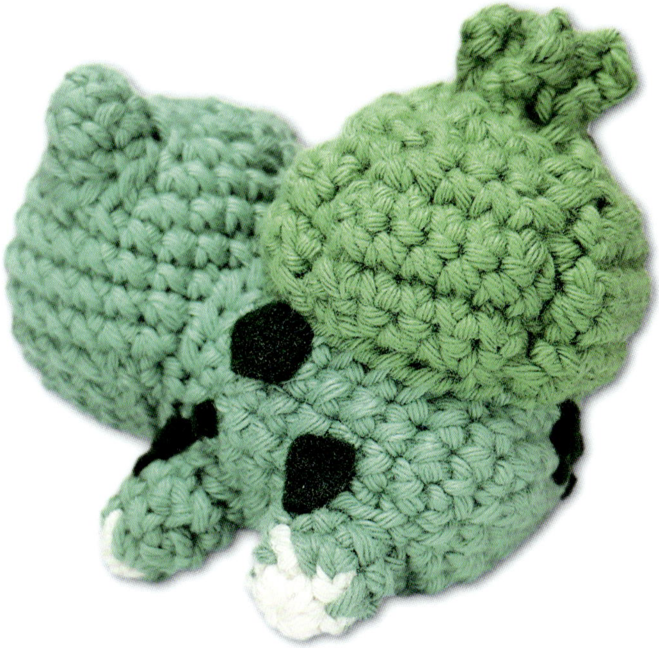

7

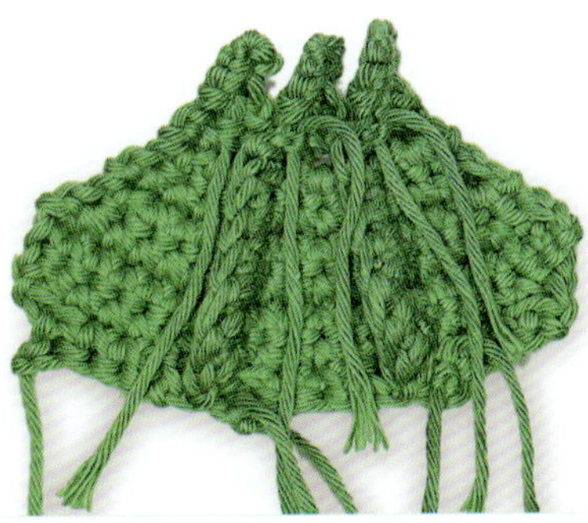

9

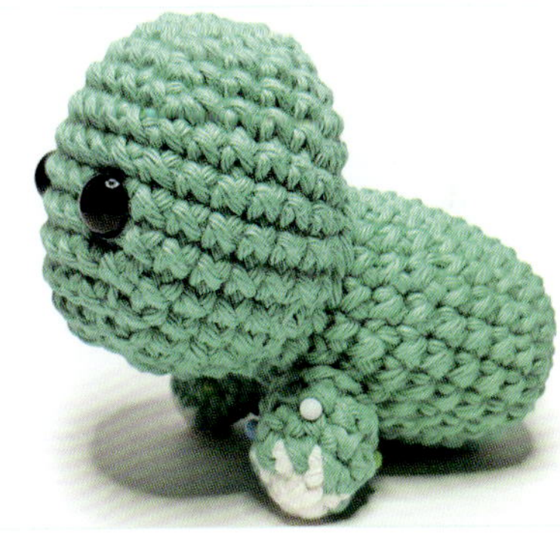

8

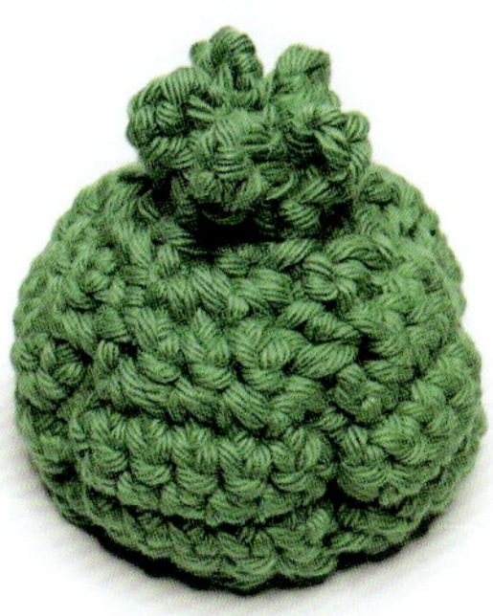

10

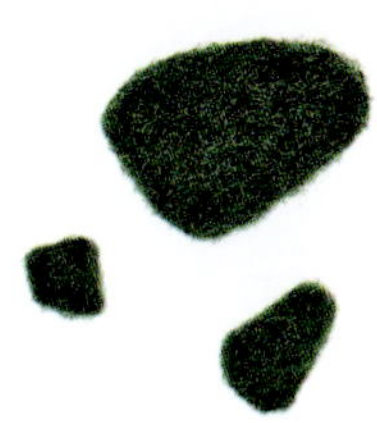

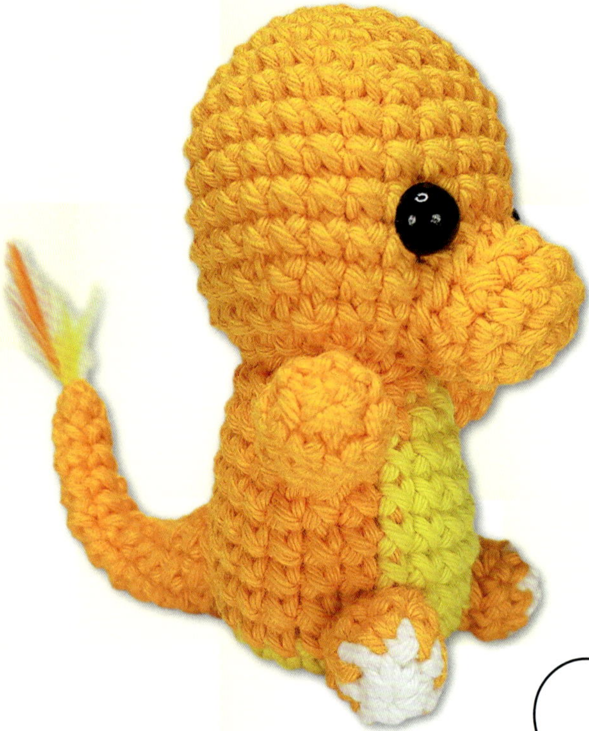

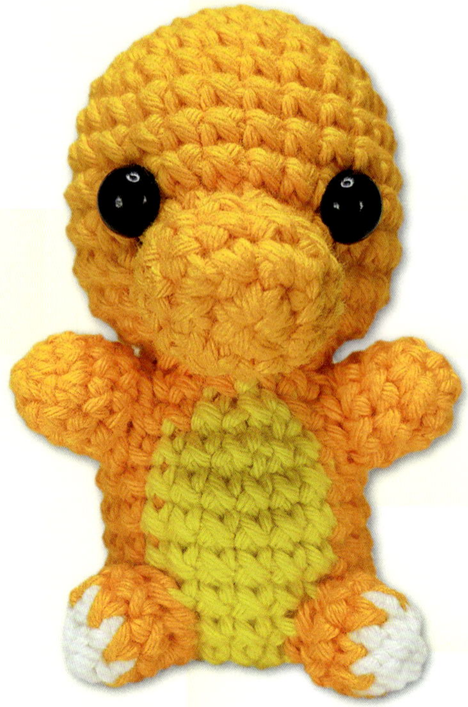

GRÖẞE:
CA. 9 CM

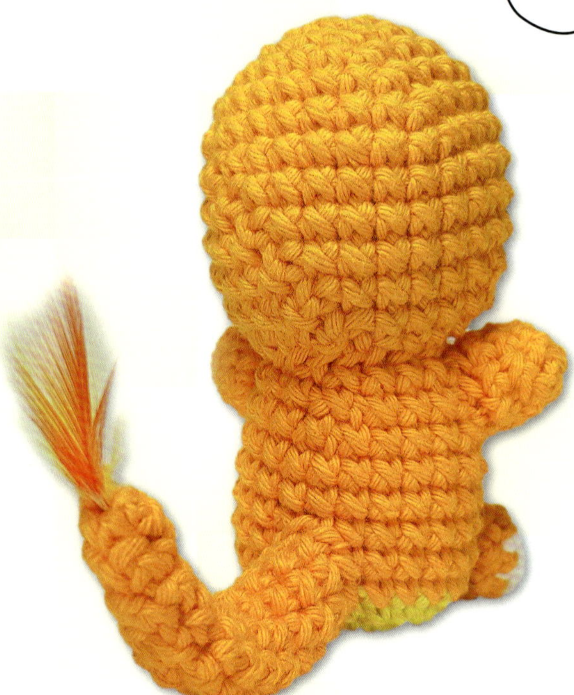

MATERIAL

- Wolle Rödel „Cotton Universal“ (100 % Baumwolle, LL 85 m/50 g), in Kürbis (Fb. 37), Banane (Fb. 34) und Weiß (Fb. 38)
- Häkelnadel 3,5 mm
- Wollnadel zum Vernähen
- 2 Sicherheitsaugen, 9 mm
- Füllwatte
- Styroporkügelchen
- je 1 kleine Feder in Gelb und Orange/Rot
- ggf. Textilkleber

Feuerechse

VON GEBURT BIS ZUM TOD BRENNT EINE FLAMME
AUF IHRER SCHWANZSPITZE, DIE IHRE
LEBENSENERGIE SOWIE IHRE STIMMUNG WIDERSPIEGELT.

KÖRPER

Mit Banane beginnen.
1. Rd: 6 fM in Fadenring (= 6 M)
2. Rd: 6x zun (= 12 M)
3. Rd: (2x zun, 1 fM) 4x (= 20 M)
4. Rd: (1x zun, 4 fM) 4x (= 24 M)
Garnfarben wie angegeben wechseln:
5.–9. Rd: In Kürbis 8 fM, in Banane 6 fM, in Kürbis 10 fM (= 24 M)
10. Rd: 4 fM, 1x abn, 2 fM, in Banane 2 fM, 1x abn, 2 fM, in Kürbis 2 fM, 1x abn, 4 fM, 1x abn (= 20 M)
11. Rd: 8 fM, in Banane 1x abn, 1 fM, in Kürbis 7 fM, 1x abn (= 18 M)
12. Rd: 18 fM, KM (= 18 M)
Faden abschneiden und vernähen Abb. 1 .

KOPF (in Kürbis häkeln)

1. Rd: 6 fM in Fadenring, KM (= 6 M)
2. Rd: 1 LM, 6x zun, KM (= 12 M)
3. Rd: 1 LM, (1x zun, 2 fM) 4x, KM (= 16 M)
4. Rd: 1 LM, (1x zun, 3 fM) 4x, KM (= 20 M)
5. Rd: 1 LM, (1x zun, 4 fM) 4x, KM (= 24 M)
6. Rd: 1 LM, (1x zun, 5 fM) 4x, KM (= 28 M)
7.–10. Rd: 1 LM, 28 fM, KM (= 28 M)
11. Rd: 1 LM, (5 fM, 1x abn) 4x, KM (= 24 M)
Augen zwischen der 9. und 10. Rd in einem Abstand von 6 M einsetzen.
12. Rd: 1 LM, (4 fM, 1x abn) 4x, KM (= 20 M)
13. Rd: 1 LM, (3 fM, 1x abn) 4x, KM (= 16 M)
Kopf mit Füllwatte stopfen.
14. Rd: 1 LM, (2 fM, 1x abn) 4x, KM (= 12 M)
15. Rd: 6x abn, KM (= 6 M)
Faden abschneiden und vernähen Abb. 2 .

1

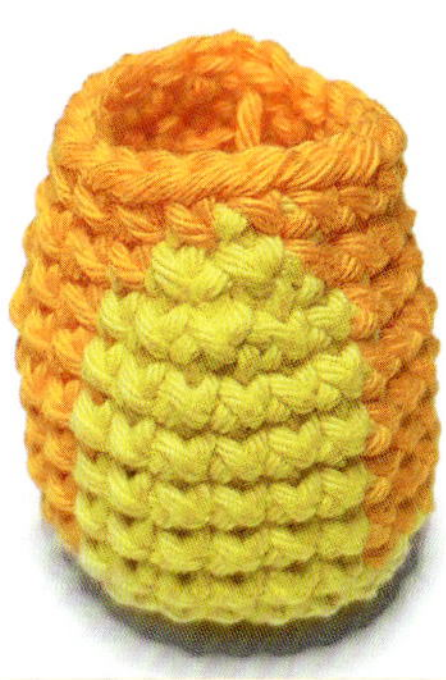

2

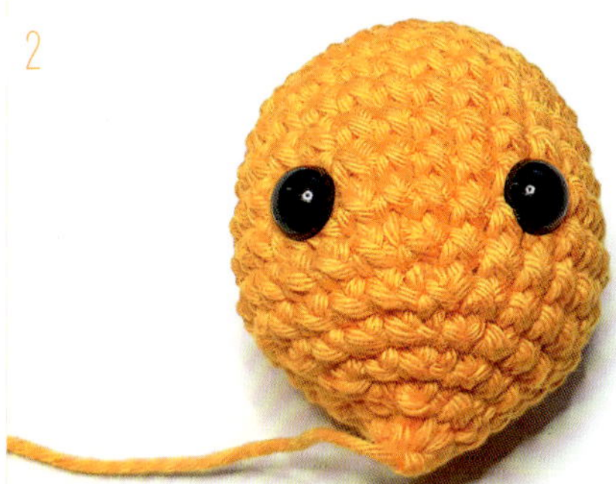

ARME (2x in Kürbis häkeln)

1. Rd: 6 fM in Fadenring, KM (= 6 M)
2. Rd: 1 LM, (1x zun, 2 fM) 2x, KM (= 8 M)
3. und 4. Rd: 1 LM, 8 fM, KM (= 8 M)
Faden abschneiden und vernähen Abb. 3 .

BEINE (2x)

Mit Weiß beginnen.
1. Rd: 6 fM in Fadenring, KM (= 6 M)
Zu Kürbis wechseln.
2. Rd: 1 LM, (1x zun, 2 fM) 2x, KM (= 8 M)
3. Rd: 1 LM, 8 fM, KM (= 8 M)
Faden abschneiden und vernähen Abb. 4 .

SCHWANZ (in Kürbis häkeln)

1. Rd: 4 fM in Fadenring (= 4 M)
2. Rd: 4 fM (= 4 M)
3. Rd: 1x zun, 3 fM (= 5 M)
4. Rd: 5 fM (= 5 M)
5. Rd: 1x zun, 4 fM (= 6 M)
6. Rd: 6 fM (= 6 M)
7. Rd: 1x zun, 5 fM (= 7 M)
8. Rd: 7 fM (= 7 M)
9. Rd: 1x zun, 6 fM (= 8 M)
10. Rd: 8 fM (= 8 M)
11. Rd: 1x zun, 7 fM (= 9 M)
12. Rd: 1x zun, 8 fM, KM (= 10 M)
Faden abschneiden und vernähen Abb. 5 .

SCHNAUZE (in Kürbis häkeln)

1. Rd: 6 fM im Fadenring (= 6 M)
2. Rd: (2x zun, 1 fM) 2x (= 10 M)
3. Rd: (2 fM, 1x zun, 2 fM) 2x (= 12 M)
4. Rd: (3 fM, 1x zun, 2 fM) 2x, KM (= 14 M)
Faden abschneiden und vernähen Abb. 6 .

3

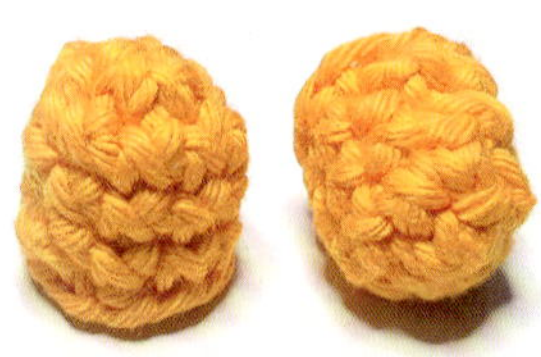

4

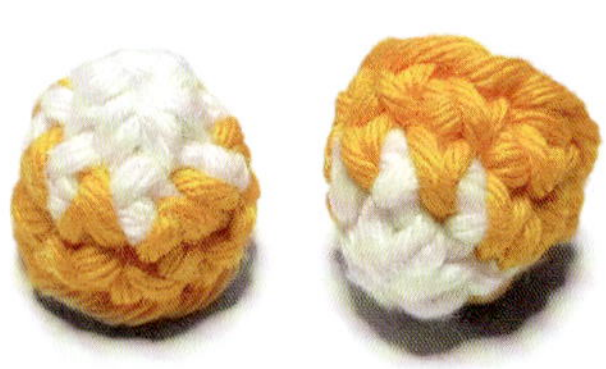

5

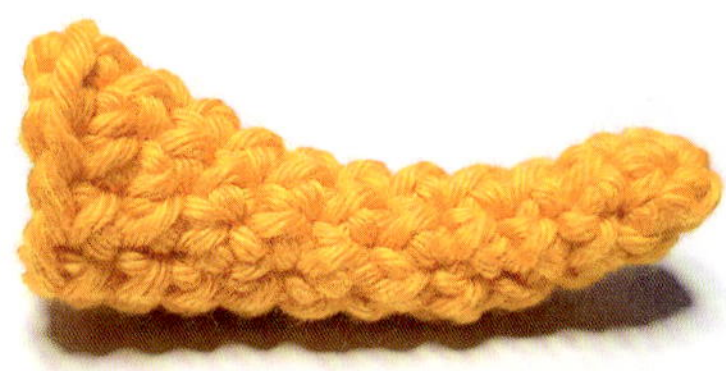

6

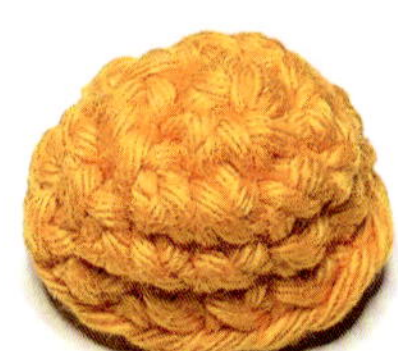

EINZELTEILE ZUSAMMENFÜGEN

1. Körper zu etwa einem Drittel mit Styroporkügelchen füllen, dann mit Füllwatte stopfen und an den Kopf nähen Abb. 7 .

2. Arme und Beine an den Körper nähen. Die Beine müssen dabei plan mit der Unterseite des Körpers abschließen.

3. Schwanz annähen. Darauf achten, dass er wie die Beine plan mit der Unterseite des Körpers abschließt.

4. Schnauze etwas mit Füllwatte stopfen und an den Kopf nähen.

5. Federn in die Schwanzspitze stecken und ggf. festkleben Abb. 8 .

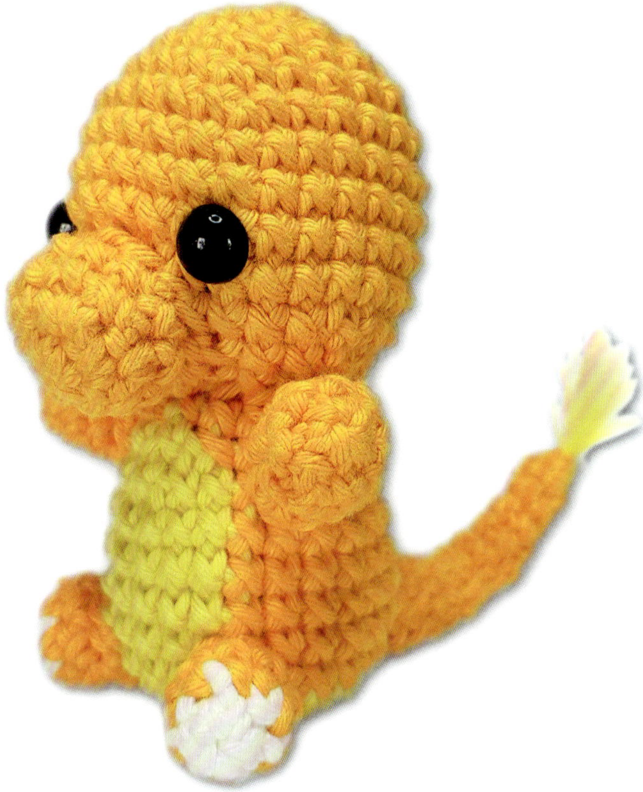

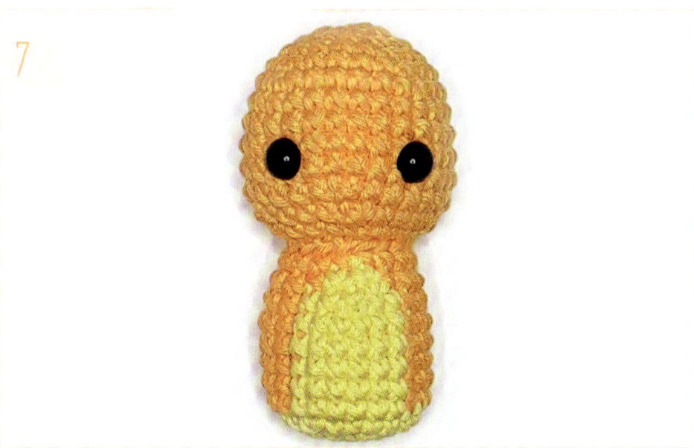

7

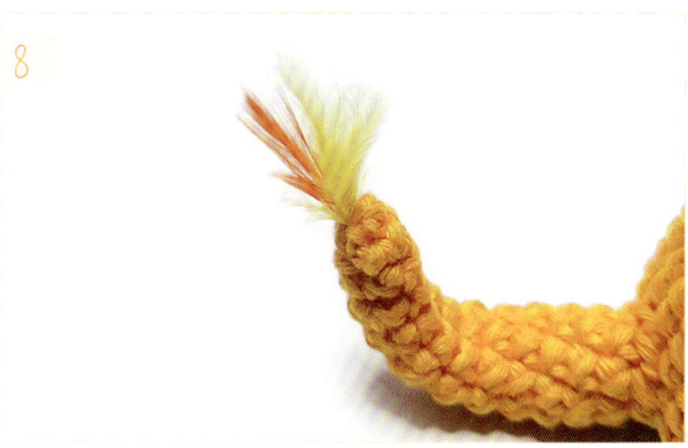

8

Wasserschildkröte

IHR STROMLINIENFÖRMIGER PANZER DIENT NICHT NUR ALS RÜCKZUGSORT BEI GEFAHR, SONDERN HILFT IHR AUCH, SCHNELLER ZU SCHWIMMEN.

KÖRPER (in Vanille häkeln)

1. Rd: 6 fM in Fadenring (= 6 M)
2. Rd: 6x zun (= 12 M)
3. Rd: (2x zun, 1 fM) 4x (= 20 M)
4. Rd: (1x zun, 4 fM) 4x (= 24 M)
5.–9. Rd: 24 fM (= 24 M)
10. Rd: (4 fM, 1x abn) 4x (= 20 M)
11. Rd: (8 fM, 1x abn) 2x (= 18 M)
12. Rd: 18 fM, KM (= 18 M)
Faden abschneiden und vernähen Abb. 1 .

KOPF (in Türkis häkeln)

1. Rd: 6 fM in Fadenring, KM (= 6 M)
2. Rd: 1 LM, 6x zun, KM (= 12 M)
3. Rd: 1 LM, 2 fM, 3x zun, 4 fM, 2x zun, 1 fM, KM (= 17 M)
4. Rd: 1 LM, 2 fM, 1x zun, 3 fM, 1x zun, 4 fM, 1x zun, 3 fM, 1x zun, 1 fM, KM (= 21 M)
5. Rd: 1 LM, 2 fM, 1x zun, 3 fM, 1x zun, 6 fM, 1x zun, 3 fM, 1x zun, 3 fM, KM (= 25 M)
6. Rd: 1 LM, 2 fM, 1x zun, 3 fM, 1x zun, 8 fM, 1x zun, 3 fM, 1x zun, 5 fM, KM (= 29 M)
7.–10. Rd: 1 LM, 29 fM, KM (= 29 M)
11. Rd: 1 LM, 2 fM, 1x abn, 8 fM, 1x abn, 3 fM, 1x abn, 8 fM, 1x abn, KM (= 25 M)
12. Rd: 1 LM, 1 fM, 1x abn, 6 fM, 1x abn, 3 fM, 1x abn, 6 fM, 1x abn, 1 fM, KM (= 21 M)
13. Rd: 1 LM, 1x abn, 4 fM, 1x abn, 3 fM, 1x abn, 4 fM, 1x abn, 2 fM, KM (= 17 M)
Kopf mit Füllwatte stopfen.
14. Rd: 1 LM, 4 fM, 3x abn, 3 fM, 2x abn, KM (= 12 M)
15. Rd: 6x abn, KM (= 6 M)
Faden abschneiden und vernähen Abb. 2 .

1

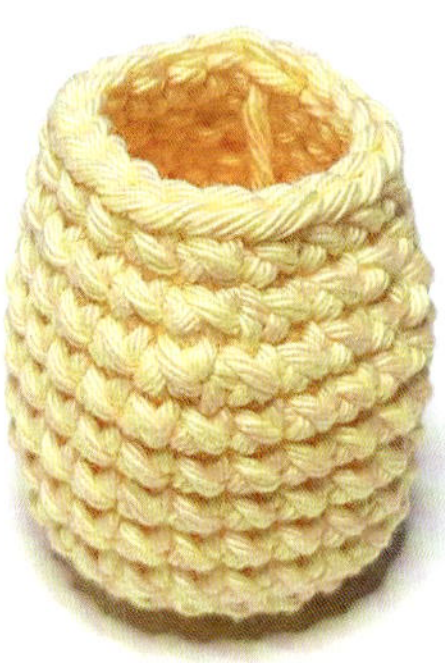

2

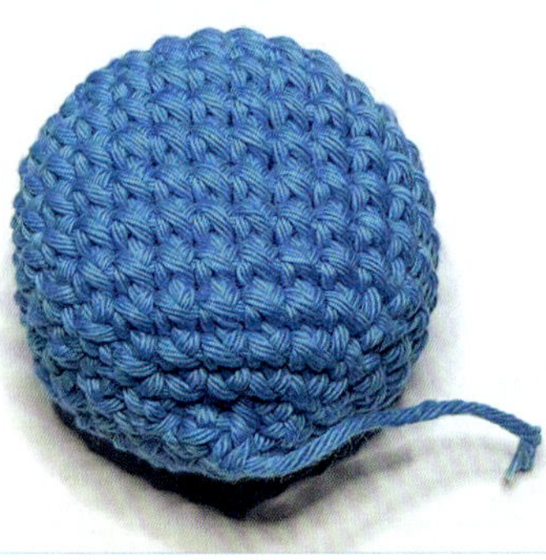

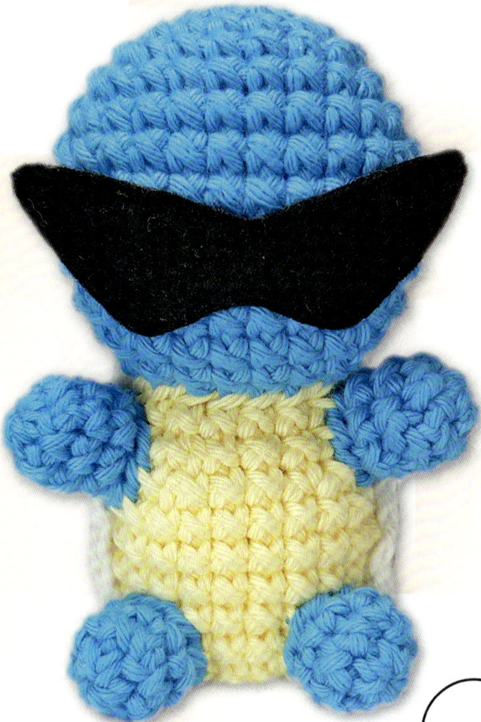

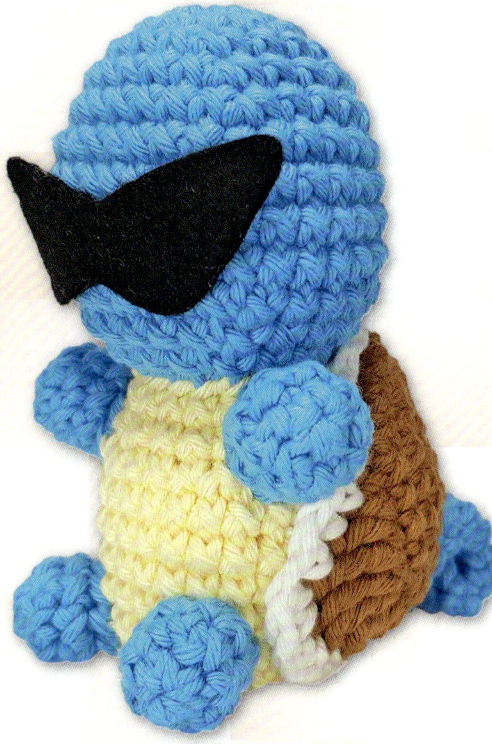

GRÖßE:
CA. 9 CM

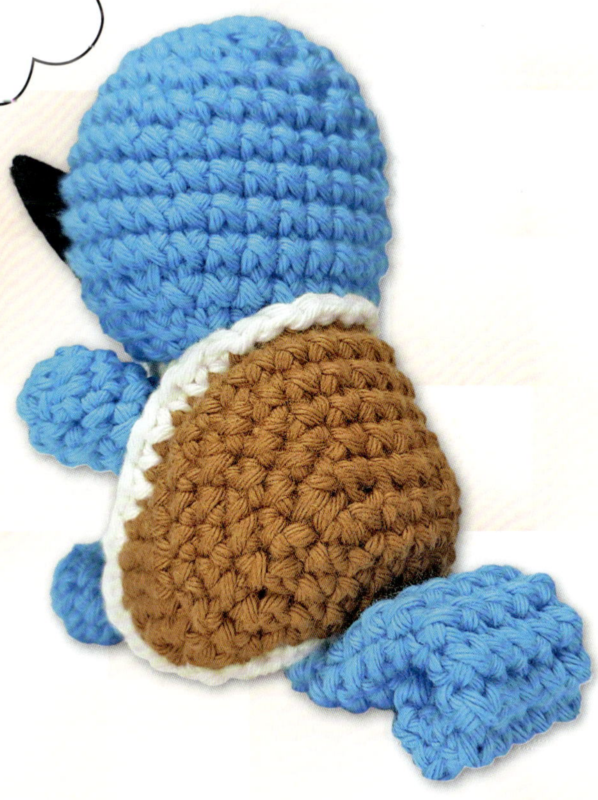

MATERIAL

- Kurtenbach „Twister Curly 8 uni“ (100 % Baumwolle, LL 85 m/50 g), in Türkis (Fb. 65)
- Wolle Rödel „Cotton Universal“ (100 % Baumwolle, LL 85 m/50 g), in Vanille (Fb. 51), Zimt (Fb. 57) und Weiß (Fb. 38)
- Häkelnadel 3,5 mm
- Wollnadel zum Vernähen
- Füllwatte
- Styroporkügelchen
- Nähgarn in Türkis
- Nähnadel
- Filzrest, 1 mm dick, in Schwarz
- Textilkleber

ARME (2x in Türkis häkeln)

1. Rd: 6 fM in Fadenring, KM (= 6 M)
2. Rd: 1 LM, (1x zun, 2 fM) 2x, KM (= 8 M)
3. und 4. Rd: 1 LM, 8 fM, KM (= 8 M)
Faden abschneiden und vernähen Abb. 3 .

BEINE (2x in Türkis häkeln)

1. Rd: 6 fM in Fadenring, KM (= 6 M)
2. Rd: 1 LM, (1x zun, 2 fM) 2x, KM (= 8 M)
3. Rd: 1 LM, 8 fM, KM (= 8 M)
Faden abschneiden und vernähen Abb. 4 .

PANZER

Mit Zimt beginnen.
5 LM anschl
1. Rd: 1 LM, in hint Schlaufen 1x zun, 3 fM, 1x zun, in vord Schlaufen zurückhäkeln 1x zun, 3 fM, 1x zun, KM (= 14 M)
2. Rd: 1 LM, 1 fM in dies M wie die KM, 4 fM, 1x zun, 1 fM, 1x zun, 4 fM, 1x zun, 2 fM, KM (= 18 M)
3. Rd: 1 LM, 1 fM in dies M wie die KM, 5 fM, 2x zun, 1 fM, 1x zun, 5 fM, 1x zun, 1 fM, 1 zun, 1 fM, KM (= 24 M)
4. Rd: 1 LM, 1 fM in dies M wie die KM, 6 fM, 2x zun, 2 fM, 2x zun, 6 fM, 2x zun, 2 fM, 1x zun, 1 fM, KM (= 32 M)
5. Rd: 1 LM, 1 fM in dies M wie die KM, 7 fM, 1x zun, 1 fM, 1x zun, 3 fM, 1x zun, 1 fM, 1x zun, 7 fM, 1x zun, 1 fM, 1x zun, 3 fM, 1x zun, 2 fM, KM (= 40 M)
6. Rd: 7 KM, 1 fM, 1 Stb, 1 DStb, 2 DStb in 1 M, 1 DStb, 1 Stb, 1 fM, 18 KM, 1 fM, 1 Stb, 1 DStb, 2 DStb in 1 M, 1 DStb, 1 Stb, 1 fM, 2 KM (= 42 M)
Zu Weiß wechseln.
8. Rd: 7 KM, 2 fM, 2x zun, 8 fM, 8 KM, 8 fM, 2x zun, 2 fM, 4 KM (= 46 M)
Faden abschneiden und vernähen Abb. 5 .

SCHWANZ (in Türkis häkeln)

1. Rd: 6 fM in Fadenring (= 6 M)
2. Rd: (2x zun, 1 fM) 2x (= 10 M)
3.–12. Rd: 10 fM (= 10 M)
13. Rd: (1x abn, 3 fM) 2x (= 8 M)
14. Rd: 8 fM, KM (= 8 M)
Faden abschneiden und vernähen Abb. 6 .

TIPP

Steckt euch 2 Stecknadeln an die Stelle, wo die Augen wären, um leichter die Positionen zu finden, an die ihr die restlichen Körperteile annähen müsst.

3
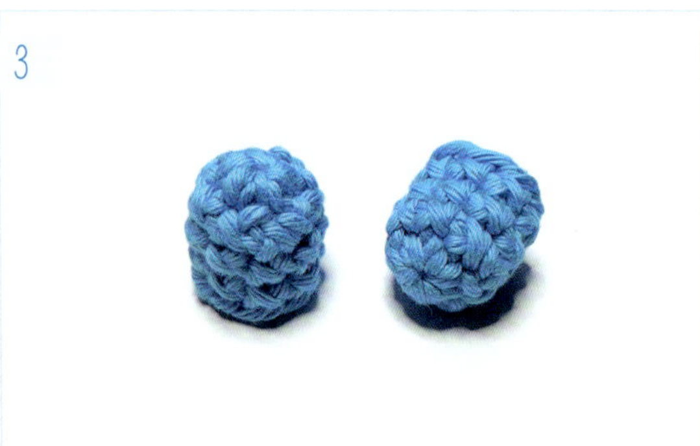

5
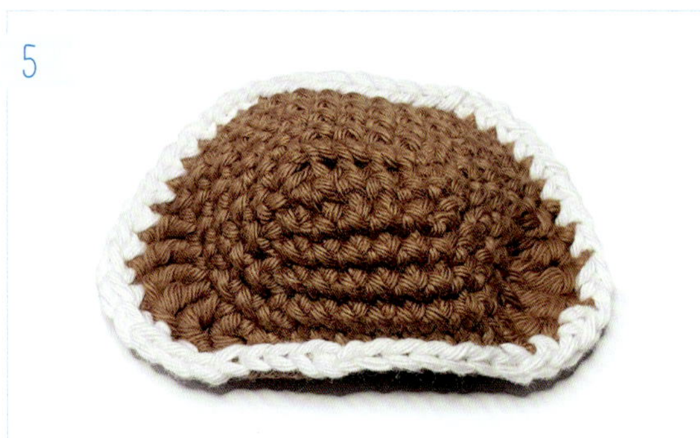

4
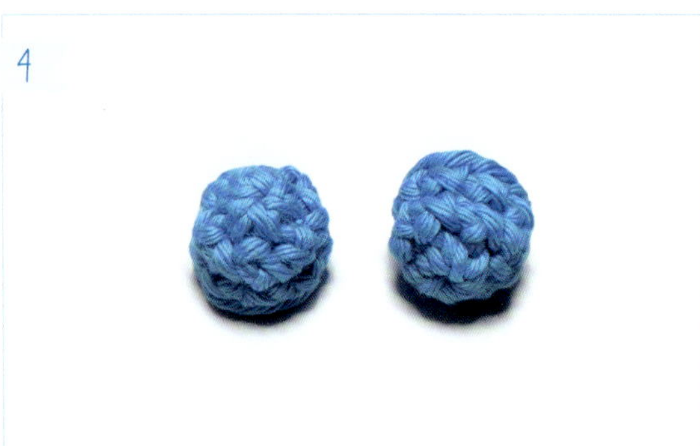

6
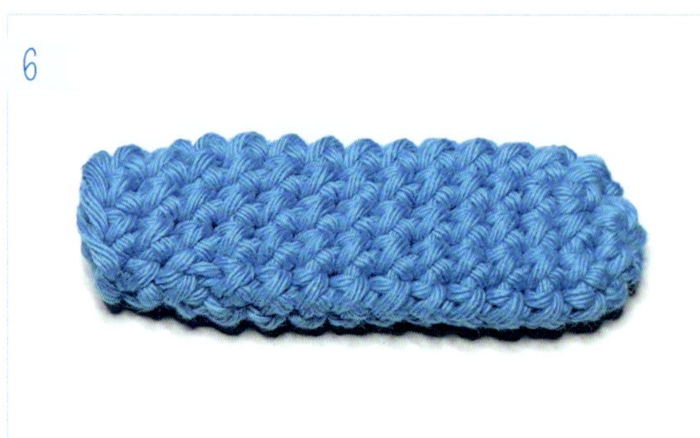

EINZELTEILE ZUSAMMENFÜGEN

1. Körper zu etwa einem Drittel mit Styroporkügelchen füllen, dann mit Füllwatte stopfen und an den Kopf nähen Abb. 7 .

2. Arme und Beine an den Körper nähen. Die Beine müssen dabei plan mit der Unterseite des Körpers abschließen.

3. Schwanzende aufrollen und mit Nähgarn festnähen Abb. 8 . Schwanz annähen. Darauf achten, dass er wie die Beine plan mit der Unterseite des Körpers abschließt.

4. Panzer etwas mit Füllwatte unterfüttern und annähen. Wollnadel dabei durch beide Schlaufen der letzten Runde stechen.

5. Sonnenbrille 2x aus schwarzem Filz ausschneiden Abb. 9 und aufeinander kleben Abb. 10 , dann in der Mitte aufs Gesicht kleben.

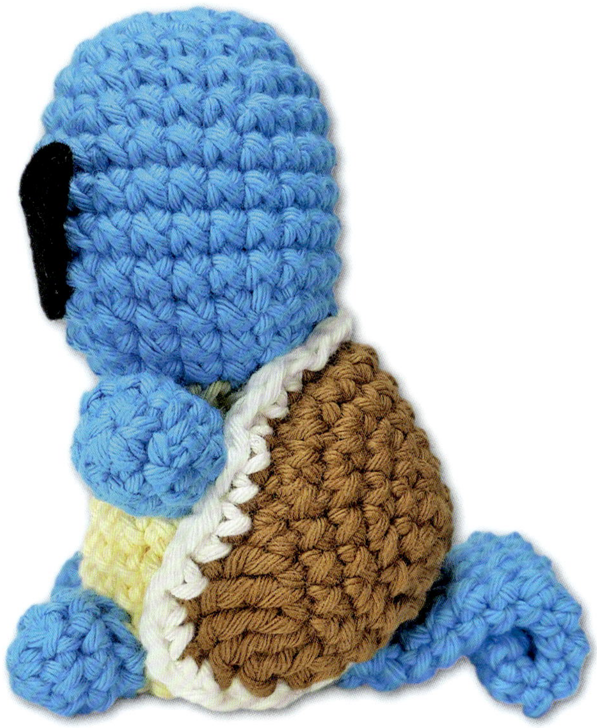

7

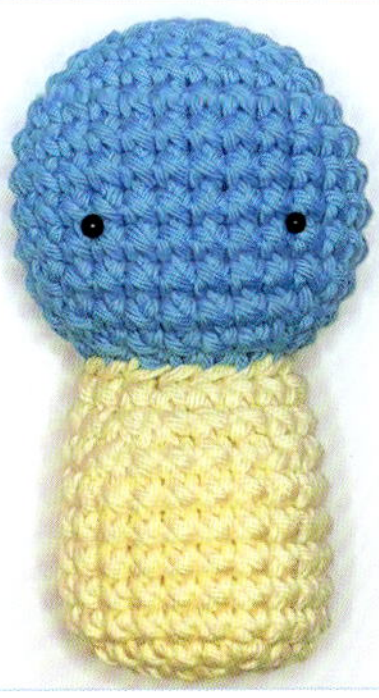

9

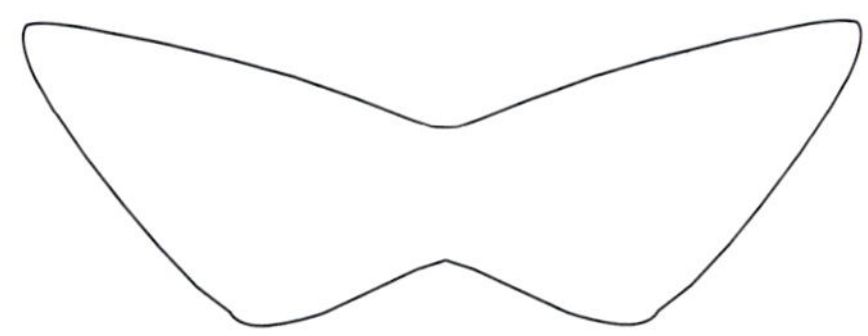

8

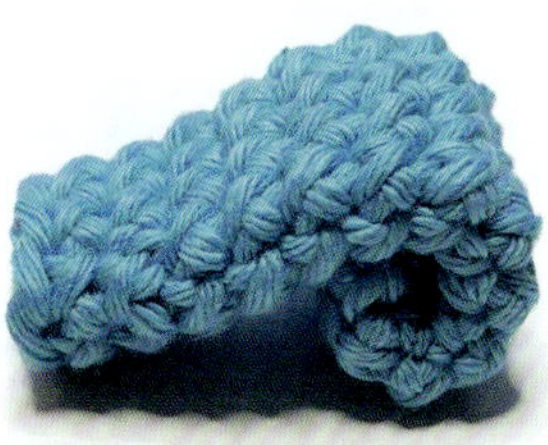

10

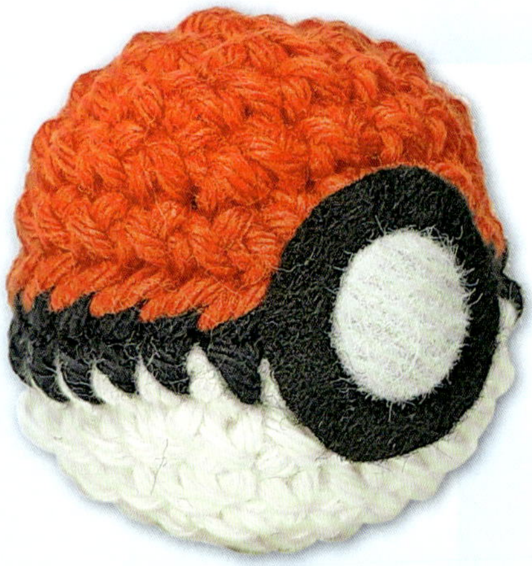

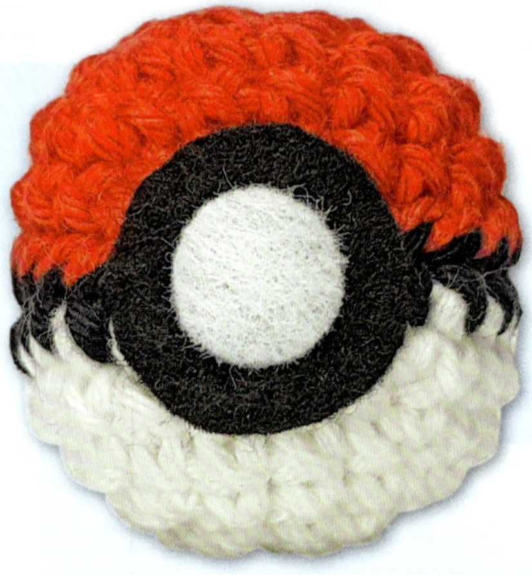

GRÖẞE:
CA. 3,5 CM

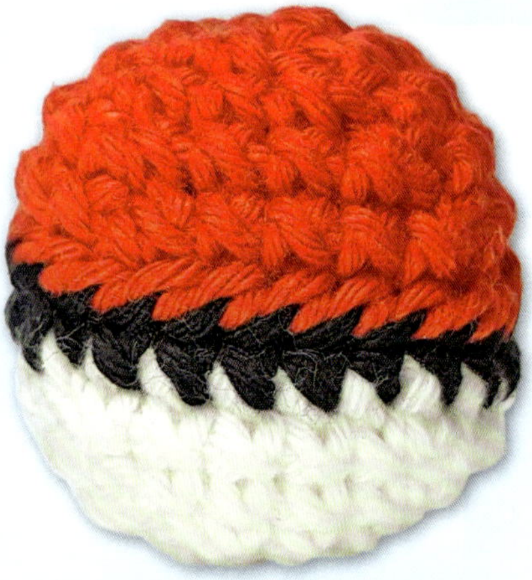

MATERIAL

- Kurtenbach „Twister Curly 8 uni“ (100 % Baumwolle, LL 85 m/50 g), in Rot (Fb. 35)
- Wolle Rödel „Cotton Universal“ (100 % Baumwolle, LL 85 m/50 g), in Weiß (Fb. 38) und Schwarz (Fb. 39)
- Häkelnadel 3,5 mm
- Wollnadel zum Vernähen
- Füllwatte
- Filzreste, 1 mm dick, in Schwarz und Weiß
- Textilkleber

Monsterball

ES GIBT VIELE VERSCHIEDENE ARTEN VON MONSTERBÄLLEN,
DIE SICH IN IHRER FARBE UND
FÄHIGKEIT ZUR FANGOPTIMIERUNG UNTERSCHEIDEN.

Obere Hälfte (in Rot häkeln)
1. Rd: 6 fM in Fadenring, KM (= 6 M)
2. Rd: 1 LM, 6x zun, KM (= 12 M)
3. Rd: 1 LM, (1x zun, 2 fM) 4x, KM (= 16 M)
4. Rd: 1 LM, (1x zun, 3 fM) 4x, KM (= 20 M)
5. Rd: 1 LM, (1x zun, 4 fM) 4x, KM (= 24 M)
Faden abschneiden und vernähen Abb. 1 .

Untere Hälfte
Mit Weiß beginnen.
1. Rd: 6 fM in Fadenring, KM (= 6 M)
2. Rd: 1 LM, 6 zun, KM (= 12 M)
3. Rd: 1 LM, (1x zun, 2 fM) 4x, KM (= 16 M)
4. Rd: 1 LM, (1x zun, 3 fM) 4x, KM (= 20 M)
5. Rd: 1 LM, (1x zun, 4 fM) 4x, KM (= 24 M)
Zu Schwarz wechseln.
6. Rd: 1 LM, 24 fM, KM (= 24 M)
Faden abschneiden und vernähen Abb. 2 .

EINZELTEILE ZUSAMMENFÜGEN

1. Beide Hälften mit Füllwatte stopfen. Obere und untere Hälfte mit rotem Wollfaden zusammennähen.
2. Einen ca. 2 cm großen Kreis aus schwarzem Filz und einen ca. 1 cm großen Kreis aus weißem Filz ausschneiden Abb. 3 . Zuerst den schwarzen dann den weißen Kreis auf den Ball kleben.

1
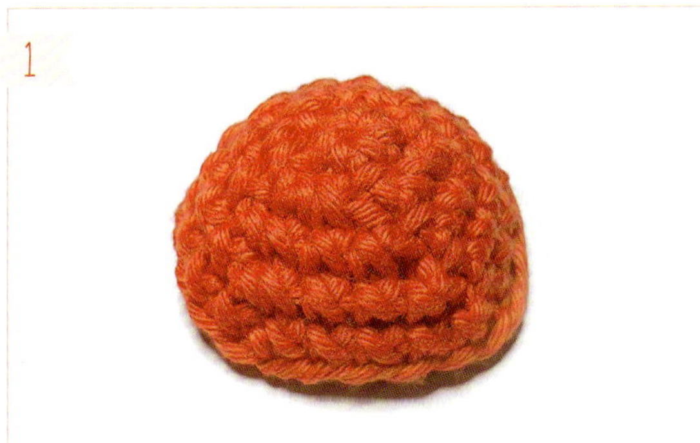

2
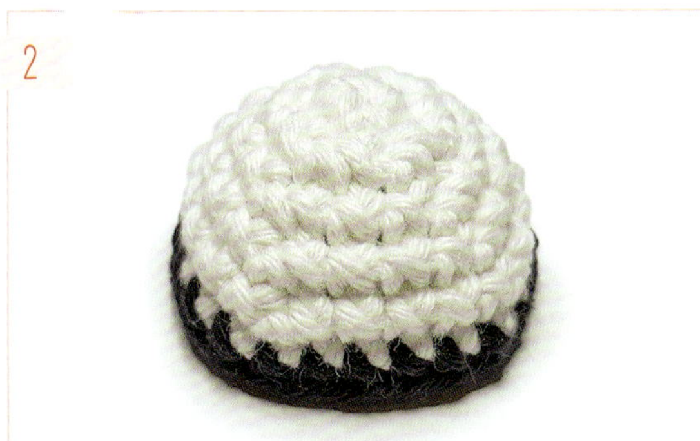

3
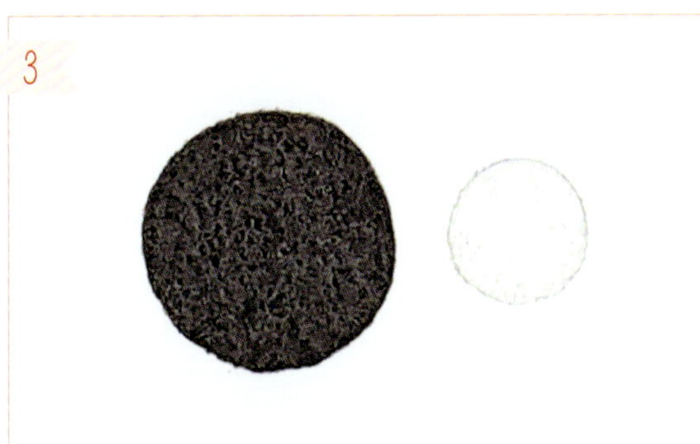

Abkürzungen

abn	–	abnehmen
anschl	–	anschlagen
dies	–	dieselbe
DStb	–	Doppelstäbchen
fM	–	feste Masche(n)
hint	–	hintere
hStb	–	halbe(s) Stäbchen
KM	–	Kettmasche(n)
LM	–	Luftmasche(n)
M	–	Masche(n)
R	–	Reihe(n)
Rd	–	Runde(n)
Stb	–	Stäbchen
überspr	–	überspringen
vord	–	vordere
vorh	–	vorherige(s)
Wlm	–	Wendeluftmasche(n)
zun	–	zunehmen

Grundkurs Häkeln

LUFTMASCHENANSCHLAG

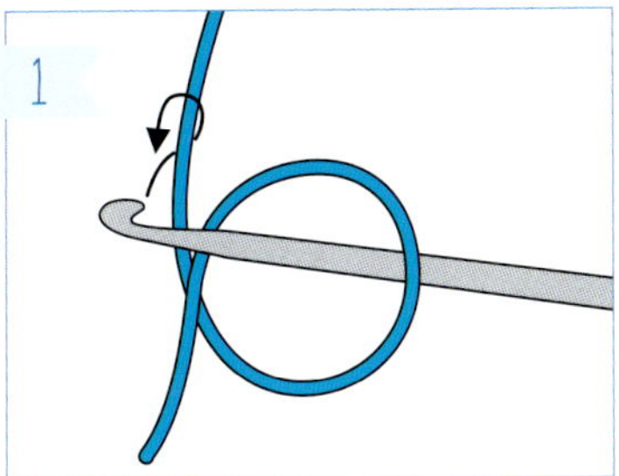

Den Faden zu einem Kreis legen, sodass sich die Fäden kreuzen. Dabei das Fadenende zwischen Zeigefinger und Daumen halten. Die Häkelnadel durch den Kreis führen, den Faden um die Nadel legen und den Umschlag durchziehen. Festziehen!

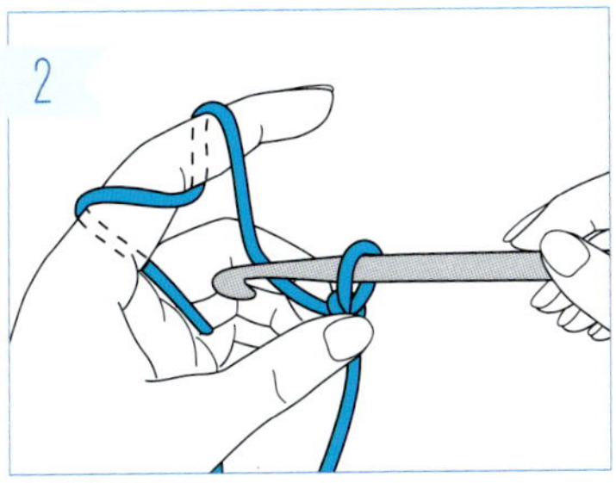

Der Anschlagsknoten ist fertig und eine Schlinge liegt auf der Nadel. Den Anschlagsknoten mit Daumen und Mittelfinger halten, den Faden vom Zeigefinger mit der Nadel erfassen und durch die Schlinge ziehen.

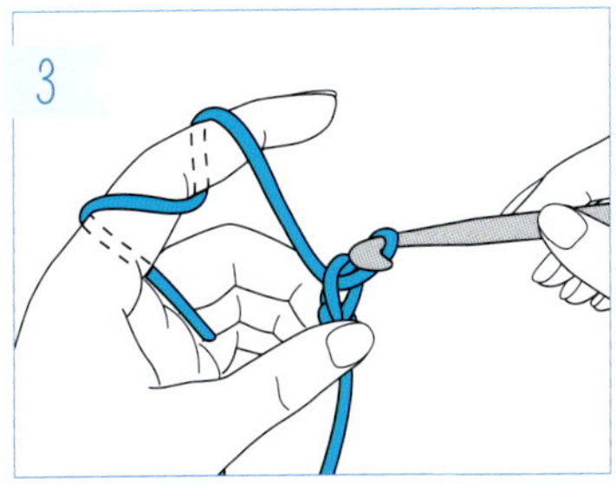

Die 1. Luftmasche ist fertig. Wiederholen, bis die gewünschte Luftmaschenzahl erreicht ist.

FADENRING

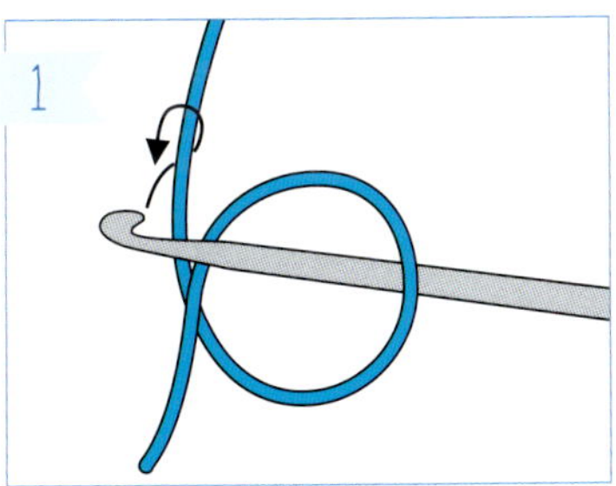

Den Faden zu einem Kreis legen, sodass sich die Fäden kreuzen. Dabei das Fadenende zwischen Zeigefinger und Daumen halten. Die Häkelnadel durch den Kreis führen, den Faden um die Nadel legen und den Umschlag durchziehen. Nicht festziehen!

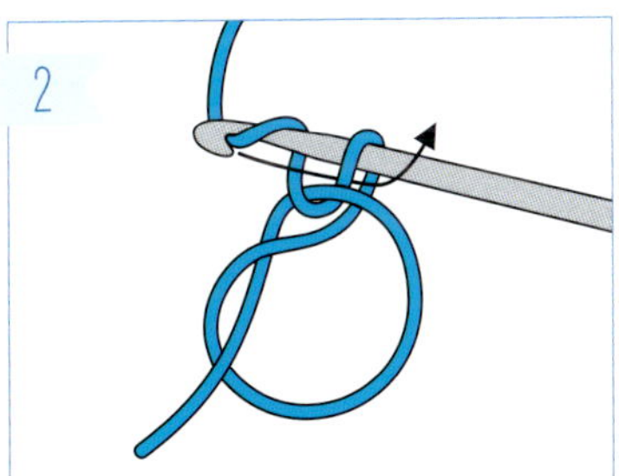

Den Arbeitsfaden um den linken Zeigefinger legen und den Kreuzungspunkt festhalten, 1 Umschlag durch die Schlinge der Nadel ziehen (= 1 Luftmasche).

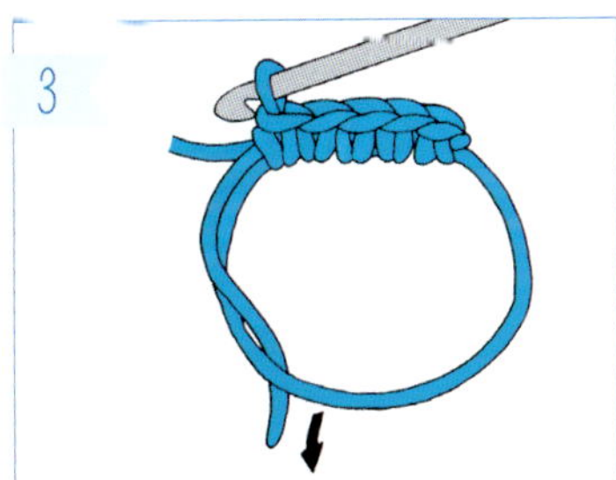

Den Ring wie angegeben behäkeln und am Ende der 1. Runde den Fadenring festziehen.

HÄKELN IN SPIRALRUNDEN

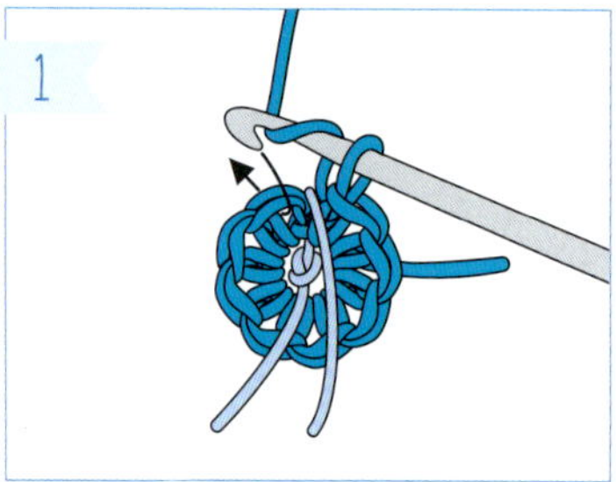

Zunächst die angegebene Maschenzahl in den Fadenring arbeiten und diesen festziehen. Danach für die 2. Runde direkt in die 1. feste Masche der 1. Runde einstechen. Dabei den Rundenübergang mit einem Kontrastfaden markieren, denn die Runden schrauben sich spiralförmig in die Höhe, sodass nur schwer zu erkennen ist, wann eine neue Runde erreicht ist. Die Markierung zeigt den Rundenbeginn.

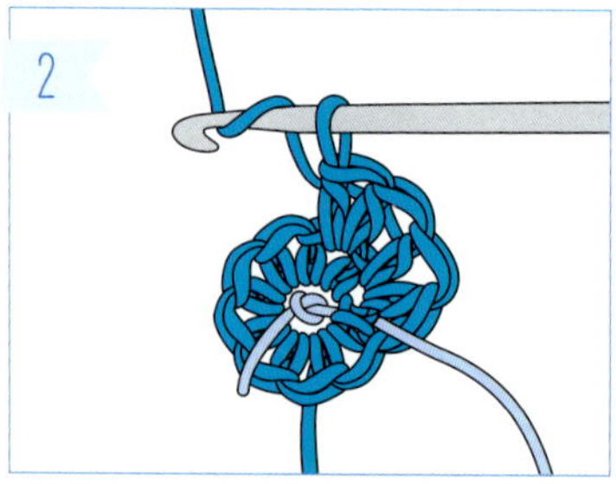

Wie in der Anleitung beschrieben die 2. Runde häkeln.

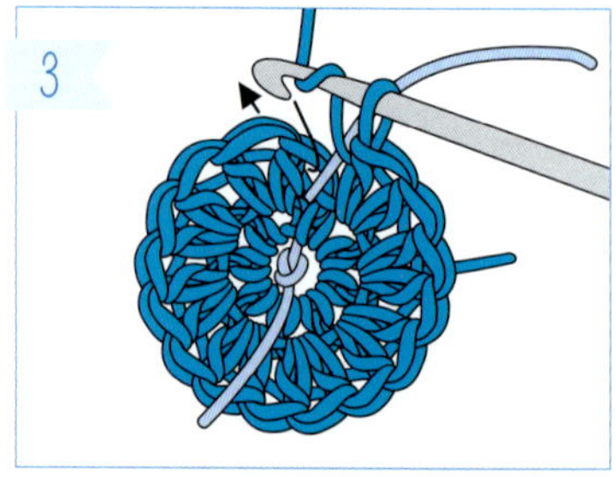

Am Rundenübergang den Markierungsfaden im Wechsel nach vorne bzw. nach hinten legen und entsprechend der Anleitung weiterarbeiten. Nach Beenden der Arbeit den Markierungsfaden herausziehen.

HÄKELN IN KONZENTRISCHEN RUNDEN

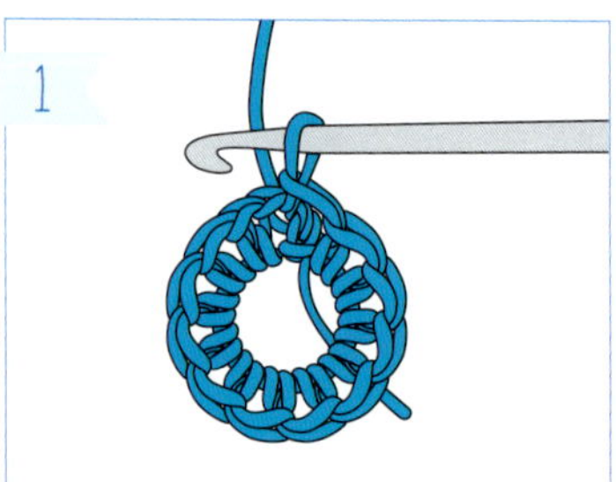

Zunächst die angegebene Maschenzahl in den Fadenring arbeiten, diesen festziehen und die Runde mit einer Kettmasche in die 1. Masche schließen.

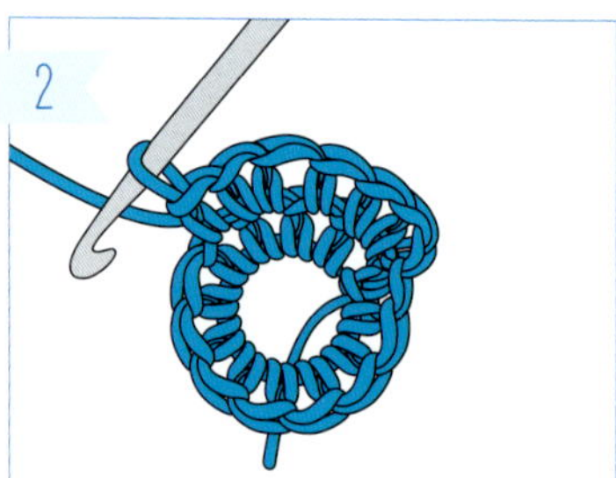

Jede weitere Runde beginnt nun mit einer Luftmasche und endet durch Überspringen der Luftmasche vom Beginn der Runde mit einer Kettmasche in die 1. Masche der gerade gearbeiteten Runde. Dabei wird die 1. Masche nach der Luftmasche stets in die 2. Masche der vorherigen Runde gearbeitet.

FARBWECHSEL BEIM HÄKELN IN SPIRALRUNDEN UND REIHEN

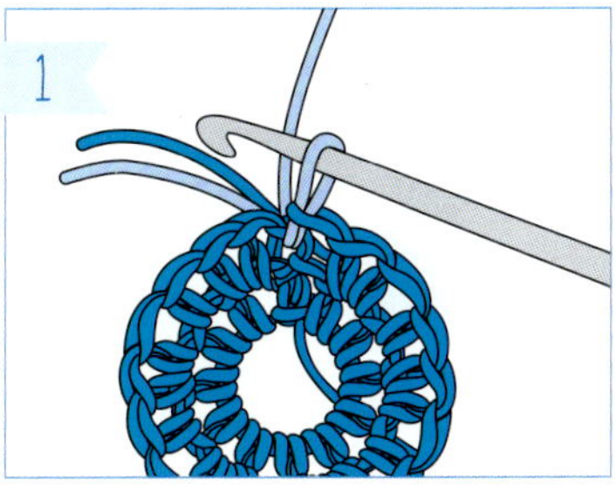

Um einen exakten Farbübergang zu erreichen, bereits die letzte Schlinge der letzten Masche der Vorrunde in der neuen Farbe häkeln. Bei einem Farbwechsel innerhalb der Reihe oder Runde ebenfalls die letzte Schlinge der letzten Masche der vorhergehenden Farbe mit der neuen Farbe häkeln.

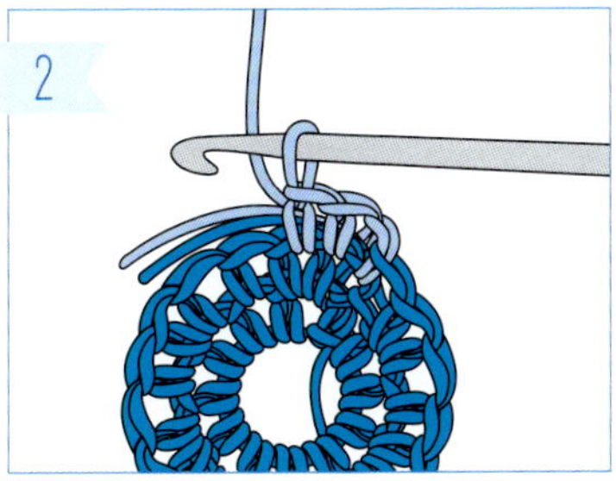

Bei Reihen beide Fadenenden auf die Maschenglieder der Vorreihe legen. Die folgenden 4–5 Maschen über die Fadenenden arbeiten. Dabei wie gewohnt feste Maschen häkeln, in deren Mitte die Fadenenden versteckt und fixiert werden. Überstehende Fadenenden abschneiden. Bei Runden die Fadenenden lediglich auf der Innenseite verknoten.

FARBWECHSEL BEIM HÄKELN IN KONZENTRISCHEN RUNDEN

Statt am Rundenende eine Kettmasche zu häkeln, die Nadel aus der Schlinge ziehen, in die erste Masche der folgenden Runde einstechen und die Schlinge wieder auf die Nadel schieben. In der neuen Farbe nun den Faden durchziehen und eine Luftmasche anschlagen.

WENDELUFTMASCHE

Wendeluftmaschen werden wie normale Luftmaschen gearbeitet, implizieren jedoch ein Wenden der Arbeit und werden beim Zurückhäkeln stets übersprungen.

KETTMASCHE

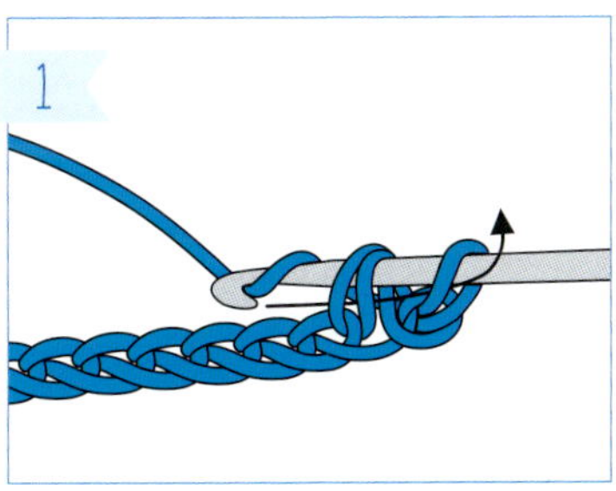

In die vorgesehene Masche einstechen, den Faden um die Nadel legen und diesen Umschlag durch alle Schlingen der Nadel ziehen.

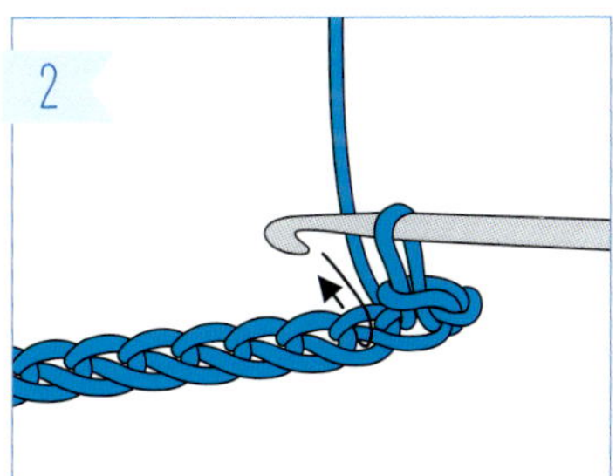

Die Kettmasche ist fertig.

FESTE MASCHE IM KREUZSTICH

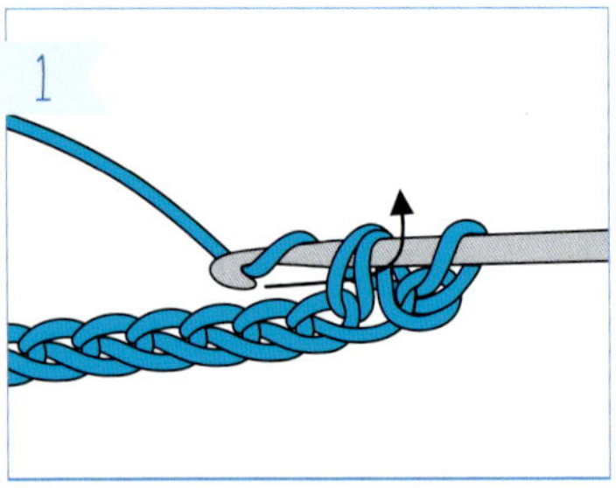

In die vorgesehene Masche einstechen und den Faden von hinten nach vorne um die Nadel legen und durchziehen. Dadurch wird die erste Schlinge um 180° verdreht, sodass die feste Masche etwas dichter und quadratischer aussieht.

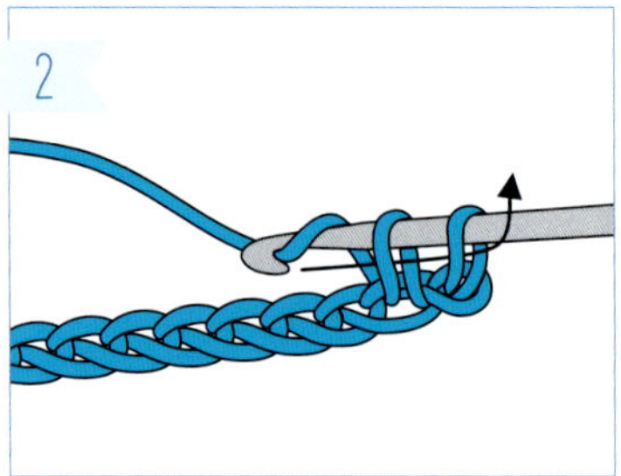

Den Faden erneut um die Nadel legen und durch beide Schlingen ziehen.

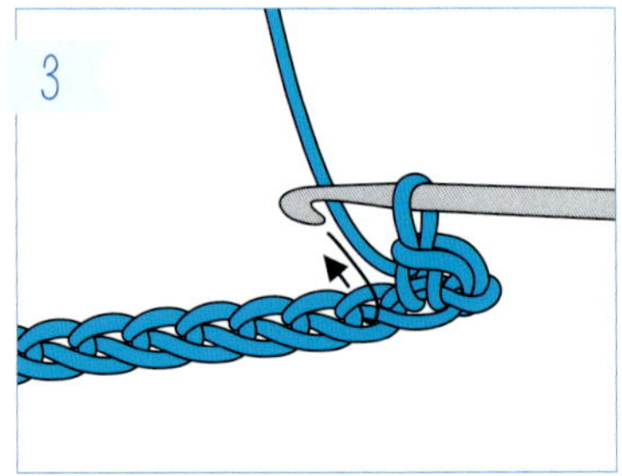

Die feste Masche ist fertig.

FESTE MASCHE IN DIE VORDERE SCHLAUFE

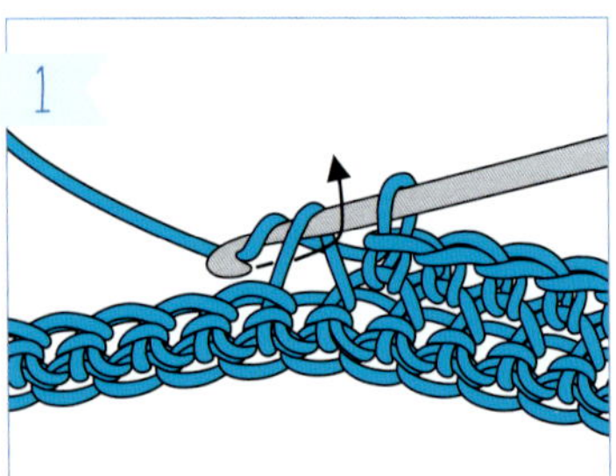

Beim Einstechen in die Masche der Vorreihe/-runde darauf achten, dass stets nur die vordere Schlaufe erfasst wird. Den Umschlag durchholen. Dann wie bei allen festen Maschen den Faden erneut um die Nadel legen und durch beide Schlingen ziehen.

FESTE MASCHE IN DIE HINTERE SCHLAUFE

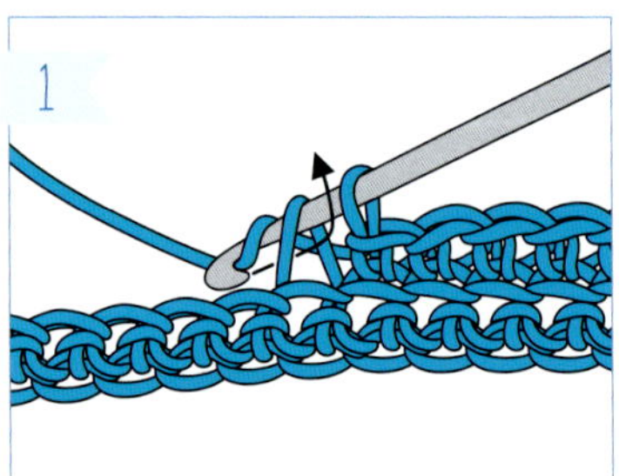

Beim Einstechen in die Masche der Vorreihe/-runde darauf achten, dass stets nur die hintere Schlaufe erfasst wird. Den Umschlag durchholen. Dann wie bei allen festen Maschen den Faden erneut um die Nadel legen und durch beide Schlingen ziehen.

HALBES STÄBCHEN

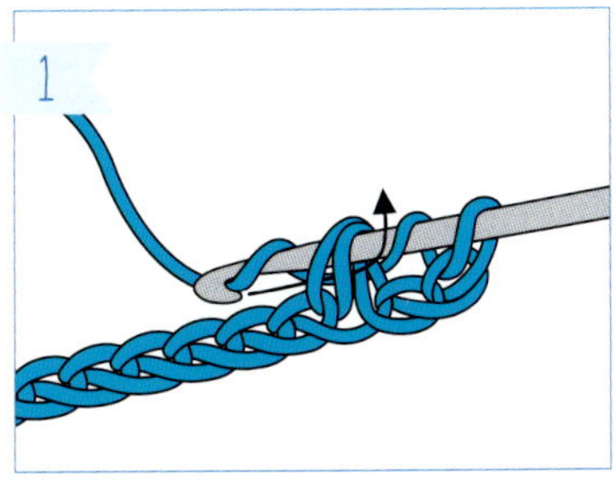

1 Umschlag um die Nadel legen, in die vorgesehene Masche einstechen. Den Faden holen und durchziehen. Es liegen nun 3 Schlingen auf der Nadel.

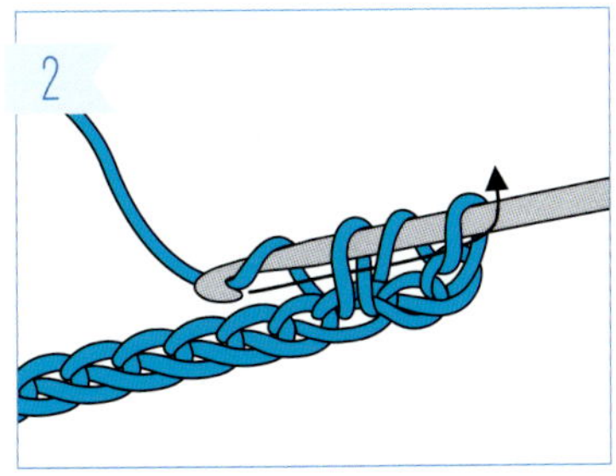

Den Faden nochmals holen und durch alle 3 Schlingen ziehen.

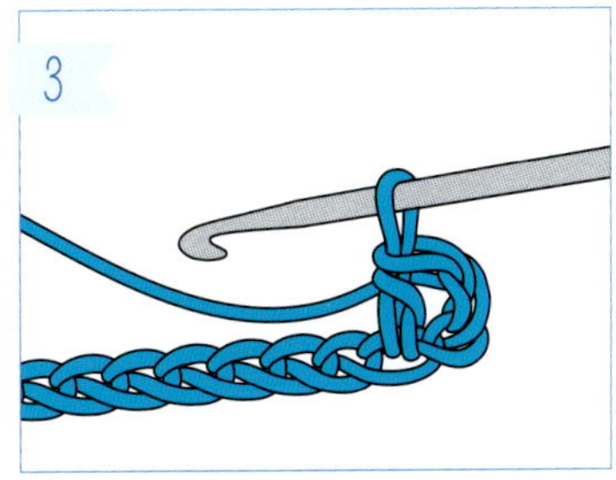

Das halbe Stäbchen ist fertig.

STÄBCHEN

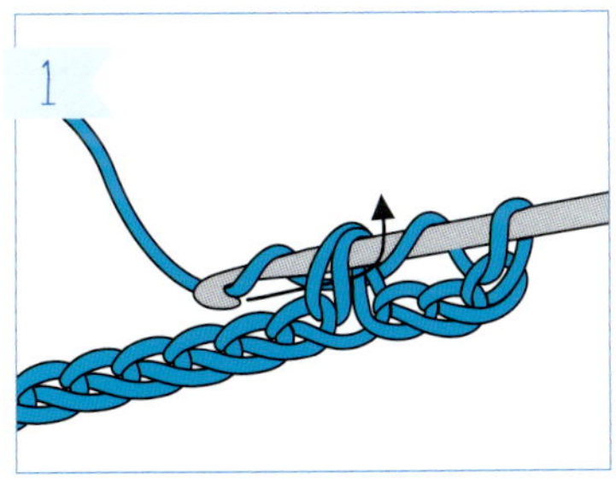

1 Umschlag um die Nadel legen und in die vorgesehene Masche einstechen. Den Faden holen und durchziehen. Es liegen nun 3 Schlingen auf der Nadel.

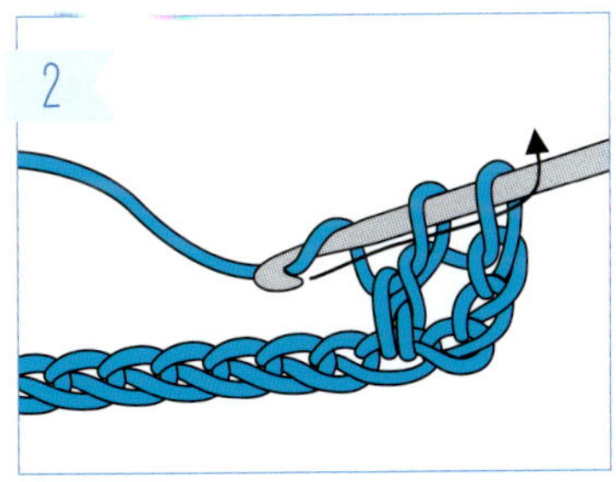

Den Faden erneut holen und durch 2 Schlingen der Nadel ziehen. Es liegen nun 2 Schlingen auf der Nadel.

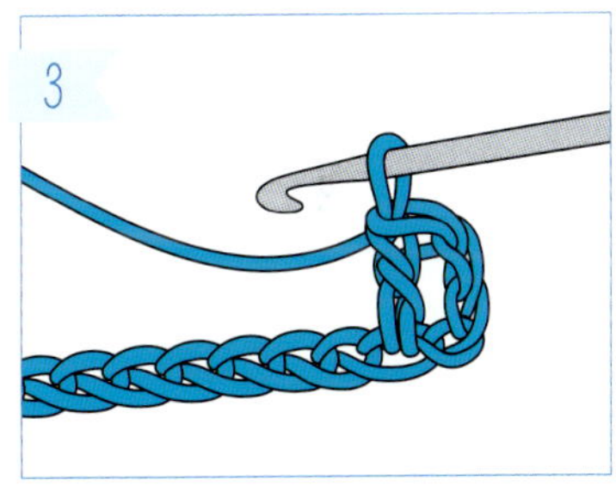

Den Faden nochmals holen und durch die restlichen 2 Schlingen ziehen. Das Stäbchen ist fertig.

DOPPELSTÄBCHEN

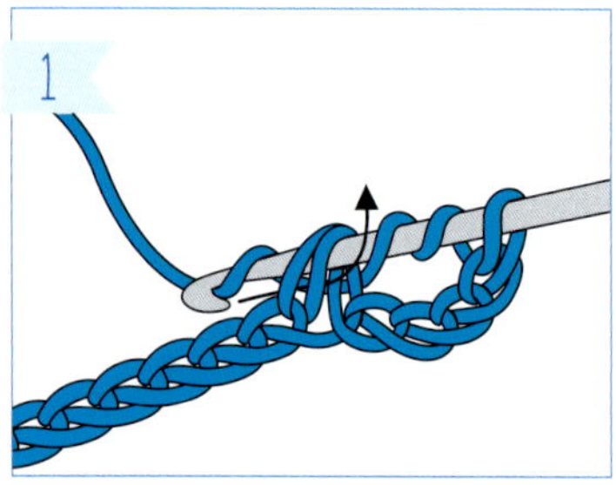

2 Umschläge um die Nadel legen und in die vorgesehene Masche einstechen. Den Faden um die Nadel legen. Diesen Umschlag durchziehen.

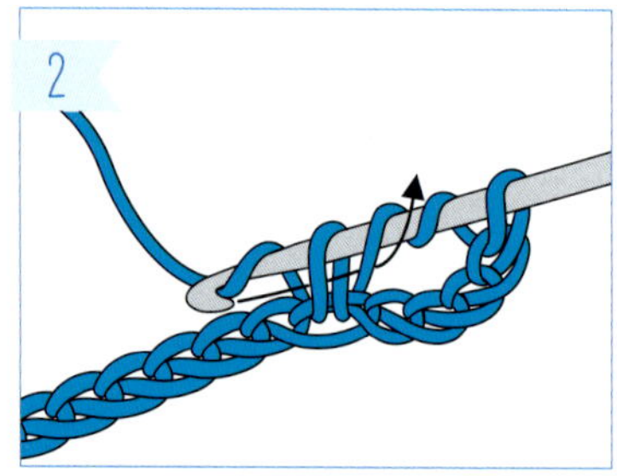

Es liegen nun 4 Schlingen auf der Nadel. Den Faden wieder um die Nadel legen. Diesen Umschlag durch 2 der 4 Schlingen ziehen.

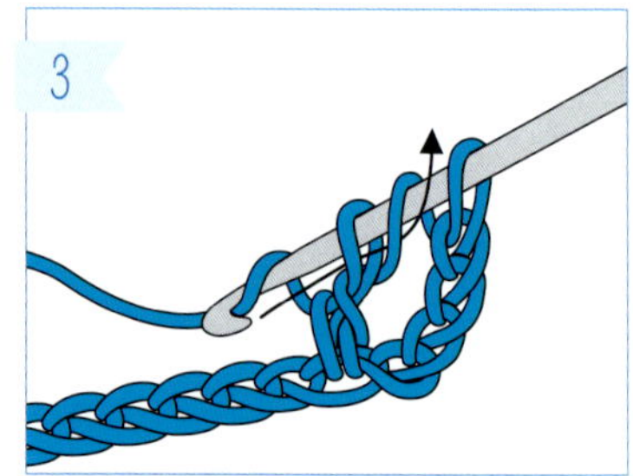

Es liegen nun 3 Schlingen auf der Nadel. Den Faden wieder um die Nadel legen. Diesen Umschlag durch 2 der 3 Schlingen der Nadel ziehen.

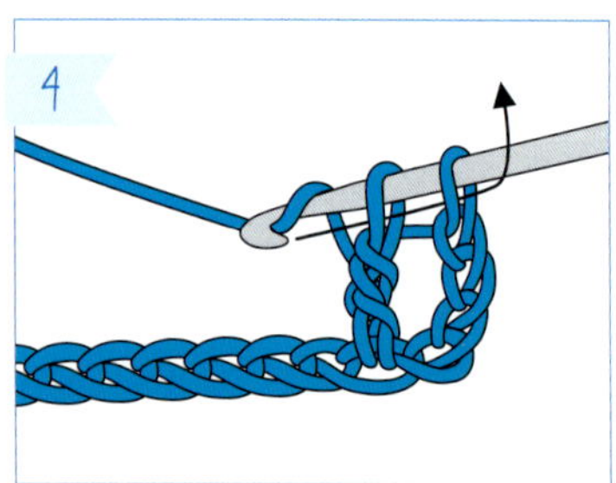

Den Faden noch einmal um die Nadel legen. Diesen Umschlag durch die letzten beiden Schlingen der Nadel ziehen.

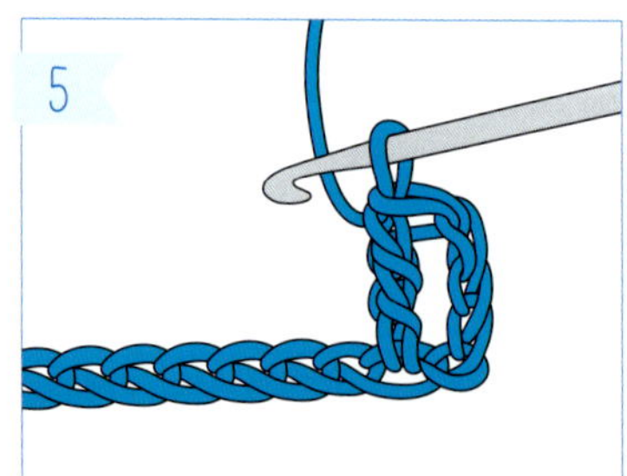

Das Doppelstäbchen ist fertig.

UNSICHTBARES ZUNEHMEN

Beim unsichtbaren Zunehmen arbeitet man die erste feste Masche nur in die vordere Maschenschlaufe und die zweite feste Masche dann wie gewohnt in beide Schlaufen gleichzeitig.

Achtung: Beim Häkeln in Reihen wird die erste feste Masche immer in die von außen sichtbare Maschenschlaufe gearbeitet. Pro Reihe wird also immer zwischen vorderer und hinterer Schlaufe gewechselt.

UNSICHTBARES ABNEHMEN

Beim unsichtbaren Abnehmen wird die Häkelnadel zunächst durch die vorderen Maschenschlaufen der folgenden zwei Maschen gestochen und der Faden dann durch beide Schlaufen gleichzeitig geholt. Der Faden wird dann wie gewohnt durch die beiden Fadenschlingen, die sich nun auf der Häkelnadel befinden, gezogen.

Achtung: Beim Häkeln in Reihen wird die Abnahme immer in die von außen siehtbaren Maschenschlaufen gearbeitet. Pro Reihe wird also immer zwischen vorderen und hinteren Schlaufen gewechselt. Zu beachten ist hier weiterhin, dass beim Häkeln in die vorderen Schlaufen die Häkelnadel erst in die übernächste und dann in die nächste Masche gestochen wird.

ARBEIT BEENDEN

Endet die Arbeit mit einer Luftmasche, schneidet man den Faden einfach ab und zieht das Fadenende aus der Luftmasche und dann fest.

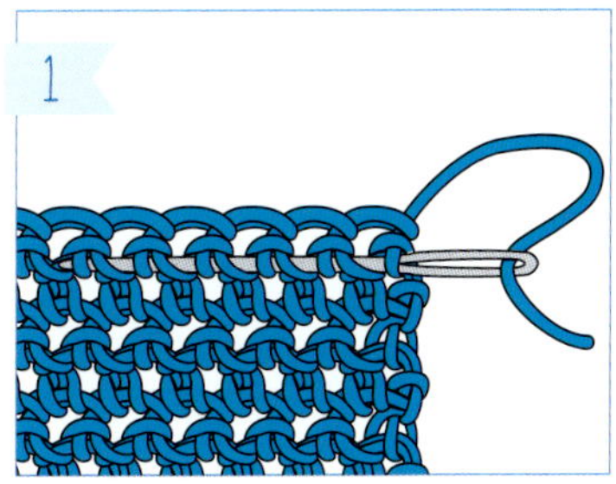

Falls angegeben, zum Vernähen das Fadenende in eine stumpfe Wollnadel fädeln und in die Randmaschen einziehen. Möglichst nicht durch das Garn stechen.

Endet die Arbeit mit einer Kettmasche, schneidet man den Faden ebenfalls ab und zieht ihn aus der Kettmasche. Danach fädelt man den Faden von vorne durch die folgende Masche und dann von oben wieder durch die Kettmasche (= durch die hintere Schlaufe). Damit dies besser hält, das Fadenende nun zusätzlich noch durch die hintere Schlaufe der Masche in der darunterliegenden Runde fädeln.

Dank

Ich möchte mich an dieser Stelle bei meinem Freund Christoph, meinem größten Kritiker, wie er sich selbst gern nennt, bedanken. Dafür, dass ich ihn beim Häkeln stets nach seiner optischen Meinung fragen durfte, wobei ich ihn dabei jedes Mal bei seiner Arbeit im Home Office gestört habe, und fürs Korrekturlesen der vielen Videospiel-Texte. Ich möchte mich auch bei meinen Freunden, die ich je nach deren Videospielvorlieben nach ihren Lieblingscharakteren gefragt habe, für ihre Meinung bedanken – auch wenn ich letztendlich trotzdem gemacht habe, was ich wollte :D
Vielen herzlichen Dank euch allen!

Ebenfalls erhältlich ...

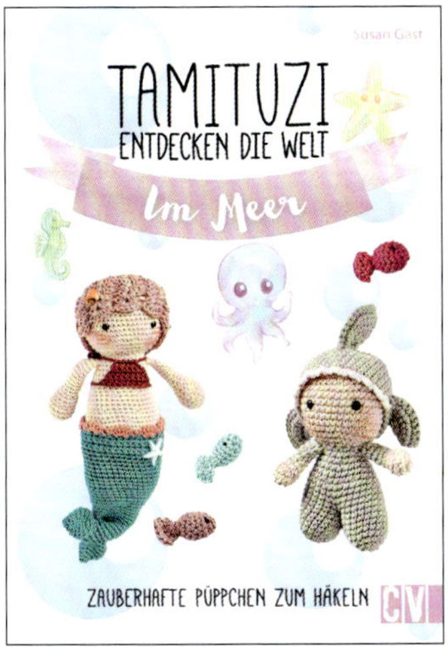

ISBN 978-3-8410-6573-5

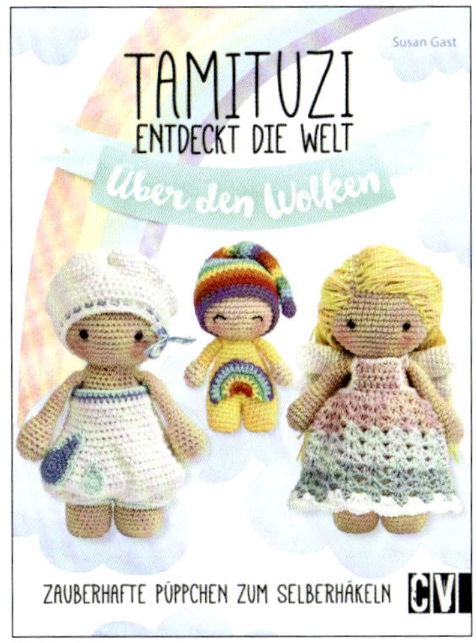

ISBN 978-3-8410-6491-2

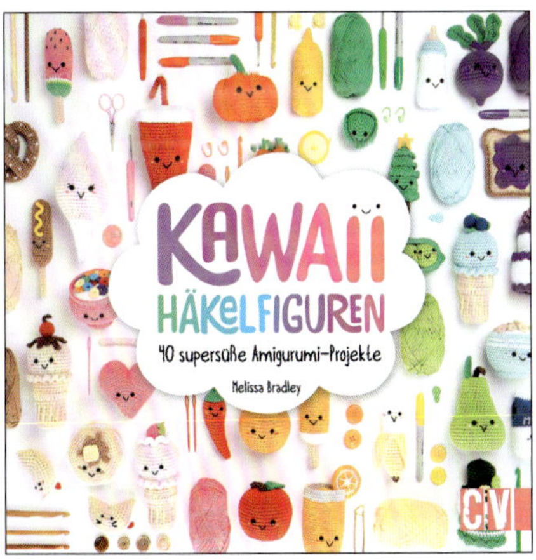

ISBN 978-3-8410-6608-4

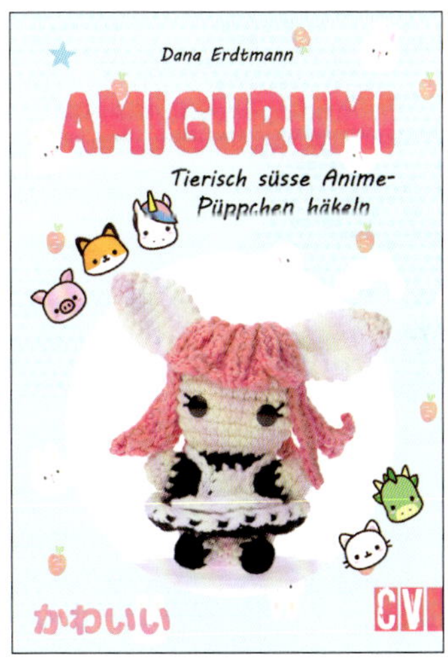

ISBN 978-3-8410-6612-1

www.christopherus-verlag.de

IMPRESSUM

Autorin: Dana Erdtmann,
www.danae-handarbeiten.de
Fotografie: Dana Erdtmann
Produktmanagerin: Svenja Wiglinghaus
Lektorat: Anna Maier
Korrektorat: Maria Böhly
Layout: Elke Mader
Umschlaggestaltung: Leeloo Molnár
Repro: Ludwig:media
Herstellung: Kathleen Baumann
Printed by C&C Offset Printing

★★★★★

Sind Sie mit diesem Titel zufrieden? Dann würden wir uns über Ihre Weiterempfehlung freuen. Erzählen Sie es im Freundeskreis, berichten Sie Ihrem Buchhändler oder bewerten Sie bei Onlinekauf. Und wenn Sie Kritik, Korrekturen oder Aktualisierungen haben, freuen wir uns über Ihre Nachricht an Christophorus Verlag, Postfach 40 02 09, D-80702 München oder per E-Mail an lektorat@verlagshaus.de.

Unser komplettes Programm finden Sie unter

www.christophorus-verlag.de

 Autorin und Verlag haben alle Angaben und Anleitungen mit größtmöglicher Sorgfalt zusammengestellt. Dennoch kann bei Fehlern keinerlei Haftung für direkte oder indirekte Folgen übernommen werden. Stoffe, Materialien und Modelle können von den jeweiligen Originalen abweichen. Die bildliche Darstellung ist unverbindlich.

Sollte dieses Werk Links auf Webseiten Dritter enthalten, so machen wir uns die Inhalte nicht zu eigen und übernehmen für die Inhalte keine Haftung.

In diesem Buch wird aus Gründen der besseren Lesbarkeit das generische Maskulinum verwendet. Weibliche und anderweitige Geschlechteridentitäten werden dabei ausdrücklich mitgemeint, soweit es für die Aussage erforderlich ist.

Shutterstock:
S. 9: 1865501296, 1835220265
S. 10: 1386156365, 1529919428
S. 11: 1211549509

Herstellerverzeichnis:
- Kurtenbach GmbH& Co.KG, Limburg, www.kurtenbach.de
- Wolle Rödel, Paderborn, wolle-roedel.com
- Rico Design GmbH & Co. KG, Brakel, www.rico-design.de

Die Deutsche Nationalbibliothek verzeichnet diese Publikation in der Deutschen Nationalbibliografie; detaillierte bibliografische Daten sind im Internet über http://dnb.de abrufbar.

2, Auflage 2023

in der Christian Verlag GmbH
Infanteriestraße 11a
80797 München

ISBN 978-3-8410-6636-7

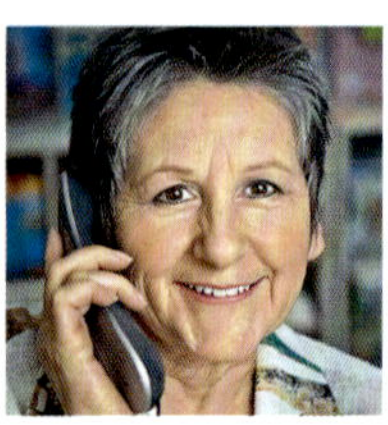

Kreativ-Service

Sie haben Fragen zu den Büchern und Materialien? Frau Erika Noll ist für Sie da und berät Sie rund um alle Kreativthemen. Rufen Sie an! Wir interessieren uns auch für Ihre eigenen Ideen und Anregungen. Sie erreichen Frau Noll per E-Mail: kreativ-service@c-verlag.de oder Tel.: + 49 (0)89 - 13 06 99 - 577.

Besuchen Sie uns im Internet: www.christophorus-verlag.de & www.selbstgemacht.de